应用型本科物流管理专业精品系列教材

现代物流学

主　编　张莉莉　姚海波　熊　爽
副主编　袁　娜　梁　月　刘　莹

北京理工大学出版社
BEIJING INSTITUTE OF TECHNOLOGY PRESS

内 容 简 介

本书从物流概念内涵、物流系统的作业与技术管理和物流企业运营管理三个方面组织内容，力求做到观念新、概念新、内容新、结构新，呈现出一种鲜活的时代特色。第一篇——物流基础篇，介绍物流管理的基本知识；第二篇——物流系统的作业与技术管理篇，介绍物流管理的基本职能活动；第三篇——物流企业运营管理篇，介绍第三方物流、企业物流战略规划和物流系统控制等内容。

本书既可以作为普通高等院校物流管理、工商管理、市场营销、贸易经济、电子商务等专业本科生的教材，也可以供高职高专、成人高等教育、自学考试学生以及运输仓储业、商贸业、制造业等行业物流岗位相关从业人员自学、提高之用。

版权专有　侵权必究

图书在版编目（CIP）数据

现代物流学／张莉莉，姚海波，熊爽主编．—北京：北京理工大学出版社，2020.1（2022.8重印）
　ISBN 978－7－5682－8120－1

　Ⅰ.①现…　Ⅱ.①张…②姚…③熊…　Ⅲ.①物流－高等学校－教材　Ⅳ.①F25

中国版本图书馆 CIP 数据核字（2020）第 021579 号

出版发行 ／ 北京理工大学出版社有限责任公司
社　　址 ／ 北京市海淀区中关村南大街 5 号
邮　　编 ／ 100081
电　　话 ／ （010）68914775（总编室）
　　　　　　（010）82562903（教材售后服务热线）
　　　　　　（010）68948351（其他图书服务热线）
网　　址 ／ http：//www.bitpress.com.cn
经　　销 ／ 全国各地新华书店
印　　刷 ／ 廊坊市印艺阁数字科技有限公司
开　　本 ／ 787 毫米 × 1092 毫米　1/16
印　　张 ／ 18　　　　　　　　　　　　　　　　　　责任编辑 ／ 申玉琴
字　　数 ／ 424 千字　　　　　　　　　　　　　　　文案编辑 ／ 申玉琴
版　　次 ／ 2020 年 1 月第 1 版　2022 年 8 月第 3 次印刷　责任校对 ／ 刘亚男
定　　价 ／ 49.80 元　　　　　　　　　　　　　　　责任印制 ／ 李志强

图书出现印装质量问题，请拨打售后服务热线，本社负责调换

前言

现代物流概念、理论、方法进入我国已经三十多年了,取得了长足发展。物流业也已作为国民经济支柱性产业,在经济发展中居于一席之地。

《物流业调整和振兴规划》开宗明义地指出:"物流业是融合运输业、仓储业、货代业和信息业等的复合型服务产业"(《物流业发展中长期规划(2014—2020年)》仍沿用此定义)。在物流产业快速发展的过程中,当前在社会上看到的大量的"物流企业",并不是正确定位的物流企业,与现代物流企业的要求相比还存在很大的差距。物流业发展的覆盖面上也存在一定程度的轻重不协调问题,即较多偏重社会物流以及物流产业、物流企业等,却在一定程度上忽视了企业内部的物流及物流管理等。本书从物流概念内涵、物流系统的作业与技术管理和物流企业运营管理三个方面组织教材内容,力求做到观念新、概念新、内容新、结构新,呈现物流业的时代特色,希望广大读者能够从中得到有益的启示。

本书是编者在多年的教学、企业实践经验基础上,搜集大量文献资料完成的。张莉莉确定了教材的编写大纲和体例,并对全书统稿;第一章、第二章由姚海波编写;第三章、第四章由熊爽编写;第五章、第六章由刘莹编写;第七章、第八章由袁娜编写;第九、第十章由梁月编写。

本书在编写过程中,参考了国内外大量的文献资料,吸收并借鉴了众多专家学者的研究成果,谨此一并致谢。

鉴于编者学术水平有限,书中不足之处恳请读者不吝指正。

编 者

目 录

第一篇 物流基础篇

第一章 现代物流学概述 …………………………………………………… （ 3 ）
1.1 现代物流概念 …………………………………………………………… （ 4 ）
1.1.1 物流的概念 ………………………………………………………… （ 4 ）
1.1.2 物流理论 …………………………………………………………… （ 5 ）
1.1.3 现代物流与传统物流 ……………………………………………… （ 6 ）
1.2 物流管理基本理论框架体系 …………………………………………… （ 8 ）
1.2.1 物流管理的概念 …………………………………………………… （ 8 ）
1.2.2 物流管理的基本理论框架 ………………………………………… （10）
1.3 物流与竞争优势 ………………………………………………………… （11）
1.3.1 物流对企业的作用 ………………………………………………… （11）
1.3.2 物流对国民经济的作用 …………………………………………… （12）
1.3.3 物流参与企业竞争优势的形成 …………………………………… （13）

第二篇 物流系统的作业与技术管理篇

第二章 运输管理 …………………………………………………………… （17）
2.1 运输的功能与原理 ……………………………………………………… （20）
2.1.1 运输的功能 ………………………………………………………… （20）
2.1.2 运输的原理 ………………………………………………………… （21）
2.2 运输方式 ………………………………………………………………… （21）
2.2.1 水路运输 …………………………………………………………… （21）
2.2.2 铁路运输 …………………………………………………………… （23）
2.2.3 公路运输 …………………………………………………………… （24）
2.2.4 航空运输 …………………………………………………………… （25）

2.2.5　管道运输 …………………………………………………………………（27）
2.3　运输业务及成本 …………………………………………………………………（27）
　　2.3.1　运输的参与者 ………………………………………………………………（27）
　　2.3.2　运输业务 ……………………………………………………………………（28）
　　2.3.3　运输成本 ……………………………………………………………………（31）
2.4　运输规划 …………………………………………………………………………（31）
　　2.4.1　运输规划的原则 ……………………………………………………………（31）
　　2.4.2　运输规划的内容 ……………………………………………………………（32）

第三章　仓储管理 …………………………………………………………………（34）
3.1　仓储管理概述 ……………………………………………………………………（36）
　　3.1.1　仓储的含义和作用 …………………………………………………………（36）
　　3.1.2　仓储的意义、性质和功能 …………………………………………………（37）
　　3.1.3　仓储管理的内容和作用 ……………………………………………………（40）
　　3.1.4　仓储管理模式 ………………………………………………………………（42）
　　3.1.5　我国仓储业发展趋势 ………………………………………………………（45）
3.2　仓储设施与设备 …………………………………………………………………（47）
　　3.2.1　仓库 …………………………………………………………………………（47）
　　3.2.2　自动化立体仓库 ……………………………………………………………（48）
　　3.2.3　仓储设备 ……………………………………………………………………（52）
3.3　仓库选址与布局 …………………………………………………………………（60）
　　3.3.1　仓库选址 ……………………………………………………………………（60）
　　3.3.2　仓库布局 ……………………………………………………………………（61）
3.4　仓储业务管理 ……………………………………………………………………（64）
　　3.4.1　仓储业务管理概述 …………………………………………………………（64）
　　3.4.2　入库管理 ……………………………………………………………………（67）
　　3.4.3　在库管理 ……………………………………………………………………（67）
　　3.4.4　出库管理 ……………………………………………………………………（69）

第四章　物流需求预测与库存管理 ………………………………………………（71）
4.1　物流需求预测 ……………………………………………………………………（72）
　　4.1.1　概述 …………………………………………………………………………（72）
　　4.1.2　物流需求预测的步骤及方法 ………………………………………………（75）
4.2　库存与库存管理概述 ……………………………………………………………（81）
　　4.2.1　库存的基本概念 ……………………………………………………………（81）
　　4.2.2　库存管理 ……………………………………………………………………（85）
4.3　供应链环境下库存管理方法 ……………………………………………………（90）
　　4.3.1　供应商管理库存 ……………………………………………………………（90）
　　4.3.2　联合库存管理 ………………………………………………………………（92）

4.3.3　CPFR ………………………………………………………………（94）

第五章　装卸搬运管理 ……………………………………………………（99）
5.1　装卸搬运概述 ……………………………………………………（100）
　　5.1.1　装卸搬运的含义 …………………………………………（100）
　　5.1.2　装卸搬运的特点 …………………………………………（101）
　　5.1.3　装卸搬运的功能 …………………………………………（102）
5.2　装卸搬运技术 ……………………………………………………（102）
　　5.2.1　装卸搬运的主要作业 ……………………………………（102）
　　5.2.2　装卸搬运设备的选择 ……………………………………（105）
　　5.2.3　装卸搬运服务的工艺设计 ………………………………（106）
5.3　装卸搬运管理 ……………………………………………………（107）
　　5.3.1　装卸搬运作业合理化 ……………………………………（107）
　　5.3.2　装卸搬运服务的原则 ……………………………………（110）

第六章　配送管理 …………………………………………………………（114）
6.1　配送概述 …………………………………………………………（115）
　　6.1.1　配送的含义 ………………………………………………（115）
　　6.1.2　配送的产生 ………………………………………………（116）
　　6.1.3　配送的特点 ………………………………………………（117）
　　6.1.4　配送的作用及意义 ………………………………………（118）
6.2　配送业务概述 ……………………………………………………（118）
　　6.2.1　配送的分类 ………………………………………………（118）
　　6.2.2　配送业务的基本环节 ……………………………………（124）
6.3　配送管理 …………………………………………………………（125）
　　6.3.1　配送管理的含义 …………………………………………（125）
　　6.3.2　配送管理的内容 …………………………………………（126）
　　6.3.3　配送管理的意义 …………………………………………（128）
　　6.3.4　配送管理的原则 …………………………………………（129）

第七章　物流信息系统 ……………………………………………………（134）
7.1　物流信息技术 ……………………………………………………（138）
　　7.1.1　物流信息自动识别与采集技术 …………………………（138）
　　7.1.2　物流信息存储与交换技术 ………………………………（145）
　　7.1.3　物流信息追踪技术 ………………………………………（147）
　　7.1.4　物流信息处理技术 ………………………………………（149）
7.2　物流信息系统概述 ………………………………………………（150）
　　7.2.1　物流信息系统的定义 ……………………………………（151）
　　7.2.2　物流信息系统应具备的特征 ……………………………（151）
　　7.2.3　物流信息系统的分类 ……………………………………（152）

7.2.4 物流信息系统的功能 …… (154)
7.2.5 物流信息系统的构成 …… (155)
7.2.6 几种典型的物流信息系统 …… (156)
7.3 物流信息系统开发 …… (157)
7.3.1 物流信息系统规划 …… (157)
7.3.2 物流信息系统分析 …… (159)
7.3.3 物流信息系统设计 …… (160)
7.3.4 物流信息系统实施与维护 …… (161)

第三篇 物流企业运营管理篇

第八章 第三方物流 …… (167)

8.1 第三方物流概述 …… (169)
8.1.1 第三方物流的定义 …… (170)
8.1.2 第三方物流的兴起与发展 …… (171)
8.1.3 第三方物流的特征 …… (173)
8.1.4 第三方物流的优势 …… (174)
8.1.5 第三方物流企业的类型 …… (175)
8.1.6 第四方物流 …… (177)
8.2 第三方物流的运作模式 …… (179)
8.2.1 第三方物流企业运作的基本条件 …… (179)
8.2.2 第三方物流企业运作模式分类 …… (179)
8.3 第三方物流的决策与选择 …… (181)
8.3.1 第三方物流的决策 …… (181)
8.3.2 第三方物流服务的选择 …… (185)

第九章 企业物流战略规划 …… (190)

9.1 企业物流战略 …… (194)
9.1.1 企业物流战略相关概念 …… (194)
9.1.2 企业物流战略的目标及特征 …… (194)
9.1.3 企业物流战略的层次 …… (195)
9.1.4 企业物流战略框架 …… (196)
9.1.5 企业物流战略规划 …… (197)
9.2 顾客服务战略 …… (200)
9.2.1 顾客服务战略的相关概念 …… (200)
9.2.2 顾客服务的要素 …… (201)
9.2.3 顾客服务战略的类型 …… (202)
9.2.4 物流顾客服务战略分析 …… (203)
9.2.5 物流顾客服务战略制定 …… (207)

9.3 物流组织结构的设计和建立 (210)
9.3.1 组织结构的内涵 (210)
9.3.2 物流组织的演变过程 (211)
9.3.3 物流组织结构类型 (213)
9.3.4 物流组织结构设计 (218)

9.4 企业物流网络设计 (222)
9.4.1 物流网络的内涵 (222)
9.4.2 物流网络设计的对象和要素 (222)
9.4.3 物流节点 (224)
9.4.4 物流网络结构模型 (227)
9.4.5 物流网络设计 (228)
9.4.6 物流网络设计的分析工具 (231)
9.4.7 物流网络设计与规划的建模方法 (233)

第十章 物流系统控制 (242)

10.1 物流系统控制概述 (246)
10.1.1 物流系统控制的内涵 (246)
10.1.2 物流系统控制的原则 (246)
10.1.3 物流系统控制的目标 (247)
10.1.4 物流系统控制的基本内容 (248)

10.2 物流系统控制的基本框架 (251)
10.2.1 物流系统控制的基本结构 (251)
10.2.2 物流系统控制基本模型 (252)
10.2.3 物流系统控制的几种模式 (254)
10.2.4 物流系统控制的分类 (258)

10.3 物流绩效评价与修正 (260)
10.3.1 物流绩效评价概述 (260)
10.3.2 物流绩效指标评价体系 (262)
10.3.3 物流绩效修正 (274)

参考文献 (277)

第一篇

物流基础篇

第一篇

物流基础篇

第一章

现代物流学概述

主要内容

本章主要内容有物流的概念、物流理论、现代物流与传统物流的关系、物流管理的概念、物流管理的理论框架、物流对企业的作用、物流对国民经济的作用、物流参与企业竞争优势的形成。

教学目标

1. 理解物流相关理论学说；
2. 熟悉物流管理的理论框架；
3. 熟悉物流与企业竞争优势的关联；
4. 掌握现代物流的概念；
5. 掌握现代物流与传统物流的关系。

案例导读

2018年全国物流运行情况通报

2018年，全社会物流总额保持平稳增长，社会物流总费用与GDP的比率为14.8%，其中运输费用比率稳中有降，保管费用和管理费用比率上升。

1. 社会物流总额保持平稳增长

2018年，全国社会物流总额283.1万亿元，按可比价格计算，同比增长6.4%，增速比上年同期回落0.2个百分点。分季度看，第一季度62.4万亿元，增长7.2%；上半年131.1万亿元，增长6.9%；前三季度204.1万亿元，增长6.7%。全年社会物流总需求呈趋缓趋稳的发展态势。

从构成看，工业品物流总额256.8万亿元，按可比价格计算，同比增长6.2%，增速与上年同期持平；进口货物物流总额 14.1 万亿元，增长 3.7%，增速比上年同期回落 5 个百分点；农产品物流总额 3.9 万亿元，增长 3.5%，增速比上年同期回落 0.4 个百分点；单位与居民物品物流总额 7 万亿元，增长 22.8%；再生资源物流总额 1.3 万亿元，增长 15.1%。

2. 社会物流总费用与 GDP 的比率略有回升，运输环节效率明显改善

2018 年，社会物流总费用 13.3 万亿元，同比增长 9.8%，增速比上年同期提高 0.7 个百分点。社会物流总费用与 GDP 的比率为 14.8%，比上年同期上升 0.2 个百分点。

运输费用 6.9 万亿元，增长 13.8%，增速比上年同期提高 7.1 个百分点；保管费用与 GDP 的比率为 5.1%，比上年同期提高 0.4 个百分点。

管理费用 1.8 万亿元，增长 13.5%，增速比上年同期提高 5.1 个百分点；管理费用与 GDP 的比率为 2%，比上年同期提高 0.1 个百分点。

3. 物流业总收入加快增长

2018 年，物流业总收入 10.1 万亿元，比上年增长 14.5%，增速比上年同期提高 3 个百分点。

（资料来源：国家发改委，中国物流与采购联合会）

1.1 现代物流概念

物流的概念的形成、发展，经历了近一个世纪的时间，尤其是近年来，随着"工业 4.0"的推进、"互联网+"和大数据时代的到来，物流领域也迎来了快速成长期，但大多数人对物流的认知还只是冰山一角。著名管理大师彼得·德鲁克曾这样描述："我们今天对物流的了解并不比拿破仑时代的人所了解的非洲大陆多，我们知道物流存在着，而且规模巨大，但仅此而已。"接下来就让我们一起走进物流的世界。

1.1.1 物流的概念

物流的概念最早起源于 20 世纪 30 年代的美国，原意为"实体分销"或"货物配送"。1963 年被引入日本，日文的意思是"物的流通"。20 世纪 70 年代后，日本的"物流"一词逐渐取代了"物的流通"。我国的"物流"一词是从日文资料引进的外来词，源于日文资料中对"Logistics"一词。

物流中的"物"是指一切可以进行物理位置移动的物质资料，包括物资、物料、货物、商品、物品与废弃物等。物流中的"流"是指空间位移和时间转换，在流通领域、生产领域、消费领域、军事领域都有重要的意义。简言之，物流是物质资料从供给者到需求者的物理性移动和时间转换，是创造时间价值、空间价值或一定加工价值的经济活动。这是物流最简单的、最直观的，也是最初步的定义。

定义一，我国在国家标准《物流术语》的定义指出：物流是物品从供应地到接收地的实体流动过程，根据实际需要，将运输、储存、装卸、搬运、包装、流通加工、配送、信息处理等基本功能实施有机的结合。

定义二，美国物流协会提出：物流是为了符合顾客的需要所发生的从生产地到销售地的物质、服务以及信息的流动过程，以及为使保管能有效、低成本进行而从事的计划、实施和

控制行为。物流管理是供应链管理的一部分,它对来源地与消费地之间的货物、服务及相关信息正向和反向有效率、有效益的流动与储存,进行计划、执行与控制,以满足顾客的要求。

定义三,日本通商产业省运输综合研究所《物流手册》中认为,物流是将货物由供应者向需求者的物理移动,它由一系列创造时间价值和空间价值的经济活动组成,包括运输、保管、配送、包装、装卸、流通加工及物流信息处理等多项基本活动。

定义四,联合国物流委员会指出:物流是为了满足消费者需要而进行的从起点到终点的原材料、中间过程库存、最终产品和相关信息有效流动和存储计划、实现和控制管理的过程。

总体来说,物流是包括运输、搬运、储存、保管、包装、装卸、流通加工和物流信息处理等基本功能的活动,它是物品由供应地流向接收地以满足社会需求的一种经济活动。

1.1.2 物流理论

自从物流概念出现以来,围绕物流的研究迅速发展出大量的物流理论。较为有代表性的是商物分流理论、"黑大陆"理论、物流冰山理论和物流管理中心理论等,它们构成了基本的物流理论体系,对于理解和认识物流活动起到了重要的理论指导作用。

1. 商物分流理论

实际上,自从有了人类活动,物流就已经存在,只是还没有被认识到。商物分流理论是物流科学赖以生存的先决条件。所谓商物分流,是指流通中的两个组成部分——商业流通和实物流通各自按照自己的规律和渠道独立运动。社会进步使流通从生产中分离出来,但并没有结束分工和专业化的深入和继续发展。分工和专业化是向一切经济领域延伸的。第二次世界大战以后,流通过程中上述两种不同形式出现了更明显的分流,从不同形式逐渐变成了两个有一定独立运动能力的运动过程,这就是所称的"商物分流"。

"商"是指商流,即商业交易,实际上是商品价值的运动,是所有权的转让,流动的是商品所有权证书,是通过货币实现的;"物"是指物流,是商品实体的流动过程。现代社会之前,流通的形式主要有三种:以物易物、以货币为媒介的交易和以商人为媒介的交易。无论哪种形式,商流和物流都紧密地结合在一起,物流和商流是形影相随的共同运动,直到今天,这种情况仍然是流通的形式之一,但因流通渠道的多样性发展,商物分流也成为必然。

2. "黑大陆"理论和物流冰山理论

"黑大陆"理论主要是指尚未认识、尚未了解、尚未开垦的领域。按照"黑大陆"理论观点,如果理论研究和实践探索照亮了这块黑暗大陆,那么摆在人们面前的可能是一片荒芜之地,也可能是一片宝藏。因为是对未知问题的一种判断,"黑大陆"理论是一种未来学的研究结论,是战略分析的结论,带有很强的哲学抽象性,这一理论对于研究物流乃至整个流通领域起到了一定的启迪作用。

物流冰山理论是日本早稻田大学的西泽修教授提出的,他认为人们对物流费用的总体内容并不掌握。读财务报表时,提起物流费用,大家只注意到企业公布的财务统计数据中的物流费用,这只是露出海面的冰山一角,而潜藏在海水下面的冰山主体却看不见,而这只能反映物流成本的一部分，海水中的冰山才是物流费用的主要部分，因此有相当数量的物流费用是不可见的。

物流冰山理论的提出基于以下三点：一是物流成本的计算范围太大，包括原材料物流、厂内物流、工厂到配送中心的物流、配送中心到门店的物流，等等，漏掉任何一部分，都将导致物流费用的大小差别非常大；二是运输、储存、包装、装卸以及信息等各个物流环节中，以哪些环节作为物流成本的计算对象问题；三是选择哪些费用列入物流成本中，如需要支付的运输费、保管费、装卸费，等等。因此，我们说露出水面的物流费用只是冰山的一角，直至今日，我们对物流领域的各方面仍不能做到了然于心，"黑大陆"和"水下的冰山"部分，才真正是待开发的领域，也是物流的巨大潜力所在。

3. 物流管理中心理论

（1）利润中心说

"第三利润源"的说法主要来自日本，是相对于"第一利润源"和"第二利润源"而言的。从历史发展来看，曾经有过两个大量提供利润的领域：第一个是资源领域，从最初的廉价原材料的获得，到后来依靠科技进步、节约能耗、回收利用乃至人工合成资源而获取高额利润，这也是企业最先想到的利润源；第二个是人力资源，从最初的廉价劳动力的获得，到后来依靠科技进步，采用机械化、自动化来降低成本，提高劳动生产率，增加利润。当前，在以上两种方式获得利润越来越小、利润开拓越来越困难的情况下，物流领域的潜力逐渐引起人们的重视，所以依次命名为"第三利润源"。

（2）成本中心说

物流在企业的总体战略中，只对企业营销活动的成本产生影响，是企业成本的重要产生点。因而，解决物流的问题，主要是通过物流管理和物流的一系列活动降低成本。所以，成本中心既是指主要成本产生点，又是指降低成本的关注点。物流是"降低成本的宝库"等说法正是这种认识的形象表述。

（3）服务中心说

服务中心说代表了美国和欧洲一些国家的学者对物流的观点。他们认为，物流活动最大的作用并不在于为企业节约了消耗、降低了成本或增加了利润，而是在于提高了企业对用户的服务水平，进而提高了企业的竞争能力。因此，他们在描述物流词汇上选择了"后勤"一词，特别强调其服务保障的职能。通过物流的服务保障，企业以其整体能力来减少成本，增加利润。

（4）战略中心说

战略中心说是当前较为盛行的说法。实际上，越来越多的人已逐渐认识到，物流更具有战略性，是企业发展的战略而不是一项具体的操作性任务，是将物流和企业生存、发展直接联系起来的学说。企业不应只追求当前、局部的利益，而应着眼于总体性的长远发展。战略性的规划和部署，这是促进物流现代化发展的动力。

1.1.3 现代物流与传统物流

自从物流的概念被引入之后，其内涵一直伴随着经济的发展而不断演进。短短几十年时间，物流概念日渐完善，在全球迅速成长为具有无限潜力和发展空间的新型服务业。近年来我国的社会物流总额仍在持续增长中，今后一段时期，我国物流业仍处于重要的战略机遇期，长期向好的态势不会改变，也正在迈向建设"物流强国"的新征程。

现代物流是相对于传统物流而言的。传统物流一般指物资的运输和存储，主要包括包装、运输、装卸、仓储、加工和配送等，是人类物品交换的必然结果，换言之，只要有贸易活动存在，总会伴随着物流活动的产生。但是，随着计算机和互联网的普及，传统物流已向现代物流转变。现代物流指的是以现代信息技术为基础，整合运输、包装、装卸、搬运、发货、仓储、流通加工、配送、回收加工及信息处理等各种功能而形成的综合性物流活动模式，也就是说，现代物流提出了物流系统化（或称总体物流、综合物流管理）的概念，并付诸实施。现代物流通过对物流信息的科学管理，可以加快物流速度、提高物流准确率、减少库存占用并且降低成本。

1. 现代物流的特点

（1）反应快速化

物流服务提供者对上游、下游的物流、配送需求的反应速度越来越快，前置时间越来越短，配送间隔越来越短，物流配送速度越来越快，商品周转次数越来越多。

（2）功能集成化

现代物流着重于将物流与供应链的所有环节进行集成。

（3）服务系列化

现代物流强调物流服务功能的恰当定位与完善化、系列化。除了传统的储存、运输、包装、流通加工等服务外，现代物流服务在外延上向上扩展至市场调查与预测、采购及订单处理，向下延伸至配送、物流咨询、物流方案的选择与规划、库存控制策略建议、货款回收与结算、教育培训等增值服务；在内涵上则提高了以上服务对决策的支持作用。

（4）作业规范化

现代物流强调功能、作业流程、作业、动作的标准化与程式化，使复杂的作业变成简单的易于推广与考核的动作。

（5）目标系统化

现代物流从系统的角度统筹规划一个公司整体的各种物流活动，处理好物流活动与商流活动及公司目标之间的关系，不求单个活动的最优化，但求整体活动的最优化。

（6）手段现代化

现代物流使用先进的技术、设备与管理为销售提供服务，生产、流通、销售规模与范围越大，物流技术、设备及管理越现代化。计算机技术、通信技术、机电一体化技术、语音识别技术等得到普遍应用。世界上最先进的物流系统实现了机械化、自动化、无纸化和智能化。

（7）组织网络化

随着生产和流通空间范围的扩大，为了保证为商品销售提供快速、全方位的物流支持，现代物流需要有完善、健全的物流网络体系，网络上点与点之间的物流活动保持系统性、一致性。这样可以保证整个物流网络有最优的库存总水平及库存分布，运输与配送快速、机动，既能铺开又能收拢，形成快速灵活的供应渠道。分散的物流单体也只有形成网络才能满足现代生产与流通的需要。

(8)经营市场化

现代物流的具体经营采用市场机制,无论是企业自己组织物流(自营物流),还是委托社会化物流(第三方物流)企业承担物流活动,都以"服务—成本"的最佳组合为总目标。自营物流和第三方物流,相比较而言,物流的社会化、专业化已经占到主流,即使是非社会化、非专业化的物流组织也都实行严格的经济核算。

(9)管理智能化

随着科学技术的发展和应用,物流管理由手工作业到半自动化、自动化,直至智能化,这是一个渐进的发展过程。从这个意义上来说,智能化是自动化的继续和提升,因此可以说,自动化过程中包含更多的机械化成分,而智能化中包含更多的自动化成分,如集成电路、计算机硬件与软件等。

2. 现代物流与传统物流的关系

现代物流与传统物流的联系:

①传统物流是现代物流的雏形,是物流理论研究的起点。

②现代物流是在传统物流基础上整合与集成的。

③现代物流活动中伴随着的最基本的物流活动,即传统物流。

现代物流在国际上被称为一体化物流、供应链管理,等等,以区别于传统物流。现代物流将运输、储存、装卸、搬运、包装、流程加工、配送、信息处理等功能有机结合在一起。传统物流中的各个环节之间则相互分离,没有整合,其中的运输、装卸、仓储、加工等环节,由互不沟通的不同经济实体来承担,它们之间似乎又不存在利益共生关系。具体来说,现代物流与传统物流的区别在于:

①传统物流只是提供简单的位移,现代物流提供的还有增值服务。

②传统物流是被动服务,现代物流是主动服务。

③传统物流侧重点对点、线到线的服务,而现代物流构建了全球性服务网络。

④传统物流无统一服务标准,现代物流实施标准化服务。

⑤传统物流是单一环节的管理,现代物流是整体系统化的管理。

⑥传统物流是人工控制,而现代物流是信息管理。

1.2 物流管理基本理论框架体系

在现代物流活动中,只有对物流的整个过程进行科学而有效的管理,才能更好地降低成本、增加效益,提高客户满意度。

1.2.1 物流管理的概念

物流管理是指在社会再生产过程中,根据物质资料实体流动的规律,应用管理的基本原理和科学方法,对物流活动进行计划、组织、指挥、协调、控制和监督,使各项物流活动实现最佳的协调与配合,以降低物流成本、提高物流效率和经济效益。

1. 物流管理的特征

物流是实现从原材料市场到消费市场价值增值的一个重要环节,也正是在增值市场的驱动下，物流才变得越来越紧凑、稳定和高效。物流管理的特征主要表现在以下六个方面。

（1）以提高客户满意度为第一目标

物流起源于客户需求，离开了客户需求，物的流动就会变得盲目。因此，在客户需求的驱动下，物从供应商向终端消费者流动。客户需求成为驱动物流的原动力。

（2）着重整个流通渠道的物流运动

物流管理的主要对象从传统的包含采购、生产和销售物流的企业物流，扩展成包含退货物流和废弃品物流等逆向物流的社会物流。

（3）以整体最优为目的

现代物流综合了企业各个部门的职能，以实现整个企业和整个流通渠道资源最优化为目的。

（4）既重视效率又重视效益

现代物流管理不仅追求物流体系中的增值能力，又注重物流活动过程中的增值服务能力，把客户满意度作为衡量物流运营能力的标准。

（5）以信息为中心的实需对应型的商品供应体系

在信息的驱动下，物流的效率和效益达到了最大化；同时，它改变了传统的由预测驱动物流的方式，因为现代物流是由客户的订货单驱动的。

（6）对商品运动的一元化管理

伴随着商品实体的运动，必然会出现"场所移动"和"提前期"这两种物理现象。其中"提前期"在当今产销紧密联系，物流一体化、网络化的过程中，已经成为一种重要的经营资源。"场所移动"和"提前期"分别表达了从订货到交货的场所和从订货到交货的时间内涵，突出了准时的思想。

2. 物流管理的程序

物流管理按管理程序可以划分为三个阶段，即计划阶段、实施阶段和评价阶段。

（1）计划阶段

计划是作为行动基础的某些事先的考虑。物流计划是为了实现物流预想达到的目标所做的准备性工作。

首先，要确定物流所要达到的目标以及为实现这个目标所进行的各项工作的先后次序。

其次，要分析研究在物流目标实现过程中可能遭遇的任何外界影响，尤其是不利因素，并确定对这些不利因素的对策。

最后，做出贯彻和指导实现物流目标的人力、物力、财力的具体措施。

（2）实施阶段

物流的实施阶段管理就是对正在进行的各项物流活动进行管理。它在物流各阶段的管理中具有最突出的地位。这是因为在这个阶段中各项计划将通过具体的执行而受到检验。同时，它也把物流管理与物流各项具体活动进行紧密结合。

首先，对物流活动的组织和指挥。物流的组织是指在物流活动中把各个相互关联的环节合理地结合起来，而形成一个有机的整体，以便充分发挥物流中的每个部门、每个物流工作者的作用。物流的指挥是指在物流过程中对各个物流环节、部门、机构进行的统一调度。

其次，对物流活动的监督和检查。通过监督和检查可以了解物流的实施情况，揭露物流活动中的矛盾，找出存在的问题，分析问题发生的原因，提出解决的方法。

最后，对物流活动的调节。在执行物流计划的过程中，物流的各部门、各环节总会出现不平衡的情况。遇到上述问题，就需要根据物流的影响因素，对物流各部门、各个环节的能力做出新的综合平衡，重新布置实现物流目标的力量。这就是对物流活动的调节。

（3）评价阶段

在一定时期内，人们对物流实施后的结果与原计划的物流目标进行对照、分析，这便是物流的评价。通过对物流活动的全面剖析，人们可以确定物流计划的科学性、合理性，确认物流实施阶段的成果与不足，从而为今后制订新的计划、组织新的物流提供宝贵的经验和资料。

1.2.2 物流管理的基本理论框架

在物流管理理论体系中，要实现物流管理的目标，就应该关注物流战略管理、物流作业管理、物流成本管理、物流时间管理、物流质量管理和物流资源管理。

1. 物流战略管理

物流战略是企业或其他组织为适应未来环境的变化，寻求物流的可持续发展，就物流发展目标以及达成目标的途径与手段而制定的长远性、全局性的规划与谋略。

物流战略管理是对企业的物流活动实行的总体性管理，是企业制定、实施、控制和评价物流战略的一系列管理决策与行动，其核心问题是使企业的物流活动与环境相适应，以实现物流的长期、可持续发展。

2. 物流作业管理

物流是由一系列物流作业组成的。随着物流管理越来越受到重视，物流作业管理也成为现代物流管理的重要组成部分。作业成本法是物流作业管理的有效的成本核算工具，企业利用作业成本法所得到的信息，在作业分析的基础上，对物流作业流程进行改善，实行有效的作业管理，从而实现物流的总成本最低和作业流程最优的目标。

3. 物流成本管理

广义的物流成本是指生产、流通、消费全过程的物品实体和价值变化而产生的全部费用，具体包括了从生产企业内部原材料的采购、供应开始，经过半成品、产成品的仓储、搬运、废品回收等发生的所有成本；狭义的物流成本是指由于物品移动而产生的运输、包装、装卸等费用。

物流成本以物流活动的整体为对象，是唯一基础性的数据，是进行物流合理化的基础，也是衡量国家经济运行效率的重要指标。降低物流成本是物流管理的首要任务。由于物流各个功能相互关联、相互影响，一种功能成本的降低会使另一功能的成本增加，存在着效益背反的现象，所以，必须从系统的角度考虑整体的最佳成本。

4. 物流时间管理

物流是原材料、半成品和商品在形成过程中的一种运动表现形式，具有一般运动的时间和空间上的基本属性，需要占据一定的空间并在空间上实现位移，需要消耗一定的时间并在一定的时间上延续。物流管理就是要使物流活动加速，从这方面说，物流管理就是对物流时间的管理，通过物流加速，降低库存量，在最短的时间内，以最低的成本为客户提供最适合的产品。现代物流企业已经清楚地意识到加快物流速度、减少物流时间对于降低成本，提高竞争力的重要性。

5. 物流质量管理

物流质量的概念既包含物流对象质量，又包含物流手段、物流方法的质量，还包含工作质量，因而是一种全面的质量观。物流质量管理是指科学运用先进的质量管理方法、手段，以质量为中心，对物流全过程进行系统管理，包括为保证和提高物流产品质量和工作质量而进行的计划、组织、控制等各项工作。

从总体来看，物流质量管理的直接任务有三个方面：一是质量保证；二是质量保护；三是为用户服务。

6. 物流资源管理

物流资源可以理解为物流服务和物流作业所依赖的资金、技术、人员、信息、知识、场地、设施设备、网络等要素。一方面，物流资源是物流业生存和发展的基础，它决定着物流能力的大小和物流水平的高低。另一方面，现代物流的目标是合理地整合和集成物流资源，通过整合形成物流核心能力，在降低物流成本的同时提高物流服务水平。

1.3 物流与竞争优势

现代物流不仅考虑从生产者到消费者的货物配送问题，还要考虑从供应商到生产者的原材料采购问题，以及生产者本身在产品制造过程中的运输、保管和信息等全面的、综合性的提高经济效益和效率的问题。现代物流是以满足消费者的需求为目标，把生产、运输、销售等市场情况统筹考虑的一种战略措施。

在当今的"大数据"时代，全球物流产业有了新的发展，现代物流服务的核心目标是在物流全过程中以最小的总成本满足用户的需求，物流对于企业以及国家经济发展的作用也日趋突显。

1.3.1 物流对企业的作用

1. 物流是企业生产的前提保证

首先，物流为企业创造经营的外部环境。一个企业正常经营必要的外部条件：一方面是要保证按企业生产计划和市场需求提供和运送原材料、燃料、设施设备、零部件等；另一方面，企业要将产成品输送到消费地。这个最基本的外部条件只有依靠物流的相关活动才能实现，物流为企业经营创造外部环境。

其次，物流是企业生产运行的保证。现代化生产的重要特征之一就是连续性。企业在生产过程中，各种物资要在各个部门和工序之间流转，经过层层环节，成为价值更高的产品。在现代企业经营中，物流贯穿于生产和消费的全过程，企业生产经营的全部职能都要通过物流得以实现，物流对企业的支持保证作用是必不可少的。

2. 物流是生产流通企业的"第三利润源"

对于生产企业或商业企业而言，物流活动具有增值作用。它的价值主要表现为时间价值、空间价值和加工附加的价值，这些都会使企业成本降低、利润增加，因此，物流被称为"第三利润源"。随着科技的进步，"第一利润源"和"第二利润源"的空间越来越小，而"第三利润源"则潜力巨大。

3. 物流降低企业成本

物流在企业的战略中，对企业营销活动的成本有着重要影响，物流是企业成本的重要产生点。物流的合理化可以大幅度降低企业经营成本，支持营销和采购活动，具有改善经营状况的作用。因此，物流既是主要成本的产生点，又是降低成本的关注点。物流是降低成本的"金钥匙"——这是对物流可以降低企业成本的形象描述。

4. 物流提高企业竞争力

物流活动最大的作用，并不只是为企业减少消耗、降低成本或是增加利润，更重要的是提高了企业对用户的服务水平，进而提高企业的竞争能力。在经济全球化、信息全球化和资本全球化的今天，企业只有建立现代物流体系，才能在竞争中求生存、谋发展。

1.3.2 物流对国民经济的作用

从宏观来看，物流活动涉及国民经济的各个领域，物流业的产出也是国内生产总值的重要组成部分，在国民经济中起着举足轻重的作用。

1. 物流是流通的物质基础

经济活动可以划分为生产活动、流通活动和消费活动，其中流通是联系生产和消费的桥梁，社会产品只有通过流通，才能实现其价值和使用价值，社会再生产才能得以延续。而流通的实现，离不开两大基本环节：一是商流；二是物流。物流活动是为消除生产和消费之间的时间和空间阻隔而出现的，商流引起物流，物流又为商流服务，没有物流过程，商流就不可能最后完成，因此，物流是流通的物质基础。

2. 物流是宏观国民经济正常运行的重要条件

实践证明，在经济快速发展的环境下，如果没有物流的配合和发展，包括生产和消费在内的任何一项经济活动都难以正常运转，从这个意义上说，物流业可以看作是支撑国民经济正常运行的重要条件，任何地区的经济发展都必须和有效的物流联系起来，没有良好的物流条件，经济发展势必会受到制约。现代物流的发展，必将成为未来我国经济新的增长点，从整体上改善国民经济的运行效率，提高全社会的经济效益。

3. 物流是其他产业的重要支撑

现代物流是一个复合型产业，包括运输业、仓储业、装卸业、包装业、配送业、物流信息业等服务产业。物流产业与其他产业之间有着密切的关联，是其他产业的重要支撑。首先，物流业与制造业之间有相互促进的关系。制造业的发展会产生巨大的物流需求，从而拉动物流业的发展，完善的物流支撑体系又会对制造业的健康发展起到重要的促进作用。其次，物流对农业发展有巨大的推动作用。与工业品不同，农产品的存储、运输具有独特的特点和要求，需要相关物流体系的支撑。同时，以市场为导向的农产品流通也会带动广大农村的农产品物流。

1.3.3 物流参与企业竞争优势的形成

物流是企业必不可少的一个环节，在企业乃至整个国家的发展中扮演着极其重要的角色。尤其是互联网时代的来临，电子商务的发展日趋迅速，更加巩固了物流的重要地位。物流、资金流和信息流是企业的三大基本要素，因此各大企业，尤其是电商企业，都十分重视物流体系的建设和完善，从而形成与竞争对手在物流方面的竞争优势。

1. 物流与成本优势

通过对物流资源的整合与重组来降低物流成本，从而打造出企业竞争新优势。整合多种物流资源是物流业的核心价值所在，通过管理的创新、商业模式的创新、技术的创新等提升物流的规模化和集约化水平，实现从原材料供应、生产制造到产品的运输等各个物流环节的整合与重组，从而优化供应链的各个环节，降低企业运行成本。

2. 物流与增值优势

通过物流增值服务来取得企业竞争优势。物流增值服务通常指在完成物流基本功能环节的基础上，根据客户需求而提供的各种延伸性服务活动。物流的增值功能往往没有统一的构成要素，而且受客户类型和规模以及物流服务提供者的硬件设施、技术条件和盈利能力等因素的影响较大。但随着物流行业的竞争日趋加剧，这种原本属于增值型的服务会逐渐演变为常规服务。

3. 物流与速度优势

企业通过建立并完善自身的物流体系来提升物流速度，更好地满足客户需求，提高客户满意度。除此之外，物流速度的加快，可以在一定程度上降低产品在运输途中的破损率，尤其对于冷链物流而言，速度优势可以有效降低鲜活易腐品在运输途中变质腐烂，从而可以降低损失。物流速度的提升，也可以将产品在相同的时间内运到更远的市场，有助于产品市场的拓展，从而使企业产生多方面的优势。

本章小结

本章主要介绍了物流概念及其相关理论，包括商物分流理论、"黑大陆"理论、物流冰山理论、物流管理中心理论等；在此基础上阐述了传统物流和现代物流的概念，界定了传统物流与现代物流的分界点及二者之间的关系；阐述了物流管理的概念、包括的内容以及物流管理的基础理论框架；最后明确了物流对企业以及国民经济发展的作用、物流参与企业竞争优势的形成。

复习思考题

1. 什么是物流？
2. 阐述物流概念的发展历程。

3. 论述传统物流与现代物流的关系。
4. 现代物流具有哪些特点?
5. 什么是物流管理?物流管理包括哪些内容?
6. 举例说明物流对企业竞争优势的促进作用。
7. 课外查阅:物流活动涉及的领域有哪些?物流在其中起到什么作用?
8. 小组讨论:请同学们一起探讨对物流的认识。

第二篇

物流系统的作业与技术管理篇

第二章

运输管理

主要内容

本章主要内容有运输的功能、运输的原理、水路运输、铁路运输、公路运输、航空运输、管道运输、运输的参与者、运输业务、运输成本、运输规划、运输规划的原则、运输规划的内容。

教学目标

1. 理解各运输方式的运输业务；
2. 掌握各运输方式的优缺点及适用范围；
3. 熟悉运输成本的构成；
4. 熟悉运输规划的原则；
5. 掌握运输规划的内容。

案例导读

2018：数说货运物流
——在"2018年全国货运行业年会"上的讲话

2018年确实是不平凡的一年。在物流这个行业也出现了许多热点问题。这里采用数字归类的方法，用1~11再加上100来把这些热点串起来回顾一下。

1. 127个城市将作为国家物流枢纽布局城市

11月21日，国务院总理李克强主持召开国务院常务会议，部署推进物流枢纽布局建设，多措并举发展"通道+枢纽+网络"的现代物流体系。经国务院同意，国家发改委和交通运输部两部门即将发布这个规划，拟选择127个具备一定基础条件的城市作为国家物流枢纽承载城市。从大的意义来讲，这是贯彻党的十九大提出的"加强物流基础设施网络建设"的重大战略。具体到我们公路货运行业,我想国家物流枢纽不仅仅是单一运输方式,多数会变成多种运输方式或者是多联运转运节点,从这个角度考虑可能会对公路货运行业产生重要的影响。

2. 排名第一的星级车队单车月均行驶里程超过2万公里

中物联公路货运分会通过两批评选,共产生121家中国公路货运星级车队,共涉及3万多辆自有车辆。报告显示排名前十的星级车队单车月均行驶里程达到1.4万公里,排名第一的星级车队达到20 728公里。从月均行驶时长看,星级车队平均是150小时,每天行驶5小时,排名前十的星级车队平均是7.4小时,排名第一的星级车队是9.9小时。为适应高质量发展的要求,我们提出要打造"品质运力",把星级车队作为抓手,打造品质运力。首先要安全,第二要时效,第三要服务,第四还要价廉。我们发展星级车队的目的在于打造品质运力,树立品牌企业,再加上品质货主,大家共同参与行业品牌建设,来推进高质量发展。

3. 货车年审、年检和尾气排放检验"三检合一"稳步推进

目前,大部分省市年审、年检"两检合并"已经落实,货车异地年检已经实现。近年来,政府大力推进"放管服"改革,确实推出了很多政策措施,有些已经在我国货运行业收到实效。昨天下午,我们召开分会的理事会,回顾总结了一下,有十多项很实在的政策已经落地。营商环境的持续改善,是我们大家共同努力的结果。许多政策诉求都是我们的会员企业提出来,经过分会加工整理,形成政策建议,得到政府的认可和推动,最终使全行业受益。

4. 货运物流行业的巨大贡献"四个三"

3 000万的货车司机(包括相关的附属人员),创造了3万亿的公路货运市场规模,完成了全国3/4的货运量,更重要的是供养着1/13的人口。也就是说,全国每13个人就有一个人是靠这个行当养活的。所以公路货运行业不仅仅涉及企业效益的问题,行业发展的问题,更关乎着民生的改善和社会的稳定。过去的一年,我们政府部门和在座各位为社会稳定做了大量的工作。

5. 挂车购置税实施减半征收政策落地

挂车购置税减半征收是去年出台的减税降费政策中的一条。此外,过去一年中减税降费力度还是很大的,除挂车购置税减半以外,交通运输业增值税率降了一个点,还有仓储设施用地土地使用税减半征收,取消4.5吨以下货车的"两证",取消省界收费站等,许多具体政策都在落实。前一段时间我们和财政部、税务总局的同志座谈,再一次提出对物流行业要降低税负、统一税率、简化征管的三点诉求,也得到了很好的回应,预计新的一年将会逐步实现。

6. 预计全年社会物流总额增长6.5%左右

目前整个经济形势趋稳放缓,下行压力逐步加大,"车多货少"的矛盾依然存在。车辆的增长要快于货物增长,市场竞争可能会更加激烈。预计全年社会物流总额增长6.5%左右。也就是说,今后一个时期,规模速度的增长将持续放缓,质量和效益的提升将更加艰难。对此,我们应有足够的思想准备。

7. 多式联运示范工程项目达到70个

交通运输部和国家发改委自2016年起,开展多式联运示范工程,第一批16个,第二批

30个，第三批24个，已经有了70个示范工程项目。这项工作实际上是推进物流降本增效的"大餐"，也是国家的重大战略。本次年会神华货车将带来驮背运输多式联运新的解决方案，还有东方驿站带来了挂车共享租赁，都和多式联运相关。目前，多式联运对公路货运的影响似乎不是特别大。但是大家一定要关注这一块，多式联运的发展，将会对公路货运行业的运输组织方式和服务盈利模式产生重大影响。

8. 八部门联合发布开展供应链创新与应用试点

这个试点是去年国务院办公厅84号文件之后，2018年4月商务部等有关部门开展的试点。55个城市成为试点城市，269家企业纳入试点企业。现代供应链已经写入党的十九大报告，要求形成新的增长点，形成新动能，希望引起大家的重视。我们公路货运行业如何应用供应链思维，来整合提升、协同创新？

9. "9.21"之后的治超工作不能半途而废

目前，运输车治超已经取得显著成效，在治理方面积累了成功经验。下一步行业关心的是对超长超宽车辆的治理。行业希望要有一个明确预期，要有明确的时间表和路线图。这项工作涉及很多方面、很多因素，特别是涉及稳定的问题，因此推进起来比较慢。最近我们也给政府提了一些建议。那就是，一个目标、两种车型、三个阶段。一个目标就是车型标准化，我们要下决心实现车型标准化。如果没有车型标准化，我们的"物流强国"就是一句空话。下一步治理对象重点是两种车型：一是17.5米的半挂车；二是16.5米集装箱半挂车。我们提的三个阶段是：一是摸清底数、治理套牌；二是规范装载、有序退出；三是全面禁止上路通行。争取用一年半左右的时间把这项治理工作真正完成，这也是我们行业协会集中大家的意见提出来的政策建议。昨天的理事会大家也提出来，现有的标准还是有许多需要改进的地方，希望政府有关部门根据实际情况做出修订。

10. "十大最美货车司机"受表彰

为营造关爱货车司机的社会舆论氛围，展现货车司机风采，提升货车司机的职业归属感和荣誉感，促进道路货运行业健康稳定发展，交通运输部、公安部、全国总工会首次开展"最美货车司机"推选宣传活动，公路货运分会也参与了评选推荐工作。通过这种方式来提升货车司机的职业归属感和荣誉感，逐步形成全社会关爱货车司机群体的良好氛围。昨天，我也参与了评审会议，在司机群体中确实有很多感人事迹，需要树立正气、弘扬精神。为进一步改善货车司机的工作条件，经交通运输部、中华全国总工会同意，在河北等10个省份组织开展"司机之家"建设试点工作。开展"最美货车司机"推选宣传活动，建设"司机之家"不仅是政府大力推动的重点工作，也需要我们积极参与。在此基础上，我们还要想更多办法、采取更多措施，使卡车司机的生活环境和工作环境进一步得到改善。昨天的理事会上，有同志提出来要帮助司机解决保险问题，一旦遇到车祸或突发事件能够有应急保障。我们要通过多种方式，逐步帮助他们解决实际问题，逐步提高货车司机的社会地位，让他们获得更多的尊严，我想这也是全行业和在座各位的期盼。

11. 到2020年全国铁路货运量增加11亿吨

这主要是源于生态文明建设，而且是打赢"三大攻坚战"的重要内容。生态环境部、交通运输部先后提出打赢蓝天保卫战三年计划、推动运输调整三年计划。其中重要内容是要求到2020年全国铁路货运量增加11亿吨，只有两年时间，这个力度相当大。铁路货运量增加对于公路货运行业意味着什么？是不是会直接影响到公路货运转型升级的问题？这个问题可能去年还没有引起大家特别关注。大家对"公转铁"应该更加关注，包括标准如何修订、体制如何改革、技术如何进步，也是我们这次会议需要讨论的一个问题。

100. "百驿网"构建全国物流园区网络图谱

我会物流园区专委会发起的"全国物流园区网络图谱"是顺应物流园区互联互通的重要举措，试图通过全国物流园区网络图谱的建设，推动园区实现互联互通，更好地推动资源整合和优化利用。这个项目也同公路货运企业密切相关，意图为我们物流园区联网，为我们的货主和货车司机"导航"，使他们更方便地找到车源、货源和停车卸货点。

（资料来源：中物联公路货运分会——中国物流与采购联合会副会长贺登才）

在物流所有的功能中，运输是最基本的功能，是物流的重要支柱之一。运输解决了生产与消费在地域上的不同步性的矛盾，具有扩大市场、扩大流通范围、稳定市场价格、促进社会分工等经济功能，对拉动现代生产与消费、发展国民经济起到积极的作用。

2.1 运输的功能与原理

运输是人和物的载运及输送，本书中专指"物"的载运及输送。它是在不同地域范围间（如两个城市、两个工厂之间，或一个大企业内相距较远的两个车间之间），以改变"物"的空间位置为目的的活动，对"物"进行空间位移。和搬运的区别在于，运输是较大范围的活动，而搬运是在较小范围之内的活动。

2.1.1 运输的功能

运输是物流作业中最直观的要素之一。运输提供两大功能：物品转移和物品存储。

1. 物品转移

物品无论处于哪种形式，原材料、零部件、装配件、在制品，还是产成品，不论是在生产过程中将被转移到下一阶段，还是实际上更接近终端的顾客，运输都是必不可少的。运输的主要功能就是物品在供应链中的来回移动。既然运输利用的是时间资源、财务资源和环境资源，那么，只有当它确实提高产品价值时，该物品的移动才是有意义的。

运输的主要目的是以最少的时间、财务和环境资源成本，将物品从原产地转移到规定地点。此外，物品灭失及损坏的费用也必须是最低的；同时，物品转移所采用的方式必须能满足顾客有关交付履行和装运信息的可得性等方面的要求。

2. 物品储存

如果转移中的物品需要储存，且在短时间内又将重新转移，而卸货和装货的成本也会超过储存在运输工具上的费用，此时，可将运输工具作为暂时的储存场所。所以，运输业具有临时储存的功能。一是货物处于转移中，运输的目的地发生改变，物品需要临时储存时，这时运输就起到了临时储存的作用；二是在起始地和目的地仓库储存能力有限的情况下，将货物装上运输工具，采用迂回路线往返运送至目的地，运输就发挥了临时储存的功能。

2.1.2 运输的原理

指导运输管理和运营的两条基本原理是规模经济和距离经济。

1. 规模经济原理

规模经济是指随着装运规模的增长，会使每单位重量的运输成本下降。例如，整车运输的每吨成本低于零担运输。也可以说，诸如铁路或水路等运输方式的运输能力较大，因而其每单位重量的费用要低于汽车或飞机之类运输能力较小的运输工具。

规模经济之所以存在，是因为转移一批货物有关的固定费用按整票货物的重量分摊时，该批货物越重，分摊到单位重量上的成本就越低。另外，运输的批量大也可以获得价格折扣，使单位货物的运输成本下降。

2. 距离经济原理

距离经济是指每单位距离的运输成本随运输距离的增加而减少。这是因为货物提取与交付有关的固定费用，会随着运输距离的增加而降低。根据距离经济原理，长途运输的单位运距成本低，短途运输的单位运距成本高。物流运输的距离经济符合递减原理，因为费率随着距离的增加而减少。另外，运输工具装卸所发生的固定费用必须分摊到每单位距离的变动费用中，距离越长，平均每千米支付的总费用越低。

在评价各种运输决策方案或运营业务时，规模经济和距离经济原理是重点考虑的因素。目的是使装运的规模和距离最大化，同时满足客户对服务的期望。

2.2 运输方式

运输方式是运输业中由于使用不同的运输工具、设备线路，通过不同的组织管理形成的运输形式。在使用动力机械以前，运输方式以人力、畜力、风力、水力的挑、驮、拉、推为主。动力机械使用以后，才使运输方式现代化，出现了以水路运输、铁路运输、公路运输、航空运输和管道运输为主的现代运输。现代运输还有索道运输、输送带运输等。随着科学技术的进步，还将出现新的运输方式。交通运输是国民经济良性循环的物质基础，合理发展各种运输方式，是国民经济迅速发展的关键。国家根据技术经济特点、资源状况、地理特点、生产水平以及国民经济总体规划及区域规划，有计划、有目的地综合发展各种运输方式。

按照不同的角度，运输可以分为多个种类，本章主要介绍从运输设备及运输工具角度的运输分类，即水路运输、铁路运输、公路运输、航空运输和管道运输这五大运输方式。

2.2.1 水路运输

水路运输是各种运输方式中兴起最早、历史最悠久的运输方式。古代人类就已利用天然水道从事运输活动，最早的运输工具是独木舟和排筏，随后又出现了木船、帆船，蒸汽机驱动的船舶，水路运输的工具进入了飞速发展的时代。我国是世界上水路运输发展较早的国家之一，商代有了帆船；后又开凿运河，建成了连接长江和珠江两大水系的灵渠；京杭运河则将钱塘江、长江、淮河、黄河和海河五大水系连通；唐代对外运输丝绸及其他货物的船舶直达波斯湾和红海之滨，被称为海上丝绸之路；明代航海家郑和带领船队七下大西洋，历经亚洲、非洲30多个国家和地区。我国水路运输发展很快，特别是近30年来，水路客、货运量均增加16倍以上。目前，我国的商船已航行于世界100多个国家和地区的400多个港口。我国当前已基本形成一个具有相当规模的水运体系，我国水路运输在相当长的历史时期内，对经济、文化发展和对外贸易交流起着十分重要的作用。

1. 水路运输的概念

水路运输是以船舶为主要运输工具、以港口或港站为运输基地、以水域（包括海洋、河流和湖泊）为运输活动范围的一种运输方式。水运至今仍是世界许多国家最重要的运输方式之一。水运主要承担大批量、长距离的运输，是干线运输中起主力作用的运输方式。在内河及沿海，水运也常作为小型运输工具使用，担任补充和衔接大批量干线运输的任务。

2. 水路运输的分类

水路运输主要有以下四种形式：

①内河运输，是指使用船舶在陆地内的江、河、湖、川等水道进行运输的一种方式，主要使用中小型船舶。

②沿海运输，是指使用船舶通过大陆附近沿海航道运输客、货的一种运输方式，一般也使用中小型船舶。

③近海运输，是指使用船舶通过大陆邻近国家海上航道运输客、货的一种运输方式，根据航程远近可使用中型船舶，也可使用小型船舶。

④远洋运输，是指使用船舶跨大洋的长途运输方式，主要依靠运量大的大型船舶运输。

3. 水路运输的优点

①运能大，能够运输数量巨大的货物。

②通用性较强，客、货两宜。

③越洋运输大宗货品，连接被海洋所分割的大陆，远洋运输是发展国际贸易的强大支柱。

④运输成本低，能以最低的单位运输成本提供最大的货运量，尤其在运输大宗货物或散装货物时，采用专用的船舶运输，可以取得更好的技术、经济效果。

⑤平均运输距离长。

4. 水路运输的缺点

①受自然气象条件因素影响大。由于季节制约的程度大，因而一年中中断运输的时间较长。

②营运范围受到限制，如果没有天然航道则无法运输。

③航行风险大，安全性较差。

④运送速度慢，准时性差，经营风险增加。

⑤搬运成本与装卸费用高，这是因为运能最大，所以导致了装卸作业量最大。

5. 水路运输的适用范围

①承担大批量货物，特别是集装箱的运输任务。

②承担原料半成品等货物的运输。
③承担国际贸易运输,即远距离、大批量,不要求快速抵达国外目的港的客、货运输。

2.2.2 铁路运输

铁路货物运输是现代运输主要方式之一,也是构成陆上货物运输的两个基本运输方式之一。它在整个运输领域中占有重要的地位,并发挥着越来越重要的作用。

希腊是第一个拥有路轨运输的国家,至少两千年前已有马拉的车沿着轨道运行;1804年,理查·特里维西克在英国威尔士发明了第一台能在铁轨上前进的蒸汽机车;19世纪20年代,英格兰的史托顿与达灵顿铁路成为第一条成功的蒸汽火车铁路,后来的利物浦与曼彻斯特铁路更显示了铁路的巨大发展潜力;很快铁路便在英国和世界各地通行起来,且成为世界交通的领导者近一个世纪,直至飞机和汽车的发明才降低了铁路的重要性。

现在全球236个国家和地区之中,有144个设有铁路运输(包括全世界最小的国家梵蒂冈在内),其中约90个国家和地区提供客运铁路服务。铁路依然是世界上载客量最高的交通工具,拥有无法被取代的地位。

中国第一条铁路吴淞铁路建于上海,由英国人兴建,后被清朝地方官员买回并拆毁。而正式使用的第一条铁路和蒸汽机车则是由李鸿章兴办的开滦公司煤矿所建。

1. 铁路运输的概念

铁路运输是利用机车、车辆等技术设备沿铺设的轨道运行的一种运输方式,它在社会物质生产过程中起着重要的作用。铁路运输由于受气候和自然条件影响较小,且运输能力及单车装载量大,在运输的经常性和低成本性方面占据了优势,再加上有多种类型的车辆,使它几乎能承运任何商品,几乎可以不受重量和容积的限制,铁路运输是在干线运输中起主力运输作用的运输形式。

2. 铁路运输的分类

铁路运输按照一批货物的重量、体积、性质或形状等因素,可以分为整车运输、零担运输和集装箱运输。

①整车运输,是指一批货物的重量、体积、性质或形状需要一辆或一辆以上的铁路货车装运(用集装箱装运除外)。

②零担运输,是指一批货物的重量、体积、性质或形状不需要一辆铁路货车装运(用集装箱装运除外),简称为零担。

③集装箱运输,是指使用集装箱装运货物或运输空集装箱,简称为集装箱。适用于运输精密、贵重、易损的货物,凡适合集装箱运输的货物,都应该按集装箱运输。

3. 铁路运输的优点

①巨大的运送能力。
②廉价的大宗运输。
③较少受天气、季节等自然条件的影响,能保证运行的经常性和持续性。
④计划性强,安全,准时。
⑤运输总成本中固定费用所占的比重大(一般占60%),收益随运输业务量的增加而

增长。

4. 铁路运输的缺点

①始建投资大，建设周期长。
②始发地与目的地之间作业时间长，不利于运距较短的运输业务。
③受轨道限制，灵活性较差。
④装载次数多，货损率较高。

5. 铁路运输的适用范围

①大宗货物的运输。
②运费负担能力较弱的低值货物运输。
③中长距离货物运输（300 km 至 1 000 km）。

2.2.3 公路运输

公路运输是现代物流的运输方式之一，是 19 世纪末随着现代汽车的诞生而产生的。初期主要承担短途运输业务。第一次世界大战后，基于汽车工业的发展和公路里程的增加，公路运输走向发展的阶段，不仅是短途运输的主力，并且进入长途运输的领域。第二次世界大战结束后，公路运输发展迅速，欧洲许多国家和美国、日本等国已建成比较发达的公路网，汽车工业又提供了雄厚的物质基础，促使公路运输在运输业中跃至主导地位。发达国家公路运输完成的客货周转量占各种运输方式总周转量的 90% 左右，因此，公路运输在整个运输领域中占有重要的地位，且发挥着越来越重要的作用。

1. 公路运输的概念

从广义上讲，公路运输是指利用一定的载运工具，如汽车、拖拉机、畜力车、人力车等，沿公路实现货物空间位移的过程。从狭义上讲，公路运输是指利用汽车实现货物位移的方式，即汽车运输。物流运输中的公路货物运输专指汽车货物运输。在地势崎岖、人烟稀少、铁路和水运不发达的边远和经济落后地区，公路为主要运输方式，起着运输干线作用。

2. 公路运输的分类

按照不同的划分标准，公路运输可以分为不同的类型。此处主要按托运量大小，将公路运输分为整车运输、零担运输、集装箱运输和包车运输。

①整车运输，是指托运人一次托运货物在 3 t 及 3 t 以上的，或不足 3 t 但其性质、形状或体积需要一辆 3 t 以上的汽车运输的业务。整车运输的货物通常有煤炭、粮食、木材、钢材、矿石、建筑材料等，这些货物一般都是大宗货物，货源的构成、流向和流量、装卸地点等都比较稳定。

②零担运输，是指托运人一次托运货物不足 3 t 的运输业务。零担运输非常适合商品流通中品种繁杂、量小批多、价格贵重、时间紧迫、到达站点较为分散等特殊情况下的运输，弥补了整车运输和其他运输方式在运输零散货物方面的不足。

③集装箱运输，是指将适箱货物集中装入标准化的集装箱，采用现代化手段进行货物的运输。集装箱运输很好地保证了货物的安全性，极大地降低了货损率，简化了托运办理的程序，对托运人提供一票到底的运输服务。

④包车运输,是指应托运人的要求,经双方协议,把车辆承包给托运人安排使用,并按时间或者里程计算运费的货物运输。

3. 公路运输的优点

①机动灵活,货物损耗少,运输速度快,可以实现"门到门"的运输。

②原始投资少,修建公路的材料和技术比较容易,易在全社会广泛发展,这是公路运输最大的优点。

③具有较强的公开性和开放性。

4. 公路运输的缺点

①运输能力小,单位运量耗能较大。

②中长距离的运输成本较高。

③易造成环境污染。

④安全性较差。

5. 公路运输的适用范围

①近距离中、小批量的货物运输。

②对运输时间要求较高的货物运输。

③独立的运输作业。

④补充和衔接其他的运输方式。

2.2.4 航空运输

航空运输是现代物流中的重要组成部分,其提供的是安全、快捷、方便和优质的服务。航空运输以其迅捷、安全、准时赢得了相当大的市场。航空是人类20世纪所取得的最重大的科技成就之一。在民用领域,其首先被用于交通运输。从伦敦郊区一个小城镇旁的一条简单跑道到世界最繁忙的国际空港——伦敦希思罗机场;从波音空运公司到以联合航空公司为首的"明星联盟";从巡航速度60 km/h的汉德利·佩季HP-42到马赫数2的"协和"超音速飞机,在过去的七八十年中,航空运输取得了全面、惊人的发展。

1. 航空运输的概念

航空运输是使用飞机或其他航空器进行运输的一种形式。航空运输具有高科技性、运输速度快、准点率高、投资少、回收快、运输成本高等特点,适用于长途旅客运输、货物运输及邮件运输。现代社会国际货物流通与贸易多是采用航空运输方式来进行。同时,航空运输的发展水平也反映了一个国家科学技术和国民经济的发展水平。我国航空运输的货运量占全国运输量比重还比较小,主要是承担长途客运任务,但伴随着物流的快速发展,航空运输在货运方面也终将会扮演重要角色。

2. 航空运输的分类

航空运输企业经营的形式主要有班机运输、包机运输和集中托运。

①班机运输,是指用在固定航线上定期航行的航班进行运输的一种方式。由于班机有固定的航线、始发和停靠港,并定期开航,货主可以确切地掌握起运和到达时间,保证货物能

够安全、迅速地运送到世界各地并投入市场。因此，班机运输是最受托运人欢迎的一种航空运输方式。

②包机运输。当货物批量较大，班机又不能满足需求时，一般会采取包机运输形式。包机运输又可分为整机包机和部分包机。整机包机是航空公司或包机代理公司按照合同中双方事先约定的条件和运价将整架飞机租给租机人，从一个或几个航空港装运货物到指定目的地的运输方式；部分包机是由几家航空货运代理公司或发货人联合包租一架飞机，或者由包机公司把一架飞机的舱位租给几家航空货运代理公司的运输形式。

③集中托运，是航空货运代理公司把若干批单独发运的货物组成一整批，向航空公司办理托运，采用一份航空总运单集中发运到同一到达站，或者运到某一预定的到站，由航空货运代理公司在目的地指定的代理收货，然后再报关，并根据集中托运人签发的航空分运单分拨给各个实际收货人的一种运输方式，也是航空运输中开展得最为普遍的一种运输方式。

3. 航空运输的优点

①航空运输速度快。现代喷气式飞机时速都在 700～800 km/h，比海轮快 20～30 倍，比火车快 5～10 倍。速度快是航空运输的最大优势和主要特点，它使得旅客出行时间大大缩短，货主存货减少，保管费用降低。

②运输里程最短。飞机除了航行的特殊需要外，一般都是在两点间做直线飞行，不受地面条件的限制，因此，同一起讫点间，航空运输里程最短。

③舒适。喷气式民航飞机的飞行高度一般在 10 000 m 左右，不受低空气流的影响，飞行平稳，且客舱宽敞、噪音小，机内有供膳食、视听娱乐设备等，舒适度高。

④灵活。飞机是在高空中飞行，比火车和汽车或者船舶受到线路制约的程度小得多。飞机可按班飞行，也可进行不定期飞行；可以在固定航线上飞行，也可以在非固定航线上飞行。

⑤安全。航空运输中，对飞机适航性要求极其严格，没有适航证的飞机不允许飞行。尽管飞行中有出现事故的可能性，但按单位客运周转量或单位飞行时间事故率来衡量，航空运输的安全性是很高的。

⑥包装要求低。在航空运输中，用一张塑料薄膜包裹货物并不少见。空中航行的平稳性和自动着陆系统减少了货损的可能性，因此，可以降低包装要求。

4. 航空运输的缺点

①载运能力低，单位运输成本高。飞机的机舱容积和载重能力较小，因此，单位运输周转量的能耗较大。另外，机械维护及保养成本也非常高。

②受天气影响较大。因飞行条件要求很高，航空运输在一定程度上受到气候条件的限制，从而影响运输的准时性和准点率。

③可达性差。一般情况下，航空运输都难以实现客货的"门到门"的运输，必须借助其他运输工具进行转运。

5. 航空运输的适用范围

①鲜活易腐等特种货物的运输。

②价值高、运费承担能力强的货物。

③紧急物资的运输。
④邮政运输。

2.2.5 管道运输

管道运输是国际货物运输方式之一，是随着石油生产的发展而产生的一种特殊运输方式，具有运量大、不受气候和地面其他因素限制、可连续作业以及成本低等优点。随着石油、天然气生产和消费速度的增长，管道运输发展步伐不断加快。

管道运输是用管道作为运输工具的一种长距离输送液体和气体物资的运输方式，是一种专门由生产地向市场输送石油、煤和化学产品的运输方式，是统一运输网中干线运输的特殊组成部分。有时候，气动管也可以做到类似工作，以压缩气体输送固体舱，而内里装着货物。管道运输石油产品比水路运输费用高，但仍然比铁路运输便宜。

管道运输不仅运输量大、连续、迅速、经济、安全、可靠、平稳以及投资少、占地少、费用低，并可实现自动控制。除广泛用于石油、天然气的长距离运输外，还可运输矿石、煤炭、建材、化学品和粮食等。管道运输可省去水运或陆运的中转环节，缩短运输周期，降低运输成本，提高运输效率。当前管道运输的发展趋势是：管道的口径不断增大，运输能力大幅度提高；管道的运距迅速增加；运输物资由石油、天然气、化工产品等流体逐渐扩展到煤炭、矿石等非流体。

在五大运输方式中，管道运输有着独特的优势。在建设上，与铁路、公路、航空相比，管道投资要省得多。就石油的管道运输与铁路运输相比，交通运输协会有关专家曾计算过：沿成品油主要流向建设一条长7 000公里的管道，它所产生的社会综合经济效益，仅降低运输成本、节省动力消耗、减少运输中的损耗三项，每年就可以节约资金数10亿元左右；而且对于具有易燃特性的石油运输来说，管道运输有着安全、密闭等特点。

在油气运输上，管道运输有其独特的优势：一是平稳、不间断输送。对于现代化大生产来说，油田不停地生产，管道可以做到不停地运输，炼油化工工业可以不停地生产成品，满足国民经济需要。二是实现了安全运输。对于油气来说，汽车、火车运输均有很大的危险，国外称之为"活动炸弹"，而管道在地下密闭输送，具有极高的安全性。三是保质。管道在密闭状态下运输，油品不挥发，质量不受影响。四是经济。管道运输损耗少、运费低、占地少、污染低。

2.3 运输业务及成本

运输业务是从招揽货源、谈判、托运受理、签订运输合同、承运、运费核算到货物交付的全过程。不同的运输方式运输业务细节有所不同，完成运输业务所消耗的费用也不同。

2.3.1 运输的参与者

1. 货主

货主是货物的所有者，包括托运人和收货人，有时托运人和收货人是同一主体，有时是非同一主体。但不管是托运人还是收货人，他们都对运输服务有着这样的预期，即都希望在规定的时间，在无丢失损坏且方便获取运输信息的情况下，用最少的费用将货物从发货地转移到指定的收货地。

2. 承运人

承运人是运输活动的承担者。承运人主要有铁路货运公司、航运公司、民航货运公司、运输公司、储运公司、物流公司及个体运输业者。承运人是受托运人或收货人的委托，按委托人的意愿，以最低的成本完成委托人委托的运输任务，同时获得运输收入。承运人根据委托人的要求或者在不影响委托人要求的前提下合理地组织运输过程，包括选择运输方式、确定运输线路、进行配货配载等，降低运输成本，尽可能获得多的利润。

3. 货运代理人

货运代理人是根据用户的要求，并为获得代理费而招揽货物、组织运输和配送的人。货运代理人只负责把来自各个用户的小批量货物进行合理组织，装运整合成大批量装载，然后利用承运人进行运输；送达目的地后，再把该大批量装载货物拆分成原来的小批量货物送往收货人。货运代理人属于非作业中间商。

4. 运输经纪人

运输经纪人是替托运人、收货人和承运人协调运输安排的中间商。协调的内容包括装运装载、费率谈判、结账和跟踪管理等。运输经纪人也属于非作业中间商。

5. 政府

运输是一种经济行为，所以政府要维持交易中的高效率水平。政府期望形成稳定而有效的运输环境，促使经济持续增长，使产品有效地转移到各地市场，并以合理的成本获得产品。因此，政府部门比一般企业要更多地干预承运人的活动，这种干预通常采取规章制度、政策促进、拥有承运人等形式实现。

6. 公众

公众关注运输的可达性、费用和效果以及环境上和安全上的标准。公众按合理的价格产生对商品的需求并最终确定运输需求。尽管最大限度地降低成本对消费者来说是重要的，但与环境和安全标准有关的交易代价也需要加以考虑。

2.3.2 运输业务

1. 水路运输业务

水路运输以典型的班轮运输介绍其业务过程。

(1) 揽货

揽货是揽集货载，也就是从货主那里争取货源的行为。船公司为使自己经营的班轮运输船舶能在载重和舱容上得到充分的利用，以期获得最好的经济效益，都会采取一些措施来招揽客户。

(2) 订舱

订舱是托运人或其代理人申请货物运输，承运人对这种申请给予承诺的行为。只要承运人对这种预约给予承诺，并做出舱位安排，即表明承运人和委托人已经建立了货物运输关系。

（3）接受托运申请

货主或其代理人向船公司提出订舱申请后，船公司首先考虑其航线、港口、船舶、运输条件等能否满足发货人的要求，然后再决定是否接受托运申请。

（4）接货

为了加速船舶周转，提高装船效率，对于普通货物，通常采用"仓库收货，集中装船"的形式；对于特种货物，如危险品、贵重品等，通常采取由托运人将货物直接送至船边进行交接的方式。

（5）换取提单

托运人凭借经过签发的场站收据，向船公司或其代理换取提单，然后去银行结汇。

（6）装船

船舶到港前，船公司和码头对本航次需要装运的货物制订装船计划，待船舶到港后，将货物从仓库运至船边，按照装船计划进行装船。

（7）海上运输

承运人对装船的货物负有安全运输、保管的责任，并依据货物运输提单条款划分与托运人之间的责权利。

（8）卸船

船公司在卸货港的代理人根据船舶发来的到岗通知，编制有关单证，预约装卸公司，等待船舶进港后卸货；同时把船舶预定到港的时间通知收货人，以便收货人做好接收货物的准备工作。与装船一样，普通货物采取"集中卸货，仓库交付"的方式。

（9）交付货物

收货人凭借注明已经接收了船公司交付的货物并签章的提单交给船公司在卸货港的代理人，经审核无误后，签发提货单交给收货人，然后收货人凭提货单到码头仓库提取货物，并与卸货代理人办理交接手续。

2. 铁路运输业务

（1）货物的托运、受理和承运

发货人要求铁路部门运输整车货物，应向铁路部门提出月度用车计划，车站根据用车计划受理货物；铁路部门根据货物的属性安排铁路车辆，即为受理。零担和集装箱货物由发运站接收完毕，整车货物装车完结，发运站在货物运单上加盖承运日期戳，即为承运。

（2）货物的装卸

铁路货物装车和卸车的组织工作，凡在车站公共装卸场所以内由承运人负责。有些货物虽在车站公共装卸场所以内进行装卸作业，但由于在装卸作业中需要特殊的技术、设备或者工具，仍由托运人或收货人负责组织。

（3）到达与支付

收货人在领取货物时，应出示提货凭证，并在货票上签字或盖章。在提货凭证未到或遗失的情况下，则应出示单位的证明文件。收货人在到达站办好提货手续和支付有关费用后，铁路部门将货物连同运单一起交给收货人。

3. 公路运输业务

（1）准备阶段

包括组货、承运、理货、调派车辆和计费等作业。主要任务是进行货源调查与预测，与托运人签订运输合同或协议（运单），落实托运计划，做好实际运输前的商务工作，调派车辆和驾驶员。

（2）公路运输阶段

包括装货、车辆运行、卸货等作业。主要任务是编制和执行车辆作业计划，组织货物装车、车辆运行和到达目的地后的卸货作业。

（3）结束阶段

包括货物交付和结算运费等作业。主要任务是与收货人办理货物交接手续，结清运杂费等。

4. 航空运输业务

航空运输可分为国内空运和国际空运。国内空运又可分为出港业务和进港业务；国际空运分为进口业务和出口业务。本节主要介绍国内空运出港业务的过程。

（1）业务受理

空运调度首先进行信息查询，确定是否有预报业务；按预报出港货物委托信息，做好记录；按客户提出的要求做好预订舱记录。

（2）订舱

审核预订舱记录内容，根据订舱记录分别向航空公司订舱或者预订舱。

（3）审核单证

接到空运出港或委托人的委托空运信息，审核委托人填写的托运书所列内容，核对货物，核对无误后请委托人在委托书上签字确认。

（4）打包和称重

空运的货物达到后，进行卸货、过磅称重，丈量体积，计算计费重量，过磅人员确定计费重量后在航空托运书上签名确认，将托运书交给制单员。

（5）制单

制单员根据托运书分别制作总运单、分运单。

（6）结算费用

根据分运单的总价对单票空运业务进行结算。

（7）航空交接

包括包装、制作航空吊牌、制作航空交接单、装车和交货。

（8）航班查询

预订航班和货物交承运人后，待飞机起飞2小时，托运人可向航空公司查询货物是否按预订的航班出运。

（9）信息反馈

空运出港、中转的货物与航空公司交接后，经查询确认该航班货物是否已按预订航班出运，将确认信息及时反馈给委托人。

2.3.3 运输成本

运输成本是完成货物运输所支出的各项费用总和，是衡量运输服务质量和考核运输企业管理水平的重要指标，也是合理制定运输价格的基础。一般由工资、材料、燃料、电力、维修与折旧、企业管理费等多项费用构成。其中材料费所占比重较小，燃料费、维修费和折旧三项费用所占比重较大。在实际工作中，把运输支出的总额称为运输总成本，单位运输货物所负担的运输支出称为单位运输货物成本。

①水路运输的成本构成：船舶折旧，船舶维修费，保险费，油耗，装卸费，管理费和工资等。

②铁路运输的成本构成：车辆折旧，车辆保养费，保险费，油耗，装卸费，管理费和工资等。

③公路运输的成本构成：车辆折旧，车辆养路费，保险费，油耗，路桥费，停车费，装卸费，维修费和工资等。

④航空运输的成本构成：飞机折旧，飞机维护费，保险费，油耗，机场费，管理费，装卸费和工资等。

⑤管道运输的成本构成：管道维修保养费，管理费和工资等。

2.4 运输规划

运输规划是指为了完成确定目标，在一定区域范围内对物流运输进行总体战略部署，即根据社会经济发展的要求，从具体的自然条件和经济条件出发，通过综合平衡和多方案比较，确定运输发展方向和地域空间分布等。

2.4.1 运输规划的原则

进行运输规划时，一般需遵循以下原则。

1. 经济发展原则

运输规划必须服从经济发展的总体战略、总目标，服务于国家生产力分布的大格局。物流运输系统的建设必须与所在区域的社会经济发展的各个阶段目标相一致，为当地社会经济发展服务。

2. 协调发展原则

在进行运输规划时，必须综合考虑所在区域的水路、铁路、公路、航空和管道五大运输方式的特点，形成优势互补、协调发展的综合运输网络。

3. 局部服从整体原则

某一层次的运输规划必须服从于上一层的运输系统的总体布局的要求，如省级运输规划必须以国家级规划为前提，市级规划必须以省级规划和国家级规划为前提。

4. 近期与远期相结合原则

一个合理的运输规划应包括长期发展战略规划、中期建设规划和近期项目建设规划三个层次，并满足"近期宜细，中期有准备，远期有设想"的要求。

5. 需要与可能相结合原则

运输规划既要考虑社会经济发展对运输的要求，建设尽可能与社会经济发展相协调的综合运输系统，以促进社会经济的发展，又要充分考虑人力、物力和财力等建设条件的可能性，实事求是地进行运输规划。

6. 理论与实践相结合原则

运输规划是一个负责的工程，只有利用系统工程的理论方法，与实践相结合，对其进行分析、预测、规划和评价，才能获得总体效益最佳的运输规划方案。

2.4.2 运输规划的内容

1. 确定运输战略

运输战略是为了寻求运输的可持续发展，就运输的目标、达成目标的途径和手段而制定的长远性、全局性的规划与谋略。运输战略的确定直接决定运输规划的其他要素。在进行运输规划时，首先要对运输活动所处的环境进行分析，主要包括国家的宏观运输政策、运输市场的发展状况、物流系统的综合战略、其他物流节点的情况等。在对上述问题进行分析的基础上，确定运输战略，明确运输规划的大方向。

2. 选择运输线路

在组织运输活动完成货物的运送工作时，一般会存在多种可供选择的运输线路。运输工具按不同的运输线路完成同样的运送任务时，由于工具的利用情况不同，运输效率和运输成本也会不同。因此，选择时间短、费用省、效益好的运输线路是运输规划的一项重要内容，也是运输战略的充分体现。

3. 选择运输方式

运输合理化的关键就是选择适当的运输方式。通常，可以考虑在具体条件的基础上，对货物品种、运输期限、运输成本、运输距离、运输批量及安全性、车辆配载与调度问题等具体项目要做认真的研究，可以使用一种运输方法，也可以选择多种运输方式的联合运输。

4. 运输过程控制

运输活动目标的实现，有赖于有效的过程控制。由于运输过程的瞬间变动性，对运输过程控制的难度远远高于对固定节点的控制，因此，在进行运输规划时如何实现对运输过程的有效控制，特别是过程控制，既是运输规划的难点也是重点。随着运输过程信息化水平的提高，对运输过程的控制和管理更加快捷和方便，也可以使运输的管理者进行信息共享，以减少信息滞后的影响，为用户提供更好的运输服务。

本章小结

本章主要介绍物流管理的核心内容之一——运输管理相关知识，围绕运输管理的四个方面进行阐述：第一是运输的功能和原理，功能包括物品转移和物品储存，原理包括规模经济和距离经济两大基本指导原理;第二是运输方式,主要从运输设备和运输工具角度进行分类,包括水路运输、铁路运输、公路运输、航空运输和管道运输这五种运输方式,并介绍了每一种运输方式的概念、优缺点和适用范围;第三是运输业务及成本,分别阐述了不同的运输方式的业务过程及相应的成本结构;第四是运输规划,介绍了运输规划的原则和运输规划的内容。

复习思考题

1. 什么是运输?
2. 请解释运输的基本原理。
3. 按照运输设备和运输工具,运输可以分为哪几种方式?
4. 请论述每种运输方式的优缺点及适用范围。
5. 请阐述运输业务过程。
6. 运输成本的构成包括哪些方面?
7. 讨论:从抚顺到沈阳,有几种线路可选择?选择的依据是什么?
8. 课外查阅:我国交通运输体系的发展情况。

第三章

仓储管理

主要内容

本章主要内容有仓储的含义和作用，仓储的意义、性质和功能，仓储管理的内容、作用，仓储管理的模式、我国仓储业发展趋势、仓库、自动化立体仓库、仓储设备仓库地址、仓库布局、仓储业务管理概述、入库管理、在库管理、出库管理。

教学目标

1. 理解仓储的含义、作用、意义、性质、功能和仓储管理的含义及作用等；
2. 熟悉我国仓储业的发展以及仓储设施设备的组成；
3. 掌握仓储管理的内容、模式和业务流程等。

案例导读

国内首个大件物流智能仓：日日顺物流黄岛智能仓

最近十年是我国零售产业迅猛发展的十年，电商、新零售、无人零售各种形态纷至沓来。然而终端零售发展的背后有一个成败的关键要素，那就是物流仓储行业。如果没有物流仓储，再好的产品也难以快速、完好地送到消费者的手中，更不要说安装、维修、退换等一系列的配套服务。如果说零售业是大树上的累累果实，物流仓储行业就是大树的树干和树枝，而生产端就是大树的根系。物流是连接零售端和生产端的关键一环。近些年兴起的大数据、物联网等技术，将物流仓储行业的重要性进一步提升，物流仓储行业从一个服务支撑性的行业变成了接触终端消费者的一个环节。

就目前零售体系来看，小件商品的物流体系已经非常发达，而大件物流长期以来是制约电商等终端零售形态深入发展的一个桎梏。近些年大件物流领域亦高速发展，推动电商、新零售的不断深入。其中，日日顺物流作为大件物流的领导品牌率先建成国内首个大件物流智能仓:日日顺物流黄岛智能仓。

1. 降低流通成本,提高流通效率,助力产业发展

黄岛智能仓占地约1.8万平方米,仓里布局了多排高达20多米的立体货架,AGV首次在这里实现了大件物流领域的广泛应用。整个仓库内,AGV、RGV、堆垛机、输送机等针对大件商品定制化的多种不同功能和特性的机器人全流程无缝隙协同运转,实现了商品入库、上架、摆放、出库等全过程都由自动化设备在大数据的精准指引下完成。

日日顺物流黄岛智能仓

日日顺大件物流智能仓有一个关键的指挥系统,就是其大数据总控系统,通过该系统可以实现所有货品的"零搬运、零差错、零货损"。在数控中心下,日日顺物流在全国的资源分配情况以及订单的执行情况一目了然。如库内智能设备的任务状态、出库区的出库客户单数、出库订单进度、入库单量趋势、出库单量趋势等都可时时监控优化,大大提高了仓储的合理性和工作效率。与传统的仓库相比,黄岛智能仓的作业效率可有效提升约1倍,人工成本降低50%。在人工成本日益高涨的当下,人工成本降低50%意味着什么?这必将促进整个行业的一场革命,这将给予物流服务商以更大的利润空间,让终端零售商和消费者获得更廉价的物流服务。

而黄岛智能仓在降低人工成本的前提下,作业效率反而有效提升约一倍。这必将促进大件物流行业痛点的解决:随着电商、新零售的越来越普及,消费者对于大件商品配送到家的需求愈发强烈,但是以往中国大件物流的服务能力还比较薄弱,难以承载消费者的需求。例如,2019年的"双11"大促即将来临,"双11"大促已经完全演变成零售行业的一个整体狂欢,其中家电、家具等大件商品的需求也会暴增。如果大件物流服务能力薄弱,这将极大制约终端的销售。而日日顺物流智能仓的效率升级将促进痛点的解决,将产业的上中下游更好地连接在一起。

2. 连接终端用户,反哺上游生产端

和传统人们印象中零售终端是密切接触消费者的触角不同,电商和新零售的发展,让物流行业也成为接触消费者的终极触角。刚刚提到的数控中心不仅能提高内部效率、降低人工成本,还能实时显示用户评价,并且根据用户评价进行优化迭代。

更为关键的是,黄岛智能仓不仅仅是一个智能仓库,也是连接用户与产业的端到端的大

件物流供应链一体化智能仓平台,满足了供应商与用户的个性化需求。智能仓前端对接产业,原材料即需即供,满足了智能工厂柔性生产,后端服务用户,商品流转时间小于24小时,实现了产品的按需聚散。可以说,没有黄岛智能仓这样的智能物流就不可能实现智能化、智慧化的供应链体系,所谓的智能工厂也难以实现。

3. 日日顺物流全流程解决方案不可小觑

日日顺物流实现了降低成本、提升效率、反哺上游等一系列的目标之后,开放成为其推动物流行业发展的关键一步。日日顺物流经历了从企业物流、物流企业、平台企业到现在的生态企业四个发展阶段。截至目前,日日顺物流以家电家居、健康器材、出行工具等产品为载体,打造了美好住居场景、健康生活场景、三农服务场景、环保出行场景、产业互联场景等,为用户提供全流程个性化的方案。例如,日日顺物流可以为用户提供一站到家、极速送装的全场景家电家居物流服务,如彩电、冰箱、洗衣机等家电产品的送货与安装,沙发、橱柜等家具的送货与安装同步等。同时,在为用户提供送装服务时,还可以为新装修家庭提供怎么除甲醛、净化空气等服务方案,甚至在后续家电家居保养以及二次移动中所注意的事项等提供解决方案,为用户快速提供美好居住服务方案,这是目前其他物流企业难以做到的。此外,日日顺物流还可以为用户提供特定场景的全流程解决方案。比如在提供健身器材配送的同时,并联运动饮品、营养及有机食品、健身房、跑团等各方资源,围绕用户需求,提供整套的健身服务方案,在满足用户健身的同时,也实现了整个生态圈的增值和分享。

日日顺物流还量身为多个行业定制物流解决方案,这些行业分别是家居、健身、冷链、最后一公里、3C、跨境。并且日日顺物流绝不止是物流,更是智能产业生态。据悉,日日顺物流现在正在服务的品牌商有3000多个,而日日顺物流为这些品牌商提供高端的智能化解决方案。

从日日顺物流建成全国首个大件物流智能仓可以看到整个物流行业未来的发展趋势。有了大数据等技术的加持,中游物流必然会发挥越来越重要的作用,真正为上游生产端和下游零售端创造价值。

(资料来源:http://www.siilu.com/20181106/305321.shtml)

3.1 仓储管理概述

3.1.1 仓储的含义和作用

1. 仓储的含义

仓储在现如今的企业发展中扮演着比以往任何时候都重要的角色。仓储在供应链成员之间扮演着关键的中间角色,影响供应链成本和服务。为了使供应链的流程和管理更加合理化,更有效率,许多公司在过去几十年间已经建立了集中的生产和仓库设施。

仓储是指利用仓库及相关设施设备进行物品的入库、储存、出库的活动[根据《物流术语》(GB/T 18354—2006)]。仓储可以分为"仓"和"储"两部分。其中第一部分"仓"为存放物品的建筑物和场地,可以包括建筑房屋、洞穴、大型容器以及某些特定的场所等,其具有存放和保护物品的功能。第二部分"储"为储存和储备，表示备存以便使用，具有收存、保管、储藏和交付使用之意。

2. 仓储的作用

仓储在制造生产型企业的物流系统中，扮演着调节生产和供求的重要角色。从现代流通企业的仓储作业流程来看，包括了入库、在库、出库内容，具有实时性以及动态性。仓储也是集中反映企业物资流通和经营状况的一个重要场所，是将生产、供应、营销连接起来的纽带，对于良好地平衡生产者、供应商、客户，增加企业管理效率，发挥着不可替代的作用。

仓储也是在订货之前或者在市场需求之后的存放物资的重要场所。围绕着仓储的作业活动，也伴随着相关出入库单据、盘点单、在库信息报表等仓储活动信息，所以仓储也是物流、信息流的综合体。

仓储不仅仅是供应链系统上的一个节点，而且也是物资流动的一个重要环节。仓储设施是构成物流最根本的要素之一。随着我国物流业的不断发展，特别是出台《物流业调整和振兴规划》以后，各地方政府部门更加关注物流业的发展，特别是在仓储设施设备的建设和物流园区的规划上。生产制造型企业和流通商贸型企业也更加关注仓储资源的整合和供应链的优化。

3.1.2 仓储的意义、性质和功能

1. 仓储的意义

（1）时间效用

储存的目的是消除物品生产与消费在时间上的差异。生产与消费不但在距离上存在不一致性，而且在数量上、时间上存在不能同步性，因此在流通过程中，产品（包括供应物流中的生产原材料）从生产领域进入消费领域之前，往往要在流通领域停留一段时间，形成商品储存。同样，在生产过程中，原材料、燃料和工具、设备等生产资料和在制品，在进入直接生产过程之前或在两个工序之间，也有一小段停留时间，形成生产储备。这种储备保障了消费需求的及时性。

（2）"蓄水池"作用

仓库是物流过程中的"蓄水池"。无论是生产领域还是流通领域，都离不开储存。成千上万吨的商品、物资，平时总是处在储存状态，保管在生产或流通各个环节的仓库里。仓库如同大大小小的"蓄水池"，保证着生产和流通的正常运行。

（3）降低物流成本

现代物流中的仓库不仅是储存和保管物品的场所，还是促使物品更快、更有效流动的场所。现代物流要求缩短进货与发货周期，物品停留在仓库的时间很短，甚至可以不停留，即"零库存"。进入仓库的货物经过分货、配货或加工后随即出库。物品在仓库中处于运动状态。这样通过储存的合理化，减少储存时间来降低储存投入，加速资金周转，降低成本。因此，库存是降低物流成本的重要途径。

(4) 保存商品（物品）的使用价值和价值

由于进行科学保管和养护，使商品或产品的使用价值和价值能得到完好的保存，也只有这样才能实现及时供货的意义。库存商品看上去好像是静止不变的，但实际上受内因和外因两方面的影响和作用，它每一瞬间都在运动着、变化着。但这种变化是从隐蔽到明显、从量变到质变的，所以只有经过一段时间，发展到一定程度才能被发现。库存商品的变化是有规律的。商品保管就是在认识和掌握库存商品变化规律的基础上，灵活有效地运用这些规律，采取相应的技术和组织措施，削弱和抑制外界因素的影响，最大限度地减缓库存商品的变化，以保存商品的使用价值和价值。

2. 仓储的性质

(1) 仓储活动是社会再生产过程中不可缺少的一环

任何产品的使用价值只有在消费中才能实现，而产品从脱离生产到进入消费，一般情况下都要经过运输和储存。所以，商品的储存和运输一样，都是社会再生产过程的中间环节。

(2) 仓储活动具有生产三要素

商品仓储活动同其他物质生产活动一样，具有生产三要素：劳动力——仓库作业人员，劳动资料——各种仓库设施，劳动对象——储存保管的物质。商品仓储活动就是仓库作业人员借助于仓储设施，对商品进行收发保管的过程。

(3) 商品仓储活动中的某些环节实际上已经成为过程的一个组成部分

在存储过程中，某些活动是为投入使用而做准备，其生产性更为显著，如原木的加工、零部件的配套和机械设备的组装等。商品仓储活动具有生产性质，但它又不同于一般的物质生产活动，主要表现在商品仓储活动所消耗的物化活动和活劳动不改变劳动对象的功能、性质和使用价值，只是保持和延续其使用价值。

3. 仓储的功能

仓储的功能包括储存、保管、加工、整合、分类和转运等。

(1) 储存功能

现代社会生产的一个重要特征就是专业化和规模化生产，劳动生产率极高，产量巨大，绝大多数产品都不能被及时消费，需要经过仓储手段进行储存，这样才能避免生产过程堵塞，保证生产过程能够继续进行。另外，对于生产过程来说，适当的原材料、半成品的储存，可以防止因缺货造成的生产停顿。而对于销售过程来说，储存尤其是季节性储存可以为企业的市场营销创造良机。适当的储存是市场营销的一种战略，它为市场营销中特别的商品需求提供了缓冲和有力的支持。

(2) 保管功能

生产出的产品在消费之前必须保持其使用价值，否则将会被废弃。这项任务就需要由仓储来承担，在仓储过程中对产品进行保护、管理，防止损坏而丧失价值，如水泥受潮易结块，使其使用价值降低。因此在保管过程中就要选择合适的储存场所，采取合适的养护措施。

(3) 加工功能

保管物在保管期间，保管人根据存货人或客户的要求对保管物的外观、形状、成分构成、尺度等进行加工，使仓储物发生所期望的变化。加工的目的主要包括：一是为保护产品进行的加工，如对保鲜、保质要求较高的水产品、肉产品、蛋产品等食品，可进行冷冻加工、防腐加工、保鲜加工等，对金属材料可进行喷漆、涂防锈油等防锈蚀的加工。二是为适应多样化进行的加工，如对钢材卷板的舒展、剪切加工，对平板玻璃的开片加工，以及将木材改制成方材、板材等。三是为使消费者方便、省力的加工，如将木材直接加工成各种型材，可使消费者直接使用，将水泥制成混凝土拌和料，只需稍加搅拌即可使用等。四是为提高产品利用率的加工，如对钢材、木材的集中下料，搭配套材，减少边角余料，可节省原材料成本和加工费用。五是为便于衔接不同的运输方式，使物流更加合理的加工，如散装水泥的中转仓库担负起散装水泥装袋的流通加工及将大规模散装转化为小规模散装的任务。六是为实现配送进行的流通加工，仓储中心为实现配送活动，满足客户对物品的供应数量、供应构成的要求，可对配送的物品进行各种加工活动，如拆整化零，定量备货，把沙子、水泥、石子、水等各种材料按比例要求转入水泥搅拌车可旋转的罐中，在配送的途中进行搅拌，到达施工现场后，混凝土已经搅拌好，可直接投入使用。

(4) 整合功能

整合是仓储活动的一个经济功能。通过这种安排，仓库可以将来自多个制造企业的产品或原材料整合成一个单元，进行一票装运。其好处是有可能实现最低的运输成本，也可以减少由多个供应商向同一客户进行供货带来的拥挤和不便。

为了能有效地发挥仓储整合功能，每一个制造企业都必须把仓库作为货运储备地点，或用作产品分类和组装的设施。这是因为，整合装运的最大好处就是能够把来自不同制造商的小批量货物集中起来形成规模运输，使每一个客户都能享受到低于其单独运输成本的服务。

(5) 分类和转运功能

分类就是将来自制造商的组合订货分类或分割成个别订货，然后安排适当的运力运送到制造商指定的个别客户。

仓库从多个制造商处运来整车的货物，在收到货物后，如果货物有标签，就按客户要求进行分类；如果没有标签，就按地点分类，然后货物不在仓库停留直接装到运输车辆上，装满后运往指定的零售店。同时，由于货物不需要在仓库内进行储存，因而，降低了仓库的搬运费用，最大限度地发挥了仓库装卸设施的功能。

(6) 支持企业市场形象的功能

尽管市场形象的功能所带来的利益不像前面几个功能带来的利益那样明显，但对于一个企业的营销主管来说，仓储活动依然能被其重视起来。

因为从满足需求的角度看，从一个距离较近的仓库供货远比从生产厂商处供货方便得多，同时，仓库也能提供更为快捷的递送服务。这样会在供货的方便性、快捷性以及对市场需求的快速反应性方面，为企业树立一个良好的市场形象。

(7) 市场信息的传感器

任何产品的生产都必须满足社会的需要，生产者需要把握市场需求的动向。社会仓储产品的变化是了解市场需求极为重要的途径。仓储量减少，周转量加大，表明社会需求旺盛；反之则为需求不足。厂家存货增加，表明其产品需求减少或者竞争力降低，或者生产规模不合适。仓储环节所获得的市场信息虽然比销售信息滞后，但更为准确和集中，而且信息成本较低。现代企业生产特别重视仓储环节的信息反馈,将仓储量的变化作为决定生产的依据之一。现代物流管理特别重视仓储信息的收集和反应。

(8) 提供信用的保证

在大批量货物的实物交易中,购买方必须检验货物、确定货物的存在和货物的品质,方可成交。购买方可以到仓库查验货物。由仓库保管人出具的货物仓单是实物交易的凭证,可以作为对购买方提供的保证。仓单本身就可以作为融资工具,可以直接使用仓单进行质押。

(9) 现货交易的场所

存货人要转让已在仓库存放的商品时,购买人可以到仓库查验商品取样化验,双方可以在仓库进行转让交割。国内众多的批发交易市场,就既是具有商品存储功能的交易场所,又是具有商品交易功能的仓储场所。众多具有便利交易条件的仓储都提供交易活动服务,甚至部分形成了有影响力的交易市场。近年来我国大量发展的阁楼式仓储商店,就是仓储功能高度发展、仓储与商业密切结合的结果。

3.1.3 仓储管理的内容和作用

1. 仓储管理的内容

仓储管理主要包括仓储系统规划与设计、仓储设施和设备的选择及配备、仓储作业管理、库存管理、库存商品的保管与养护、仓储管理信息技术、仓储人力资源管理七部分内容。同时,仓储管理具有保证社会生产的连续性,保护暂时停滞物资的使用价值,优化配置并促进资源合理利用,改善企业经济效益的作用。

(1) 仓储系统规划与设计

仓储系统规划与设计就是从空间和时间上对仓库的新建、改建和扩建进行全面系统的规划,以及对仓库中保管物品的收、存、盘、发等作业进行规划设计。仓库建设代表一个企业在赢得时间与地点效益方面所做出的努力,在一定程度上还是企业实力的一个标志物。更为重要的是,规划的合理性还将对仓库的设计、施工和运作、仓库作业的质量和安全,以及所处地区或企业的物流合理化产生直接和深远的影响。

(2) 仓储设施和设备的选择及配备

仓储设施和设备的选择及配备主要包括仓库的分类储存设备、装卸搬运设备、仓储输送设备和自动化立体仓库等。仓储设施和设备是仓库进行生产和辅助生产作业以及保证仓库作业安全所必需的各种机械设备和设施的总称。

(3) 仓储作业管理

仓储作业管理是指以保管活动为中心,从仓库接收货物入库开始,到按需要把货物全部完好地发送出去的全部过程中进行的组织、计划、控制等活动,主要包括入库管理、在库管理和出库管理。

(4) 库存管理

库存管理是利用 ABC 库存分类管理方法和 EOQ 管理法等对库存进行管理。库存管理系统是生产、计划和控制的基础。该系统通过对仓库、货位等账务管理及入/出库类型、入/出库单据的管理,及时反映各种物资的仓储、流向情况,为生产管理和成本核算提供依据。库存分析,可为管理及决策人员提供库存资金占用情况、物资积压情况、短缺或超储情况、

ABC 分类情况等不同的统计分析信息。对批号的跟踪，可实现专批专管，保证质量跟踪的贯通。

（5）库存商品的保管与养护

库存商品的保管与养护是一项综合性、应用科学性的技术工作。产品由生产部门进入流通领域后，需要分别对不同性质的商品在不同储存条件下采取不同的技术措施，以防止其质量变化。商品保管与养护的目的是，通过科学研究和实践，认识商品在储存期间发生质量劣化的内外因素和变化规律，研究采取对外因的控制技术，以维护其使用价值不变，避免受到损失，保障企业经济效益的实现。同时还要研究制定商品的安全储存期限和合理的损耗率，以提高整个行业的管理水平。

（6）仓储管理信息技术

随着新一轮科技革命在全球掀起的创新热潮，越来越多的人关注大数据、云计算、人工智能、物联网、区块链、无人驾驶、新能源等新兴技术，同时借助资本的介入、学术的聚焦以及政府的扶持，催化了一系列先进仓储管理信息技术的发展与成熟，推动我国物流业进入量质齐升发展阶段。例如，2018 年 9 月，菜鸟网络开始在全国启动超级机器人仓群，这些仓群会陆续在上海、天津、广东、浙江、湖北等重点城市和物流枢纽落地。智能算法、自动化流水线、AGV 机器人等，可提升仓内的无人化作业水平。

（7）仓储人力资源管理

因其复杂性，仓储管理若离开人的主动参与，则很难向前发展，因而仓储管理需要增加仓储人员绩效考核等内容。仓储人力资源管理是推动仓储企业不断发展的源动力，是仓储企业赢得同业竞争的根本与保障。优化建立有效的人力资源管理体系，培养具有开阔视野和专业素养的复合型人才，打造"学习型"组织，实施卓有成效的绩效考核机制，可以为仓储企业的服务运营提供有力的人力资源支持，持续提升仓储企业人力资本的投资回报率，致力于仓储企业与员工的共同可持续发展。

2. 仓储管理的作用

根据国家标准《物流术语》（GB/T18354—2006），仓储管理是指对仓储设施布局和设计以及仓储作业进行的计划、组织、协调与控制。换句话说，仓储管理明确指出了仓储管理的范围是一切的库存商品。仓储管理对于一个制造企业来说，是要满足供应链中供应商、市场客户的需求，物资入库、在库、出库管理，对企业的经营有着重要的影响。

（1）仓储管理是商品流通的重要保障，也是企业再加工过程顺利进行的重要条件

产品生产过程中，对所需要的原材料、零部件、配件的保管和存放，通过储存、分拣，可以实现原材料、零部件、配件的充足和流畅，每个成品的生产才能高效率、低成本地进行下去。

（2）仓储管理能快速响应供应链上下游的需求

产品在流通的过程中，对商品的包装、分拣、贴标签、分类作业，可以为下一个流通环节提供便利，增加作业效率，降低产品时间成本；同时在产品流入仓库时候做质量检验，保管好仓储中的产品，最大限度地防止了不合格商品流放到客户端。

（3）良好的库存管理能很好地降低单位产品的库存成本，平衡供需之间的关系

根据市场客户的需求进行生产数量的计划，能够降低库存的时间和空间成本。甚至在某

些特殊情况下，可以做到零库存。在库管理，可将原来零零散散放置的零部件、原材料、配件归纳整理，良好的仓库环境不仅可以提高出库效率，而且可以保障安全生产，杜绝杂乱摆放造成的安全隐患。

3.1.4 仓储管理模式

仓储管理模式是企业对库存保管的方法以及措施的总称。各企业根据自身企业性质需要选择不同的库存控制和保管方式，因此选择适当的仓储管理模式可以帮助企业有效控制仓储成本，保证企业的资源得到合理的分配及利用。

根据不同的分类方法，可以将库存管理模式分成不同类型。一般可以从仓储活动运作方来划分。根据仓储活动运作方分类将仓储管理模式分为自营仓库仓储管理模式、租赁仓库仓储管理模式和第三方仓储管理模式。

1. 自营仓库仓储管理模式

自营仓库仓储管理模式是指由企业自身拥有并管理仓库的仓储管理模式。此种类型仓储管理模式的优点是：可以更大程度地控制仓储；管理更灵活；长期仓储时成本低；可以帮助企业树立良好形象。缺点为：仓库固定的容量和成本使得企业的一部分资金被长期占用，投资较大；位置和结构有局限性。例如，唯品会在加快全国乃至全球物流仓储布局的同时，也在全面升级各大物流中心的仓储自动化系统。截至目前，仓储物流自动化已涵盖商品库存管理、商品分拣、包裹分拣等各作业环节，在全国六大物流仓储中心建设了包括输送系统、Mini-load 集货系统、商品分拣系统、包裹分拣系统、蜂巢全自动集货缓存系统、智能 AGV 搬运机器人系统、魔方密集存储系统、机器人全自动集货缓存系统等自动化项目。其中唯品会华北物流中心成功上线机器人全自动集货缓存系统，如图 3.1 所示。该系统的硬件设备由一个 360°可旋转的机器人、环形货架、出入两条输送线组成。料箱经输送线流入系统，机器人收到控制系统的指令，轴体及夹具旋转至系统入口，抓取料箱并将其运送至指定的存储格内进行缓存，如图 3.2 所示。

图 3.1 机器人全自动集货缓存系统

图 3.2 物流中心机器人作业

同时上线机器人立体存储系统，其空间高度达 3~4 米，占地面积 60 平方米左右，可容纳 500 个左右料箱的密集布置。5 套系统整体集货出入效率各达到 1 000~1 250 箱/小时，存储密度增加 50% 以上。对物品的智能化识别、定位、跟踪、监控和管理，与"人找货"的集货方式相比，加速了订单流转效率，提升了周转节奏，高效完成了集货作业，整个集货环节实现了无人化作业。

2. 租赁仓库仓储管理模式

租赁仓库仓储管理模式是指企业委托营业型仓库进行仓储管理的模式。此模式具有的优点和缺点如下：

（1）不需要资本投资

租赁仓库仓储管理可以使企业避免资本投资和财务风险。企业不必对仓储的设施和设备作任何投资，只需支付固定的仓储租金即可享受对应的仓储服务。以租用的形式解决企业生产所需，对于企业来说可以节约运营成本。

（2）资源的高效利用

租赁仓库仓储管理与自营仓储相比，能有效处理季节性生产普遍存在的产品淡、旺季存储的问题，能有效地提高设备与空间的利用率。利用租赁仓库仓储，没有库存容量的限制，从而能够满足企业在不同的时期对仓储空间的需求量，尤其是库存高峰时期大量额外库存的需求。

（3）企业经营活动灵活化

当市场环境、企业财务情况和产品销售方式发生变化，企业地理位置发生改变的时候，如果企业采用自营仓储，则给企业带来巨大的负担。如果企业采用租赁仓库仓储管理模式，租赁合同期限内或期限外改变仓库的位置，对于企业而言损失较小。同时还可以根据仓库对企业整个分销系统的贡献程度和服务质量等因素，选择继续签订还是终止租赁合同。

(4) 增加企业包装成本

由于租赁仓库仓储管理模式使用的仓库会存储来自不同企业不同类型的货物，不同类型的货物之间可能会发生物理或化学的变化，有可能影响货物的使用价值和价值，因此需要企业在将货物搬运到租赁仓库时加强货物的保护性包装，这样会导致包装成本上升。

租赁仓库仓储不仅在企业调节库存中发挥极大的作用，近几年新型的迷你仓仓储形式更是在民用中发挥了重要的作用，如 CBD（北京新海汇仓储有限公司）的迷你仓仓储。CBD 迷你仓便民存储是首家"互联网+"便民存储企业，主打"智能便民存储"和"智能寄存柜"品牌，通过移动互联网、智能科技，并结合其线下存储网点优势，为居民及企业用户提供优质的小型物品上门存储及自助存储服务如图 3.3、图 3.4 所示。

CBD 迷你仓便民存储为客户提供了一个私密、安全的存储空间，仓型大小和使用时间可以根据需要自主选择，并且有多层安全设施保护存储安全。CBD 迷你仓便民存储首次应用可变形仓体、微信智能开锁等技术，首创智能便民存储。全平台网站和微信一键选仓，快速便捷；可变形仓体空间自由组合，帮客户节省费用；使用微信开锁，更加安全方便，客户无须再担心忘记钥匙。CBD 迷你仓便民存储的灵活性、便捷性和安全性为个人及企业提供了非常理想的选择。

图 3.3　CBD 微信公众号迷你仓介绍

3. 第三方仓储管理模式

在企业竞争日趋激化和社会分工日益细化的大背景下，第三方仓储已经成为业内主要的仓储管理模式之一。第三方仓储模式是指企业把仓储活动转包给外部公司进行管理，由外部公司供应综合物流服务的仓储形式。目前，面对不断攀升的商品库存量，越来越多的企业开始尝试与第三方仓储企业合作。其优点：由于专业物流仓储服务的介入，可使企业集中精力处理其核心业务，增加核心业务的灵活性；企业收回用于货运部分的固定资产投资，另作更

图 3.4　CBD 仓储空间

佳用途，节省了仓储成本；现代物流仓储服务商还可提供更多的相关服务，其服务质量因专业化而得到大幅度的提高，从而提高市场上的竞争能力和盈利水平，间接地给企业带来效益；客户还可对现代物流仓储服务商进行挑选及中途更换等。其缺点是对物流活动失去直接控制；对运作过程和雇佣员工控制减少。

例如，辽宁新苏宁物流公司是自营仓储模式和第三方仓储模式并存的企业。其中 1919 酒类直供公司将部分仓储业务外包，由辽宁新苏宁物流公司负责，实现仓储配送一体化服务。该仓库位于新苏宁四号仓库二楼，负责整个辽宁省的酒类直供业务，仓库分为内埠和外埠，内埠包括沈阳各店与本溪店，外埠包括盘锦、埠新、大连各店，通过 1919 业务负责人下达发货通知然后给各店发货，打印配送单，内埠当天送达，外埠次日送达。

辽宁新苏宁与 1919 酒类直供合作的第三方仓储模式将仓库储存的产品及时发送到每个门店，保证了货品高质量的存储和及时配送的需要，因此能更好地为顾客进行服务。这种第三方仓储管理模式提高了仓储和配送的效率，减少了流通的费用，使物流与资金流、信息流、商流有效地结合在一起。

3.1.5　我国仓储业发展趋势

我国物流仓储行业快速发展。随着我国经济不断发展，我国物流仓储行业步入快速发展期。在过去的 5 年间，我国对于物流仓储行业的投资翻了近 3.7 倍，5 年复合增速高达 30%，高于全国整体固定投资增速，也高于 GDP 的增长幅度。

1. 仓储数字化

仓储数字化发展是以信息化和数据化发展为前提。通过信息化可以先将仓储或者物流的作业流程管理起来，提高管理的效率，让物流作业中的信息更加透明，并且可以为物流作业的分析提供基础数据的支撑。数据化可以在信息化的基础上，通过作业后的情况，提取数据并进行分析，通过各种仓储绩效，例如拣货效率、入库效率、装车效率及出库量等绩效进行分析，体现过去一定周期内或者当前的仓储作业能力，为后续的改善提供支持。

数字化仓储是以仓储实体环境虚拟化为基础，在一个虚拟的仓储三维空间内，进行作业环境的仿真模拟、评估与优化，可以对仓储的资源投入，包括人员、设施和设备的产出能力的评估，寻求最优的资源配置。其中既包含了作业流程、管理模式，也包含了设施与功能区布局。理想状态下，通过交付周期、物流需求量等约束的输入，便可以进行计算机模拟寻优，得出最优的资源配置与布局。

2. 仓储自动化

我国现有仓储系统自动化普及率低，改造空间广阔。我国自动化仓储物流系统在一些规模较大、自动化水平较高的行业中首先得到了应用，如烟草、医药、汽车等行业，其仓储自动化普及率分别为46%、42%和38%，高于国内平均的20%。而对比发达国家80%自动化仓储普及率，我国物流仓储自动化改造潜力巨大。物流仓储行业快速发展将促进物流仓储自动化系统需求。

中国电商界掀起了自动化的热潮，多个电商仓库和零售中心人工数量降低，大规模采用机器人作业。京东作为中国电商巨头之一，其在上海的一个仓库已使用机器人进行作业，在工作现场只保留几个工人来控制机器人。劳动力成本的上升引发了中国工业领域的自动化竞赛，从而转化为投资和研究机器人的浪潮，而且很有可能进一步助推中国人工智能的发展。

这一消息让人联想到迅速实现自动化和失业的画面。但需要引起注意的是，大规模地完成零售订单的过程已经高度自动化。京东正试图通过使用专门的机器人来解决一些具有挑战性的问题。同时，京东还将使用人工智能的视觉系统来检查包裹的处理过程。

3. 仓储智能化

随着电商行业进入高速发展阶段，企业成本不断上涨、快递量大幅攀升，人工效率已经赶不上行业增幅，智能化设备的投入已成不可逆转的行业趋势。其中智能仓储也成为巨头们争相布局的重要领域，它在降本增效上展示出很明显的作用。在资本市场的加持下，智能仓储的发展也迎来新阶段。近年来也有不少智能仓储初创企业获得资本市场的热捧，像极智嘉、快仓、马路创新、鲸仓科技等都是其中的代表企业。电商企业和快递企业都在智能仓储领域积极布局，企图在未来激烈的竞争中抢占智能领域的高地，智能仓储将提升行业竞争力走上规模化发展道路。

例如，2019年2月京东X事业部与苏州新宁物流达成合作，凭借自身在无人仓方面的技术，为新宁物流智能化技改项目提供由X事业部自主研发的"天狼"多层穿梭车作为主要智能设备、搭载基于SAAS形态的定制化WCS系统，与新宁物流WMS无缝对接，实现商品的自动上架、自动存储、自动下架和拣选，大幅提高仓库管理自动化水平和出库拣选效率，帮助苏州新宁物流提升仓库管理自动化水平、运营效能和客户服务。自2018年宣布对外开放之后，京东X事业部靠着成熟的仓储管理经验，吸引了众多企业前来合作。京东X事业部正式公布对外开放战略，依托自主研发的无人机、无人车、无人仓、智能零售等一系列"黑科技"，面向合作伙伴提供多场景智能机器人、大数据与机器学习、定制化无人系统解决方案、无界零售解决方案等，推动各行业成本优化和智能水平提升，如图3.5所示。

图 3.5 "天狼"系统正在工作

3.2 仓储设施与设备

仓储设施与设备是企业最重要的物质基础，良好的仓储设施条件可以保障仓储活动顺利进行，因此设施与设备的日常管理工作尤为重要。加强仓储设施与设备基础管理，做实仓储设施与设备维护，是企业健康发展的基础。

3.2.1 仓库

1. 定义和分类

仓库是保管、存储物品的建筑物和场所的总称。仓库是以库房及其他设施、装置为劳动手段，对商品、货物、物资进行收进、整理、储存、保管和分发的场所。

根据不同的分类方法可以将仓库分成不同类型：

①按使用对象：自备仓库、营业仓库、公共仓库。

②按所属职能：生产仓库、流通仓库。

③按结构和构造：平房仓库、楼房仓库、高层货架仓库、罐式仓库。

④按技术处理方式及保管方式：普通仓库、冷藏仓库、恒温仓库、露天仓库、水上仓库、危险品仓库、散装仓库、地下仓库。

⑤特种仓库：移动仓库；保税仓库。

2. 仓库功能

（1）储存和保管功能

仓库具有一定的物理空间，主要用于储存货物，并根据储存货物的特性配置相应的设备，以保持货物的完好性。例如，储存挥发性和易溶解性的货物，必须要设有通风设施，以防止空气中易挥发性物质含量过高而发生爆炸和燃烧事件。

（2）调节供需平衡功能

持有一定数量的库存有利于调节供需之间的不平衡。现代化的生产方式多种多样，每种产品都根据不同的特点组织生产,比如具有季节性的产品的生产,其需求是不均衡的,需要利用仓库来调节供需平衡。

(3) 货物集散功能

可以根据具体的货运订单及物流路径整合几个品类的货品,一起从仓库功能区运出。这样可以加快物流速度,降低物流费用。

(4) 货物质量基本检查功能

仓库功能区内部能够提供对待运货品日常检查的场所与设施条件,比如对货品外观质量、数量的检验与盘点,确保供应链各方的利益。

(5) 货物增值服务的功能

仓库功能区内能够提供场地与设施条件,对存储的货物进行特定的加工(比如贴标签、改换包装等),更好地服务需求方。某些机械的零部件组配也可以在功能区内仓库中完成,为制造业提供更为便捷的物流服务。

(6) 货品的逆向物流功能

仓库功能区能够提供货品的退换货业务。若客户对于货品不满意要求退货,就需要在仓库内完成对退货的检查。假如退回的货物存在质量问题,则要将该部分货物在功能区内部仓库中单独储存;若不存在质量问题,则需要按照正常货物进入存储区。当客户提出换货的要求时,同样要对退回的货物进行检查,如果不存在质量问题则直接进入存储区,按要求为客户进行换货服务。

3. 仓库功能区类型划分

(1) 仓储配送型仓库功能区

仓储配送型仓库功能区是指能够为货物提供仓储、分拣、理配货、配送等多环节物流服务的大型仓库作业区。该仓库功能区除静态的提供货物存储功能外,还能够提供分拣、流通加工、理配货等动态的业务,在较短的时间内为客户提供出货服务。

(2) 电商快件分拨型仓库功能区

电商快件分拨型仓库功能区从功能上可以提供一个完整环形闭路物流服务,它可以承担将零星的小件电商快件货品聚集成成批的货品的任务,或是将接到的大批量电商快件货品分散成众多小批量的货品,并且能够承担货物暂存、分拣、装卸搬运等物流服务功能。

(3) 仓储型仓库功能区

仓储型仓库功能区主要提供货物的存储服务,且货物一般具有库存周期较长、库存量大等特点。此类仓库作业区主要为大型的生产企业服务,货品类型为生产企业的原材料、产成品或是零部件等,具有强大的存储能力和仓库保管能力。

(4) 中转型仓库功能区

中转型仓库功能区是指主要承担货物在不同运输方式(比如公铁联运、铁水联运等)间转运,或者在同一运输方式下物流干线与支线间转运货物时充当货品暂存及搬运装卸的场所。

3.2.2 自动化立体仓库

1. 定义和分类

自动化立体仓库又称自动仓储系统、立体仓库、高层货架仓库,为一种用电子计算机控制管理和用自动控制堆垛运输车进行存取作业、用高层立体货架储存货物的仓库。

根据自动化立体仓库存储不同形式货物的需求，不同仓库的建筑形式、仓库高度以及货架形式等方面也不同。根据仓库建筑形式、货架形式以及建筑高度等可以将立体仓库划分为不同类型。

（1）建筑形式

依据自动化立体仓库的建筑体形式可以将其划分为分离式和整体式。分离式自动化立体仓库的立体货架与仓库的外围建筑体是相互独立的，立体式高层货架的作用仅是存储物资。分离式自动化立体仓库的高度一般低于15米，其总体成本费用较低，原因在于此种类型的立体仓库建筑形式较为灵活，部分公司可根据实际情况在现有仓库条件下进行改建。整体式自动化立体仓库中的立体式高层货架的作用除了存储货物之外，还与仓库外围建筑体融合为整体作为仓库的支撑结构。整体式自动化立体仓库高度通常都高于15米，但后期改造成本则高于分离式立体仓库，因为其在整体结构上不但稳定性好，而且实现了整个仓库的轻量化设计。

（2）货架形式

依据自动化立体仓库的货架形式可以将其划分为单元货格式、旋转式以及贯通式三种。单元货格式立体仓库的主要特点为每个货位的空间规格尺寸均相同，主要存储单元标准化的货物。为了使作业货物标准化，每个货位的开口方向均朝向高层货架之间的巷道，所有货物组成作业单元存储在货架相对应的货位。旋转式立体仓库以其旋转方向的不同划分为水平式和竖直式旋转货架。旋转式立体仓库的货架与单元货格式立体仓库货架相比存在差异。单元货格式立体仓库的货架同层为直列式，但旋转式货架结构为环形，旋转式货架适用于存储品种少、频率小的小件货物且存取作业都在同一位置。贯通式立体仓库将高层货架之间的巷道取消并将高层货架合并，使同一层货架上的货物互相贯通，主要是针对单元货格式立体仓库面积利用率较低的问题而产生的。

（3）建筑高度

自动化立体仓库按照建筑高度主要划分为低层立体仓库、中层立体仓库和高层立体仓库。低层立体仓库的建筑高度通常在5米左右，主要是在原有仓库的基础上进行改造得到的，进行存储作业通常需要叉车等机械化搬运设备。中层立体仓库与低层立体仓库相比，货架的层数与列数普遍增多，仓库的存储容量明显提升，建筑高度通常在15米左右，配套机械化、自动化设备进行存储作业，作业效率也明显提高。高层立体仓库的建筑高度一般在20米以上，库容量较前两种类型的立体仓库明显提高。

2. 自动化立体仓库的构成

自动化立体仓库系统主要由立体货架、房屋建筑、出入库传输设备、托盘/料箱/周转箱、巷道堆垛起重机、GV系统、自动化控制以及自动化管理系统等部分组成，外加与之配套的供电、空调、消防、称量计量、包装、网络通信系统等。

（1）立体货架

立体货架是自动化立体仓库中的重要组成部分，主要功能为存放货物，按照形式的不同分为钢制结构货架和钢筋混凝土结构货架。

(2) 房屋建筑

房屋建筑是自动化立体仓库的支撑，可区分为整体式房屋建筑和分离式房屋建筑。货架与房屋建筑融为一体的为整体式房屋建筑，货架在房屋建筑内部独立存在的为分离式房屋建筑。

(3) 出入库传输设备

出入库传输设备的作用为将自动化立体仓库的组成部分进行作业连接，将相应货物从相应货架的存储位置存入或取走的一种输送系统，即将货物运输至堆垛机处或将货物从堆垛机处移走，主要分为链式运输机、升降运输机以及皮带运输机等。

(4) 托盘\料箱\周转箱

托盘\料箱\周转箱的主要作用为承载货物，其主要目的为将货物码放在托盘或托箱上，便于成盘、成箱或成板的叠放以及运输。

(5) 巷道堆垛起重机

巷道堆垛起重机分为单立柱和双立柱两种，可在巷道内垂直升降、直行或弯行。它在进行存取作业时可在高层货架的巷道上往返穿梭，将预存货物放置于指定的货格或从货格中取出指定货物放置于巷道上，是自动化立体仓库的核心组成部分，如图3.6所示。

(6) GV系统

GV系统即自动导向小车，主要分为感应式导向小车和激光式导向小车。

(7) 自动化控制系统

自动化控制系统（Warehouse Control System，WCS）的功能为驱动自动化立体仓库各设备进行作业，主要由可编程逻辑控制器、操作终端及检测元件等组成，在自动化立体仓库中通常采用现场总线方式作为主要控制模式。

(8) 自动化管理系统

自动化管理系统（Warehouse Management System，WMS）是自动化立体仓库的核心，由硬件、操作系统、数据库等组成。硬件又由数据库服务器、不间断电源、条码阅读器、手持终端、图形监控服务器、交换机、管理工作站、电子屏、LED显示器等组成。

图3.6　堆垛起重机

3. 自动化立体仓库的功能

自动化立体仓库（图 3.7）的功能由收货、存货、取货、发货等几部分组成。

图 3.7　自动化立体仓库

收货指立体仓库从原材料供应方接收各种货物以供公司生产或加工装配。收货时需要提供场地以便于车辆在站台停靠，并运用装卸设备完成货物的装卸作业。卸货后企业应检查货物的质量、数量以及货物的品种是否符合要求，确认无误后入库存储。

存货是将车辆上卸下的货物放置于自动化立体仓库的存储区域，通常存于高层货架的货格中。货物存储之前首先需要确定货物的存放位置，存货作业通常由装卸机械如堆垛机来完成。存储期间，应对存储货物定期盘查，控制存储环境以减少货物受损程度。

取货指根据客户的订单需求从仓库的存储区域取出需出库的货物。企业一般选用先入先出的方式进行取货，即先存入的货物先被取出。对于出库频率较高的自动化仓库，必须有一套科学和规范的作业方式能够随时存取任意货位的货物。

发货指将从仓库存储区域取出的货物按照客户需求出库并发出的过程。部分企业发货功能同时包括配货，即根据客户要求对货物进行配套供应。

此外，仓库内各种信息查询装置同样具有重要作用。信息查询是指仓库系统能查询仓库的有关信息，如库存以及作业信息等。

4. 自动化立体仓库的特点

自动化立体仓库具备如下几个特点：

①大幅度提高出入库作业率以及仓库的周转能力，实现了仓库作业的自动化，能够明显节省劳动力并减轻劳动强度。

②库容量大且节省占地面积，显著提高仓库面积的利用率以及空间利用率。

③提高货物存储质量。采用立体货架存储使每件货物分别放置于不同货格，进而保证了货物的完好性。

④使货物的出入库作业更迅速、便捷，工作效率明显提高。

⑤增大经济效益。自动化立体仓库可显著提高库存管理的准确性，减少库存资金，进一步降低存储成本。

3.2.3 仓储设备

随着科技不断进步,近年来高位货架和自动堆垛机等存储设备、搬运设备、自动分拣设备在物流仓储行业得到广泛应用。

1. 仓储设备的分类

(1) 保管设备

保管设备是指用于保护仓储货物质量的设备,主要包括苫垫用品和存货用具。苫垫用品起遮挡雨水和隔潮、通风等作用,包括苫布、苫席、枕木、石条等。存货用具主要是货架和货橱,货架主要是敞开式的格架;货橱主要是封闭式的格架,用于存放比较贵重或者需要特别养护的商品。

(2) 装卸搬运设备

装卸搬运设备用于货物的出库、入库、堆码以及堆垛作业,主要包括装卸堆垛设备、搬运传送设备、成组搬运工具。其中装卸堆垛设备包括桥式起重机、门式起重机、叉车、堆垛机、滑车等;搬运传送设备包括电瓶搬运车、皮带输送机、电梯和手推车等;成组搬运工具包括托盘等。

(3) 计量设备

计量设备是指用于货物进出时的计量、点数,以及货物存储期间的盘点、检查的设备,如地磅、轨道衡(图3.8)、电子秤(图3.9)、电子计数器、流量仪、卷尺等。随着仓储管理现代化水平向智能化和信息化发展,现代化的自动计量设备将会被更多地使用。

图3.8 轨道衡

图3.9 电子秤

(4) 养护检验设备

养护检验设备是指货物进入仓库验收和在库保管测试、化验,以及防止货物变质、失效的机具、仪器,如温度仪、测潮仪、吸潮器、风幕、空气调节器、商品质量化验仪器等。此类设备在规模大的仓库中较多存在。

2. 仓储设备的作用

(1) 仓储设备是提高仓储系统效率的主要手段

仓储设备的使用可以提高整个仓储系统的效率。比如使用自动装箱机器人处理时,可以提高智能仓储系统移库作业的工作效率,实现智能仓储系统的高效调度和自动化设备的稳定运行，取得良好的经济效益。

（2）仓储设备是反映仓储系统水平的主要标志

一种新型的、现代化、智能化的仓储设备可以提高企业的仓储整体水平，提高仓库的运作效率。它可以实现较低的存储费用，从而降低库存占用，进而降低资金的占用率，提高资金周转速度；能够实现资金的高效使用，使得仓储企业能够不断发展创新，长久立足于所在领域。

（3）仓储设备是构筑仓储系统的主要成本因素

仓储设备费用占仓储系统费用支出的较大比重。仓储设备的购买或者租赁以及保管与维护，都需要耗用一定的人力、物力资源，这两个方面占据了仓储成本的一大部分。

3. 仓储设备的选择

（1）仓储保管设备

1）货架

①重力式货架。

重力式货架是每个货格都是一个具有一定坡度的滑道。每个滑道只能存放一种货物，货物进入后始终处于流动状态，存取迅速，先进先出。因此重力式货架适宜存储少品种、大批量的货物，如图3.10所示。

图3.10　重力式货架

②托盘式货架。

托盘式货架是最常用的一种选取式货架，可以自由选取放在货架任意位置的托盘货物，如图3.11所示。其存储形态为托盘，适用于叉车存取，大货架高度受限，一般在6米以下。托盘式货架利用率高，存取方便，辅助以计算机管理和控制，基本能够实现现代化仓储管理的需要。

③贯通式货架。

贯通式货架又称为驶入式货架，它将各排货架合并在一起，所以同一层、同一列的货物互相贯通，具有在相同空间内比托盘式货架高几倍的存储能力。其存储密度高，出入库存取货物受先后顺序限制，不适合存放太长或者太重的货物，如图3.12所示。

图 3.11　托盘式货架

④悬臂式货架。

悬臂式货架又称为树枝型货架，由中间立柱向单侧或者双侧伸出悬臂组成，如图 3.13 所示。悬臂可以是固定的，也可以是可调节的，一般适用于存储长料货物，如木材、钢管、地毯等。其具有结构稳定、载重能力高、空间利用率高等特点。

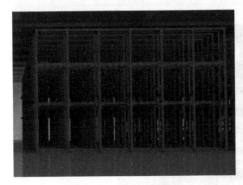
图 3.12　贯通式货架

图 3.13　悬臂式货架

⑤阁楼式货架。

阁楼式货架可以充分利用存储空间，适用于库房较高、货物较轻、人工存取且存储量大的情况，如图 3.14 所示。货架的底层部分不仅是保管货物的场所，同时也是上层建筑承重梁的支柱。货架配有楼梯和货物提升电梯等，适用于五金、电子元件的分类存储。

图 3.14　阁楼式货架

⑥移动式货架。

移动式货架将货架本体放在轨道上,在底部设有行走轮或驱动装置,依靠动力或人力驱动货架沿轨道移动,如图 3.15 所示。因一组货架只需要一条通道,大大减少了货架间的巷道数,因此,在相同空间内,移动式货架的存储能力要比货格式货架高很多。

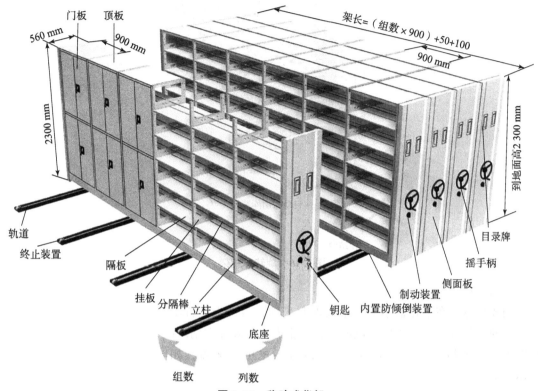

图 3.15 移动式货架

⑦旋转式货架。

旋转式货架有垂直旋转式货架和水平旋转式货架。货架可以按照垂直或者水平方向旋转。旋转控制台,可以利用开关按钮进行控制,也可以利用计算机控制。由于动力消耗大,拣选等待时间长,不适用于随机拣选,如图 3.16 所示。

2) 托盘

托盘是用于承载货物的水平平台装置,是一种包括集装、堆放、搬运和运输为一体的用于运输作业过程中货物的自动化或机械化的装载工具。托盘是一种在仓储作业过程中相对重要的运输工具。考虑到运输作业过程中的安全及便捷性,应尽量减少托盘自身重量,使作业过程更加灵活,由此可以提高仓储作业的效率。

①平托盘。

平托盘是指在承载面和支撑面间夹以纵梁,构成可集装物料,可使用叉车或搬运车等进行作业的水平货盘,如图 3-16 所示。平托盘由双层板或单层板另加底脚支撑构成,无上层装置。

②柱式托盘。

柱式托盘是在平托盘的四个脚安装四根立柱后形成的,立柱可以是固定的,也可以是可拆卸的。其多用于包装件、桶装货物、管材等的集装,如图 3.17 所示。

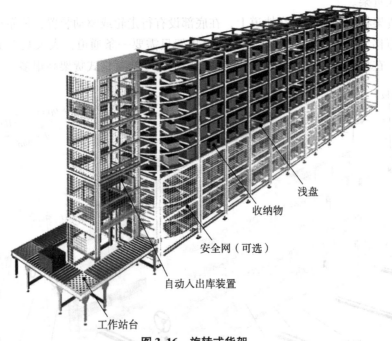

图 3.16　旋转式货架

③箱式托盘。

箱式托盘是在平托盘基础之上发展起来的,多用于装置不规则形状的散件或者散状货物,也可以装载蔬菜、水果等农副产品,箱壁可以是平板,也可以是网状,可以有盖也可以无盖,如图 3.18 所示。

④轮式托盘。

轮式托盘就是在柱式、箱式托盘下部装上小型轮子,如图 3.19 所示。这种托盘具有一般柱式、箱式托盘的优点,而且有很强的搬运性,常可利用轮子做小距离运动,而不需搬运机具。

图 3.17　柱式托盘

图 3.18　箱式托盘

图 3.19　轮式托盘

2. 仓储装卸搬运设备

根据作业活动的特点,结合物品的特征,依据设备可以执行的物流活动对装卸搬运过程中所需设备进行选择,明确各作业环节中所需设备的基本类别,如装卸搬运作业活动是否需要起重机、需要何种类型的叉车、是否需要连续输送设备等。

(1) 起重机

1) 桥式类起重机

桥式类起重机指由具有能运行的桥架结构和在桥架结构上能运行的起升机构组成的起重机械。常用的桥式类起重机包括通用桥式起重机和龙门式起重机(图3.20)等。

图 3.20 龙门式起重机

2) 臂架类起重机

臂架类起重机由行走、起升、变幅和旋转机构等组成。通过机械设备的通力合作,可以在一个圆柱形空间范围内起重和搬运货物。一般包括门座式起重机和地面动臂式起重机,如图 3.21 和 3.22 所示。

图 3.21 门座式起重机

图 3.22 地面动臂式起重机

(2) 叉车

1) 手推式叉车

手推式叉车是利用人力推拉的简易插腿式叉车,如图 3.23 所示,用于仓库内效率要求不高、有一定堆垛作业且装卸高度不大,且单向搬运距离在 100 米以内的场合。

2) 平衡重式叉车

平衡重式叉车是使用最广泛的叉车形式,如图 3.24 所示。平衡重式叉车的货叉在前轮中心线以外,为了防止货物发生倾斜,在叉车尾部设有平衡装置。

图 3.23　手推式叉车

图 3.24　平衡重式叉车

3) 集装箱叉车

集装箱叉车是一种在集装箱码头和堆场上常用的搬运和装卸集装箱专用叉车,如图 3.25 所示。其主要用于堆垛空集装箱等辅助作业,也可以在集装箱吞吐量不大的综合码头和堆场进行集装箱的装卸和搬运,或者短距离搬运。

图 3.25　集装箱叉车

3. 仓储输送分拣设备

（1）输送机

输送机是在一定的线路上连续不断地沿一个方向输送物料的物料搬运设备，其主要是完成物料的水平运输，兼有一定的垂直运输功能，其工作对象一般是以小型件和散装物品居多，如图 3.26 所示。

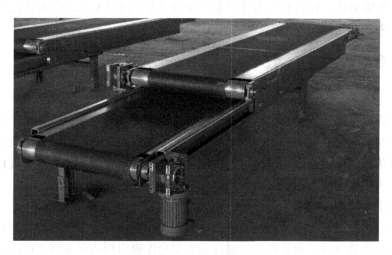

图 3.26　皮带式输送机

（2）自动分拣机

当货物数量较大而且要求正确迅速分拣时，往往需要投入大量的人力，因此很多企业选择自动分拣系统来代替人工操作，提高分拣的效率，进一步进行仓储流程优化。自动分拣机是对货物输送、存储和分类自动化的分拣机械设备的总称，如图 3.27 所示。

图 3.27　自动分拣机

3.3 仓库选址与布局

在仓库选址时，需要遵循的原则大致有三个：贴近目标市场原则、成本最小化原则、长远发展原则。当然在遵循原则以外，更要考虑约束条件。其中最重要的是明确建立仓库的目的，了解基本所需条件，包括仓库服务对象现在的分布情况及对未来分布情况的预测、货物作业量的增长率和配送范围等。

3.3.1 仓库选址

1. 仓库选址原则

我国国土面积辽阔，中、东、西部各地经济发展水平极不均衡，城乡居民消费能力存在巨大的差异。与此同时，城市周边的土地资源寸土寸金。在此背景下，各电商平台和物流公司如何选取最优化的位置建设仓库，达到既距原材料生产地不远，又尽量贴近目标客户和市场，成了一个不得不考虑、值得深入研究的问题。

(1) 贴近目标市场原则

目标市场有两个含义：一是货源地市场，另外一个是订单集中产生地。因此仓库地址可以靠近生产商品的货源地产业集群，通过设立大型仓库吸引周边企业将生产的商品集中存储在仓库中，以节约分散揽收费用。仓库也可以靠近订单集中的城市区域，贴近消费者就近发货。此方式运输距离短，商品周转率高，投递时限较短，客户体验最佳。

(2) 成本最小化原则

仓储的成本包括建设成本、物流运输成本和日常运营成本。成本最小化也就是要最大限度地降低这三种成本。

1) 建设成本

仓库的建设成本是跟选址位置直接相关的，越靠近城市中心，土地价格越高，相应的土地征用补偿费用也越高。但是如果离市中心距离太远，建筑材料的运输费和工人往返路途交通费也会增高，仓库内相关设备的维护和保养费用也会水涨船高。

2) 运输成本

运输成本是商品在运输环节所发生的费用，其高低取决于运输距离与运输方式、单价、仓库位置。而运输单价与运输方式密切相关，如水路运输、公路运输、铁路运输、航空运输不同运输方式，运费相差很大；也与运输性质有关，如仓库与仓库之间批量调拨、仓－客的订单派送的运输，因所运商品为整件/箱与拆零后的小件，所需上下车搬运工作量不同，因此运输成本截然不同。

3) 日常运营成本

日常运营成本是指仓库日常运行时，水、电、燃气等生活必备消耗，仓库工作人员往返居住地点和工作地点的交通费，附属机构如食堂采购物流成本、仓内设备例行保养维护费用等。

(3) 长远发展原则

近几年，我国电商市场发展迅猛，相应的是电商快递市场业务量剧增、仓库出单量不断增长，因此，原有的仓库、设备等各项资源就有可能跟不上业务发展。出于节约已有投资的目的，避免另选空地新建或者租赁更大的仓库，在选址时应考虑到相关产业未来几年的发展前景，立足未来，全面规划仓库建设。

2. 不同类型仓库选址考虑因素

（1）转运型仓库

转运型仓库大多经营倒装、转载或储存周期短的周转类物品，因此一般选择在城市边缘地区交通便利的地段，以便转运和减少短途运输。

（2）储备型仓库

储备型仓库主要经营中长期储存的物品，普遍设置在城镇边缘或城市郊区的独立地段，并且具备直接且方便的水路运输条件。

（3）综合性仓库

综合性仓库所经营的物品种类多，需要根据物品类别和物流量选择不同地段。比如与居民生活息息相关的生活型仓库，如果物流量不大，又没有严重的环境污染问题，就可以选择在接近服务对象且交通运输方便的地段设立仓库。

（4）专用仓库

专用仓库是指为专门储存单种类物品而设的仓库。各种物品性质不同，相应对技术设施的要求也不同，这就会造成不同的库址需求。例如，冷藏库多数选择在城郊，危险品仓库基本选择远离居民区与重要设施的地段，最好是在城镇周围的地形低洼处。

3. 常用的选址方法

（1）定性方法

采用经验做出判断的方法即定性法。通常的做法是：首先依托人为经验建立选址评价指标，随后用该指标对各待选地点检验判断，最后决策。定性方法的优点是：依托经验、容易实行、操作简单。其不足是过于主观，尤其是在面对多个候选地点时不能做出最佳决策。

（2）定量方法

定量方法，是单一设施选址常用法，即只需考虑运输成本，通过确定供给点和需求点的坐标、确定节点间运输量，使总的运输成本最小化。它是一种静态的决策方法。

3.3.2 仓库布局

1. 仓库布局方式

（1）辐射型

辐射型，即仓库位于许多收货人的居中位置，产品由此向各个方向的收货人运送。辐射型布局适用于收货人相对集中的经济区域，或者仓库是主干运输线路中的一个转运站时的情况。这种仓库深入用户中心，但是辐射服务距离受物流中心等级和交通情况影响。

（2）吸引型

吸引型，即仓库位于许多货主的某一居中位置，货物从各个产地向此中心运送。这种仓库大多属于集货中心。

(3) 聚集型

聚集型，即类似于吸引型仓库，但处于中心位置的是一个生产企业聚集的经济区域，四周分散的是仓库。这种布局适用于经济区域中生产企业比较密集，不可能设置若干仓库的情况。

(4) 扇型

扇型，即产品从仓库向一个方向运送，辐射方向与干线上的运输运动方向一致。这种布局适宜于在运输主干线上仓库距离较近，下一个仓库的上方向区域恰好是上一仓库合理运送区域的情况。

2. 区域组成与布局原则

(1) 区域组成

仓库整体布局指的是根据实际操作物流需求，确定各区域的面积及相对位置，最终得到仓库的平面布局。仓库一般划分为 3 大组成部分：生产作业区、辅助区、行政区。其中，生产作业区是核心区域，通常由装卸站台、出/入库区、储存区、通道、分拣区等组成。在进行整体规划时，需要着重考虑生产作业区的布局。

在现代仓库中，一般储存区面积占比 40%~50%、通道面积占比 8%~12%、出/入库区面积占比 10%~15%、分拣区面积占比 10%~15%、退货及不合格品区面积占比 5%~10%。主干道一般采用双车道，宽度在 6~7 m，次干道为 3~3.5 m 的单车道。

(2) 布局原则

在进行整体布局时，主要遵循以下几项原则：

①适应物流操作流程，有利于作业优化，能够实现一次性作业，减少搬运次数，缩短搬运距离，避免不必要的搬运环节。同时要保证各区域间的信息互通。

②单一的物流流向，避免迂回、交叉、逆向作业；强调唯一的物流入口与出口，便于管理与监督。

③最大限度地利用平面与空间，节省建设投资。

3. 常见布局

(1) U 形

可以根据进/出货频率大小，将流量大的物品安排在靠近进/出口的储存区域，以缩短这些物品的拣货、搬运路线。另外，储存区在靠里位置，比较集中，易于控制与进行安全防范。这是目前仓储业较多采用的布局。

(2) 直线形

无论订单大小与拣货品相多少，均需要通过仓库全程，适用于作业流程简单、规模较小的物流作业。直线形布局可以应对进/出货高峰同时出现的情况。

(3) T 形

T 形布局可以满足物品流转与储存两大功能，可以根据需求增加储存面积。

4. 不同类型仓库布局要求

(1) 储备型仓库

在储备型仓库中，一般物品储存时间较长，出/入库作业间隔也长，并且以"整进整出"为主。对于此类型仓库来说，仓库布局的重点应该放在尽可能压缩非储存面积的基础上，增加储存面积。

储备型仓库内非储存面积有出入库作业场地、通道、墙距与垛距。在规划通道所需面积时，在合理安排出/入库作业线路的基础上，可以适当减少通道的数量与长度。另外，合理确定通道宽度时，主要考虑仓库使用机械设备的尺寸、灵活性。

（2）流通型仓库

流通型仓库主要以物品收发为主，一般物品周转较快，频繁进行出/入库作业。对于流通型仓库来说，为了适应仓库内大量物品经常收/发作业的需求，在布局时，要充分考虑作业效率问题。

与储备型仓库相比，流通型仓库需要适当缩小储存区，增大拣货区及出货暂存区面积。在流通型仓库中，物品经过质检后进入储存区，在储存区内一定要按要求进行密集堆码。随着物品出库，拣货区物品不断减少，然后再从储存区向拣货区或者出货位上补货。通过这样的布局设置就能较好地协调储存与作业的需求。

在确定拣货区及出货暂存区的面积时，主要考虑出库作业的复杂程度及作业量大小。作业越复杂，作业量越大，相应的作业区域也越大。实际上，储存物品的周转越快，储存面积越小。

5. 库内储存空间布局

在规划仓储空间时，首先考虑的是物品货量及储存条件，以便能根据实际需求提供适当的空间。所以在布局时要充分了解包括长、宽、高、重量等物理性质，同时还需要掌握物品SKU、堆码标准等信息。

（1）基本思路

①根据物品的特征，分区分类存放，特性相近的物品共同存放。

②重不压轻，将单位体积大、单位质量大的物品存放在货架底层，并且靠近出库区和通道。

③周转率高的物品储存在进/出库装卸搬运最便捷的位置。

④同一供应商或者同一客户的物品集中存放，便于后期进行分拣配货作业。

（2）布置形式

1）空间布置

空间布置是指库存物品在仓库立体空间上布局，其目的在于充分有效地利用仓库空间，提高库容利用率，扩大储存能力。在货架各层中的物品可以做到随时自由存取，便于实现先进先出，某些专用的货架还具有防损、防盗的功能。

2）平面布置

平面布置是指对货垛、通道、货垛间距、收/发货区等进行合理规划。主要有横列式、纵列式、横纵式、倾斜式。

横列式的优点在于主通道长且宽，副通道短，便于存取查点，通风采光良好。但是仓库利用率低。

纵列式的优点在于仓库利用率较高，主干道货位储存周转率高的物品，支干道货位储存周转率低的物品。但是在该布置下，不利于机械化操作。

横纵式是横列式与纵列式的混合版，两种布局的优势兼而有之，可以根据储存物品的特性进行利用。

倾斜式又分为货垛倾斜式与通道倾斜式。货垛倾斜式是横列式的变形，可减小叉车旋转角度、提高作业效率。通道倾斜式是指仓库的通道斜穿保管区，把仓库划分为具有不同作业特点的区域，如量少长期储存区、量大短期储存区等，便于仓储区域的综合利用。

3.4 仓储业务管理

3.4.1 仓储业务管理概述

1. 含义

仓储业务管理是指对以保管养护活动为核心，从仓库接收货物入库开始，到按客户需求把货物完好无损地发送出去的整个流程作业进行计划、组织、协调、控制的行为。

仓储业务管理的对象是仓储作业流程，包括入库、出库、盘点、信息处理等作业流程。仓储作业的操作信息化部分成为仓库管理系统的共性，为库存控制和信息集成化提供了帮助。作业流程中的信息处理主要目的是对每次入出库作业、质量状态以及数量的改变进行实时记录，并将相关凭证分类进行整理归档保存或数据备份。仓储管理运行模式主要就是交叉站台。在这种模式下，货物不会以库存的形式存在。在流动量很大的仓库中，交叉站台的战略落实得越好，货物的处理时间就会越短，出现的瓶颈就会越少。因此有效的交叉站台作业是建立在完善的信息流之上的。

2. 仓储业务流程

仓储业务流程按照作业流程来看，主要有货物的入库、在库和出库三个阶段。在经过接运提货、检查验收等入库环节后，进行货物的货位规划，同时要注意货物的养护和盘点工作。当货主领取对应的货物时，要注意核对货单，做好出库工作。一般仓储作业流程如图 3.28 所示。

图 3.28 一般仓储作业流程

3. 仓储业务流程重组

仓储业务流程重组是仓储管理的重要工作。通过不断优化作业流程、提升作业调度的科学性，可以提高仓储作业能力，降低作业成本。因此，可通过仓储业务流程改造和作业调度等促进现代仓储业发展。

（1）BPR 的概念

1993 年，美国的管理大师迈克尔·汉默（Michael Hammer）和詹姆斯·钱皮（James Champy）《公司再造：公司革命的宣言》一书中首次提出"业务流程改进"（Business Process Reengineering，BPR）概念，并将其定义为："针对公司业务流程的基本问题进行反思，并对它进行彻底的重新设计，以便在成本、质量、服务和速度等当前衡量公司业绩的这些重要的尺度上取得显著的进展。"他们着重关注流程中各个环节的情况，让增值最大可能地达到顶峰，并尽量避免其中无效或者无法增值的情况出现。

业务流程改进定义包含的关键词有："基本""彻底""显著""流程"。

"基本"是公司人员在准备实施改革之前，首先要对自己的公司有基本而深入的了解，知晓公司的运作模式，然后提出一些最基本的问题：为什么我们要做这项工作？为什么我们要这样做？这些基本的问题，会提醒工作人员去思考，在从事他们的业务工作时，是否对某些规则和前提有所依赖。通过深入思考，不合适的规则会被工作人员找出，之后尽量修正。"基本"目标是冲出固有的思维方式，改变固有的管理要求，以全新的观念和思维方式，对目前的流程与系统进行全面分析与统筹思考，旨在让思维冲出去的作业流程、系统结构以及知识框架，以取得目标流程设计的最优。

"彻底"是立足于"基本"的思维之下，避免现有系统的约束，对流程进行重构，以期取得管理思想的理论提升和管理方式的巨大变化。"彻底"是彻底性的变革，拒绝立足于曾经的基础上，目的在于追求问题的彻底解决。

"显著"是从根基处思考流程的优劣所在，寻找影响公司整体绩效的瓶颈所在，之后运用彻底性的设计以降低费用、提高效率、增强公司竞争力，使得公司在管理方式以及整体运作上都能够上一个层次，体现高效益和高回报。

"流程"等同于一系列业务活动，包括将某种或多种活动投入并创造出对客户有价值的产品。流程就是以从订单到交货或提供服务的一连串作业活动为着眼点，跨越不同职能和部门的分界线，以整体流程、整体优化的角度来考虑与分析问题，识别流程中的增值和非增值业务活动，剔除非增值活动，重新组合增值活动，优化作业过程，缩短交货周期。

因为大多数企业缺少评价体系和工作绩效的评定体系，导致国内的仓储运作和仓储管理的模式并没有形成系统化的、有供应链形式的规范模式，与此同时，业务流程固化，几乎无信息化水平，亦使得业务的流程效率低下且错误率难以控制，流程操作也不够规范，有时有很多标准但难以统一，此时仓储业务流程重组则是必经之路。

（2）业务流程重组的方法

业务流程重组的方法主要有两种：系统化改造法和全新设计法。

1）系统化改造法

系统化改造法即辨别分析公司现有的业务流程，全面系统地在现有流程基础上创建新流程。这种流程改进方法的优点在于流程的变化可以通过点滴积累逐步实现。所以，这种方法能够迅速取得相应的效果，并且公司所承担的风险相对较低，对公司的正常运营干扰小。

其缺点是仍以现有的业务流程为基础进行改造。这种方法一般应用于公司的短期绩效。仓储活动是企业的长期物流活动，较适合使用全新设计法。

2）全新设计法

全新设计法即从根本上重新考虑公司产品或者服务的提供方式，在零基础上设计出新的流程。这种再造的方法优点是从根本上重新思考公司的发展方式，摒弃现有流程改进中所涵盖的全部假设的干扰。这种再造方法可以为公司提供实现绩效飞跃的可能，使得期望结果能够成倍地改变。这种方法一般从公司中长期发展角度思考，在开辟新的竞争途径的情况下使用。

（3）业务流程重组的实施流程

公司流程重组，就是重新设计安排公司的整个生产、服务以及经营过程，使之合理化，通过对公司原来生产经营过程的各个方面、每个环节进行全面的调查研究和细致分析，对其中不合理和不必要的环节进行彻底的改革。在具体实施过程中，可按如下程序进行：

1）对原有流程进行全面的功能和效率分析，发现其存在的问题

根据公司目前的作业流程，设计符合目前实际工作的作业流程图，需要从以下方面分析现行作业流程的问题：

①功能障碍。

随着技术的发展，技术上具有不可分割性的团队工作、个人可以完成的工作额度就会相应地发生变化，这就使原来的作业流程支离破碎，增加管理成本，或核算单位太大造成权责利脱节，并造成组织机构设计不合理，成为公司发展的瓶颈。

②重要性。

随着市场的发展以及顾客需求的变化，顾客对产品、服务需求的变化，以及管理系统的应用，都对作业流程有所影响。作业流程中的环节及各环节的重要性也在发生变化。

③可行性。

根据市场、技术变化特点及公司的现实情况，分清问题的轻重缓急，找出流程改进的准确切入点。为了对上述问题的认识更具针对性，还必须深入现场，具体观测、分析现存作业流程的功能、制约因素以及表现的关键问题。

2）设计新的流程改进方案，并进行评估

为了使作业流程更加符合实际操作，在设计新的流程改进方案时，可以考虑：

①将现在的数项业务或工作组合，合并为一。

②工作流程的各个步骤按其自然顺序进行。

③给予职工参与决策的权利。

④设置项目负责人，对于提出多个流程改进方案，还要从成本、技术条件、效益和风险程度等多个方面进行评估，选取可行性相对较强的方案。

3）制定改进规划，形成再造方案

制定与流程改进方案相匹配的组织结构、人力资源配置和业务规范等多个方面的改进规划，形成系统性公司再造方案。公司业务流程的实施，是以相应组织结构、人力资源配置方式、业务规范、沟通渠道甚至公司文化作为保证，所以，只有以流程改进作为核心，形成系

统的再造方案,才能达到预期目的。

4) 组织实施与持续改善

实施公司再造方案,必然会触及原有的利益格局。因此,必须要精准组织,谨慎推进。既要态度坚定、克服阻力,又要积极宣传、形成共识,确保公司再造的顺利进行。公司再造方案的实施,并不意味公司再造的终结。在社会加快发展的今天,公司总是不断地面临新的挑战,这就需要对公司再造方案不断进行改进,以适应新形势的要求。

3.4.2 入库管理

仓储业务管理的入库管理是在仓单手续完成后,减少物资入库时间,提高仓储效率。一般来说,具体过程是:采购部门根据采购订单将采购货物发送到仓库;检查货物的数量和质量,确认后接收货物;物资管理员在系统中制定仓储订单并分配货位;仓库操作员将货物放在指定位置。仓储管理水平的提高,可以有效解决文件不完整、责任不清、货物检查不到位的问题。

入库管理是对入库作业活动进行合理的安排和组织,需要掌握入库作业的基本业务流程。一般而言,入库作业的基本业务流程包括:入库申请、编制入库作业计划、入库前准备、接运卸货、核查入库凭证、货物验收、办理交接手续、入库信息处理、生成提货凭证等。如图 3.29 所示。

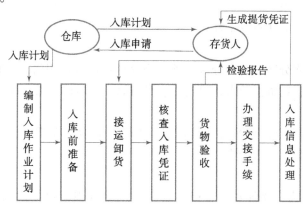

图 3.29 入库作业流程

3.4.3 在库管理

在库管理是对在库作业流程进行合理的安排和组织。在库作业是指对在库物品进行理货、堆码、苫垫、维护保养、检查盘点等保管工作。为了确保货物的数量和质量完好无损,减少出入库的操作时间,提高效率,方便拣选和搬运,必须重视在库作业和保管过程。一般而言,在库作业的核心内容主要为:在库作业准备、货位规划、保管作业、养护作业以及盘点作业。以此来做好查验进货账卡、熟悉物品特性、制定货物储存方案等方面的工作。如图 3.30 所示。

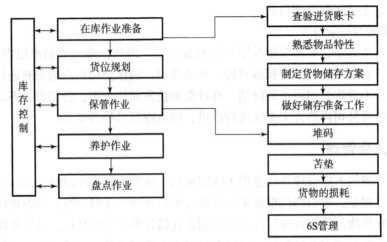

图 3.30 在库作业流程

从广泛意义上讲，在库管理包括仓储库位的规划布置、物品分类、计量包装、分拣配送及盘点等。通过仓库合理的规划，物资的标准摆放，多种管理工具的运用（6S 管理、ABC 分类管理等），提高仓库的库容率以及仓库的操作效率，降低仓库的管理成本；通过多维度数据报表分析，对库存物资建立预警机制，推动闲置物资及时清理报废，提高物资的周转率，避免物资的积压和浪费。

进行库内管理时，应注意以下几点：

(1) 现场管理

科学合理进行仓库分区，物资分区分项分类存放；库区标识管理，优化库区标识管理，做到标识统一、规范；物资摆放考虑垛与垛、垛与墙、垛与柱、垛与灯之间的间距。

(2) 物资保养

制定物资保养机制，经常检查，做到防火、防潮、防锈、防霉变、防尘、防鼠虫害；无损坏、无变质、无隐患，发现异常要记录、汇报、纠正。

(3) 设备使用安全

划分设备存放区域，设备安全看板与安全警示牌标识明显，定期进行设备安全操作培训。

(4) 物资分类管理

根据物资类型、数量及价值分类存储，考虑物资物理性质和化学性质。

(5) 消防安全与人员安全

保证库区消防设施齐全，作业人员佩戴安全装备上岗，特种设备需持证上岗，定期检查消防设施，保证能正常使用。

仓储 6S 管理内容是整理（Seiri）、整顿（Seiton）、清扫（Seiso）、清洁（Seiketsu）、素养（Shitsuke）、安全（Safety）。

整理：将工作场所的任何物品区分为有必要的和没有必要的，除了有必要的留下来，其他的都清除掉。

整顿：把留下来的有必要用的物品依规定位置摆放，并放置整齐，加以标识。

清扫：将工作场所内看得见与看不见的地方清扫干净，保持工作场所干净、亮丽。

清洁：将整理、整顿、清扫进行到底，并且制度化，使环境处于美观状态。

素养：每位成员养成良好的习惯，并遵守规则做事，培养积极主动的精神（也称习惯性）。

安全：重视成员安全教育，每时每刻都有安全第一的观念，防患于未然。

3.4.4 出库管理

出库管理的目的是在确保出库手续完备齐全的情况下，缩短物资出库时间，提高物资出库效率。一般说来，具体流程为：物资管理人员填写物资出库单，写清物资名称、数量、时间、经办人、用途、领用人等项目；按照出库单上信息办好物资的实物交接，对于已办理领用手续而当日无法领出的物资应搬运至暂存区，并做明显标识；单据保管，并在系统中更新库存信息。出库管理流程规范，可以解决物资存储规范、出库意识淡薄、出库手续混乱、领料人员复杂等问题。

出库管理是对出库作业流程进行合理的安排和组织。货物的出库是仓储作业管理的最后一个流程，是整个工作的最后一步，因此尤为重要。一般而言，货物的出库作业流程主要包括出库准备、备货、补货、货品的复核点交、装载发运、出库整理和退货处理等，如图3.31所示。

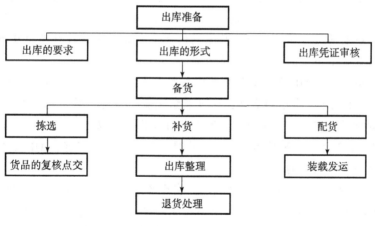

图 3.31 出库作业流程

本章小结

仓储是现代物流中至关重要的环节。仓储是指利用仓库及相关设施设备进行物品的入库、储存、出库的活动。仓储管理主要包括仓储系统规划与设计、仓储设施和设备的选择及配备、仓储作业管理、库存管理、库存商品的保管与养护、仓储管理信息技术、仓储人力资源管理七部分内容。同时，仓储管理具有保证社会生产的连续性、保护暂时停滞物资的使用价值、优化配置并促进资源合理利用、改善企业经济效益的作用。

仓储设施设备是企业最重要的物质基础，良好的仓储设施条件可以保障仓储活动顺利进行，因此设施设备的日常管理工作尤为重要。加强仓储设施设备基础管理，做实仓储设施设备维护，是做好仓储保管和企业健康发展的基础。科学、全面的选址布局、影响因素分析是合理确定企业选址布局原则的基础。仓库选址与布局的好坏会直接对企业的服务和工作效率产生一定的影响，对物资配送速度和配送费用也会有一定的影响，而且与建设需求库存量会有一定的关联，因此需要做好整体规划和布局。

仓储作业管理是指对以保管养护活动为核心，从仓库接收货物入库开始，到按客户需求把货物完好无损地发送出去的整个流程作业进行计划、组织、协调、控制的行为。

复习思考题

1. 什么是仓储？
2. 仓储的作用和意义包括哪些内容？
3. 仓储管理的作用是什么？
4. 仓储管理包括哪些内容？
5. 试区分仓储设施和设备。仓储设施包括哪些？仓储设备包括哪些？
6. 仓储业务流程包括哪些？如何进行仓储业务管理？
7. 案例分析：亚马逊积极介入 AR 领域，重点关注仓储和零售方向应用

2018 年 8 月，亚马逊提交了专门为仓库工作人员设计的 AR 护目镜专利申请，标题为"增强现实用户界面促进实现"，其中包括连接到磨损或携带的计算设备的 AR 眼镜。AR 护目镜旨在帮助导航亚马逊存储其广泛产品系列的大型仓库（占地往往超过 9 万平方米），显示下一个需要从货架上下拉的产品的屏幕方向。

根据专利申请信息，AR 护目镜能够跟踪多个变量，包括"方向数据、俯仰、偏航、加速度计数据"。正如批评者指出的那样，这可能意味着亚马逊能够追踪步行速度、确切位置以及员工所在的位置。在一些实施例中，可穿戴计算设备可以为工作人员提供工作指令。该专利提交于 2017 年 3 月。专利显示，与穿戴或携带的计算设备相连，AR 眼镜可以在视场中叠加一个项目到下一个项目的路线规划指示。

此外，它还能指示工人将特定的物品放置在仓库中的特定位置。亚马逊正大量投入于 AR 领域，之前亚马逊的 AR 试衣间专利申请曝光。更具体地说，这是一面镜子，可以让你在虚拟环境中试衣服。与普通的镜子不同，这些衣服并不是真的，而是通过 AR 数字化映射的方式出现。该设备利用显示器、摄像头和技术的结合，为顾客提供 AR 试衣的机会。虽然镜子是可以照的，但并不是那么清晰，这大概是未来试衣镜的功能折中。目前，亚马逊正在为该设备申请专利。去年，亚马逊收购 3D 人体建模企业 Body Labs，该公司能够提供 3D 人体建模技术。该公司主要为服装零售商提供帮助，更好地向消费者推荐尺码，以减少退货。

试结合案例论述我国仓储业发展现状及未来。

8. 实践：在本地区某仓储物流企业进行仓储管理系统的调查和学习；认识仓储配送中心仓储设施与设备；了解自动化立体仓库的组成和工作原理；掌握仓储管理系统进行入库、在库和出库作业的基本流程。学生完成实践报告并整理上交。

第四章

物流需求预测与库存管理

主要内容

本章主要内容有:物流需求预测相关知识,包括预测、物流需求、物流需求预测的含义,物流需求预测的原则、步骤及方法;库存与库存管理相关知识,包括库存与库存管理的含义、作用,库存管理的方法,供应链环境下的库存管理等。

教学目标

1. 理解物流需求、物流需求预测的含义;
2. 掌握物流需求预测步骤及方法;
3. 掌握库存管理的方法;
4. 熟悉供应链环境下库存管理方法。

案例导读

助力供给侧改革——爱库存探索社交电商新模式

经济新常态下,供给侧改革已经成为国家和企业关注的焦点。作为转型升级中的服装制造业,在这股浪潮中面临着人口红利消失、生产成本上升的压力,以及出口增长缓慢和代购热潮的冲击。如何依靠技术创新,提高企业全要素生产率;如何调整产品供给,严格控制产品质量,提高有效供给;如何实行"互联网+"消费者模式,减少不必要的库存:成为必然要面对的问题。

1. 瞄准去库存海洋

社交电商以全新的营销模式横空出世,成为网商2.0时代最受瞩目的电商模式。爱库存作为社交电商界的黑马,上线一年多的时间,凭借创新的商业模式和协同、敏捷、柔性的供应链,构建起了自身的核心竞争力。2018年,爱库存的 GMV(Gross Merchandise Volume,

网站成交金额）突破 30 亿元，并完成 3 轮累计 15 亿元融资。这对于服装业如何依靠技术突破自身发展瓶颈，实现从"制造"向"智造"转型升级提供了新思路，也以自身实践加速推进着服装制造业的供给侧改革。

对此，爱库存创始人王敏和联合创始人兼 CEO 冷静将其归结为"幸运"。然而，了解爱库存发展背景的人却知道，他们所谓的"幸运"都是努力换来的"必然"，坚守初心才能得到的"始终"。据相关行业数据显示，在服装品牌商的仓库里至少积压着近 2 万亿元的库存，而且每年以 5% 的速度上涨，去库存成了全行业面临的共同问题。"这个市场很大，人们却往往只看到爆款，卖库存的鲜有耳闻。"也正是看到了这一社会痛点，王敏萌生了以去库存为切入点进行创业的想法。凭着敏锐的商业嗅觉，王敏和冷静一头扎进了这个未知的蓝海。2017 年 4 月，技术出身的王敏亲自带队做开发，7 月内测，9 月 22 日爱库存 APP 正式上线运行，而冷静在上线当月便为爱库存融到了来自钟鼎创投的 1 亿元 A 轮融资。初上线就受到资本青睐，正验证了爱库存商业模式的正确和巨大的发展潜力。

2. 优化库存管理

早期的线下购物，由于不同区域商品的价格不透明、不一致，经常出现"宰客"现象，因此消费者渐渐转向互联网购买商品。后来，几乎所有电商平台都开始鼓励销量排名，就是同类比价模式。这种模式的初衷是好的，但后续商家获取排名的竞争越来越激烈，大家为保障自身的毛利，便开始在供应端和生产端压缩成本，最终导致产品质量越来越差，形成恶性循环，严重稀释了品牌声誉。

爱库存则通过创新的 S2b2C 模式，上游打通品牌方的库存 API，为品牌方优化库存管理，以"5 天入驻、7 天回款"盘活资金；下游服务分销商，为分销商提供正品低价货源，借助社交电商的爆发力，降低商品零售交易成本。爱库存还提供了低门槛、高弹性的就业机会，解决了社会剩余劳动力的就业问题，利用生活中的碎片时间可以做爱库存的分销商。

未来，爱库存还将发力技术创新，以供应链生态系统赋能供应链效率提升，在实现供应链自动化和即时库存管理等基础上，高效地将货品交付到消费者手中，满足其个性化、多元化需求，并启动公益扶农计划，以电商模式加速推进精准扶贫。

（资料来源 http：//www.100ec.cn/detail—6498439.html）

4.1 物流需求预测

系统化、信息化、网络化已经是现代物流发展的一大趋势，而在现代物流纷繁复杂的发展历程中，物流系统的规划和决策是有一定困难的。因此科学有效的决策手段就显得至关重要，而预测则是解决这一问题的重要途径，可为物流的规划、管理等提供决策支持。物流需求预测的目的就是指导人们规划物流管理活动，从而采取恰当的决策和措施，使物流效应更突显，以便谋求更大利益和价值。

4.1.1 概述

1. 预测的含义

预测就是根据事物过去及现在的状态以及发展方向，针对未来研究对象可能表现出的状态做出科学的估算，对未来也许会发生的事件进行合理的推测。这种通过已知对未知的科学估计，主要依靠过去的经验和数据来完成准确计算，从而得出结论，做出比较合适的预见。现阶段，在科学方法指导下，已经可以通过各类专业学科的综合应用统计来实现现代化预测。

2. 物流需求的含义

物流需求的含义在不同时期其内涵略有不同。传统物流需求是指在一定时期内，正常的社会经济活动对于生产、消费和流通所需要的时间、空间以及成本等的需求，这些需求涵盖了物流活动的各个基本方面，如包装、装卸、运输等。

物流业发展到如今，已演变出市场化竞争、信息化管理和系统化目标等与传统物流所不同的现代物流特点，物流需求也演变出了范围广、内容深和无法单一考量等与传统物流需求所不同的特点。所以，对于物流企业以及希望进入物流领域的企业来说，找准市场定位和把握市场需求就难上加难。

在传统物流需求基础之上，现代物流需求增加了服务功能。从其服务的形式上分，可分为有形的物流服务需求和无形的物流服务需求。有形的物流服务需求指的是物流服务的内容，无形的物流服务需求指的是对物流服务质量上的需求。站在市场经济的角度来看，物流需求也包括评价物流的基本指标，比如货运量、物流成本所占的百分比等。

因此现代物流企业的物流需求是指社会经济活动对生产、搬运、加工、运输、存储、配送等各环节的实物流动、时间效用、空间效用、成本核算、信息传递、服务功能的需要。随着电子商务购物模式的普及，物流需求量急剧上升。政府、企业必须解决物流业中存在的人力、资金等资源闲置，管理制度混乱，以及企业信息化程度偏低等问题，保证物流行业的规范运行。

不同产业的物流需求呈现不同的特点。快速消费品行业物流需求主要受到季节的影响；汽车行业物流主要受到地理位置和服务态度的影响；冷链行业物流主要受到冷链设施以及配送速度的影响。

3. 物流需求的特征

物流需求是对物流规模和结构的需求，主要是社会经济发展中所产生的对于物流综合量（如货运量）和物流服务（包括仓储、运输等方面）的需求。物流需求的特征主要有以下几点。

（1）物流需求具有及时性和不平衡性

一方面，物流需求在时间上具有及时性。社会经济建设和发展的不同时期和各个阶段，产业结构的偏重和国民生产、消费观念都不尽相同，尤其是人们消费观念的差异越来越大，人们对物流的规模和结构的需求也是不同的。此时，物流需求表现了某个时期的特点。随着国家鼓励物流业发展所出台的政策不断完善，以及在"互联网+"、大数据大背景下各种新型的物流业态不断涌现，物流需求对于时间变化更加敏感，物流需求的及时性愈发显著。

另一方面，物流需求在空间上具有不平衡性，即物流需求在空间分布上不平衡。在同一时间点或者同一时间范围内，不同地区在生产力分布、国民收入和经济水平上的差异导致了物流需求在区域和空间上的差异，也就是说，物流需求的规模和结构随着空间的差异而分布不平衡。

(2) 物流需求具有衍生性和差异性

物流需求是一种衍生出来的需求,是从供应链上下游的生产企业、供应商、服务等衍生出来的一种需求。这种需求从宏观层面上与商品的流通联系在一起,受社会生产力和人民消费水平等因素的高度影响。

随着生活水平的提高,人们开始注重个性的发展和要求个性化的产品和服务,这种个性化的追求在物流行业上就表现为对物流服务的质量和体验的要求更高。所以,物流需求的差异性对物流企业在产业结构调整和服务模式升级上提出了更高的要求。

(3) 物流需求具有复杂性

影响物流需求的因素有很多,比如区域经济发展水平、社会消费水平等,并且这些因素不是一成不变的。由于影响因素的变化不仅表现为规律性,还表现为随机性,所以物流需求的变化既有规律性,又有随机性。随着时间的推移,物流需求的主体(比如物流服务提供方和物流需求方)对物流产品和服务的需求是不一样的。从宏观上看,"季节性"(如逢年过节)的变化主导了物流需求的规律性变化;从微观上看,需求量会因为一些偶然的因素,比如突发的灾害性天气而呈现出随机的变化趋势。

4. 物流需求预测的含义

物流需求预测即对物流需求的预测,就是根据历史和现在的物流状况,利用一些方法,如经验法、预测模型等对物流需求的规模和结构进行预测。物流需求预测最重要的意义就是提前分配好相关的物流管理任务,做到"临阵不乱",并且在适当的时候选用适当的方法和策略来获取更多的利润。

5. 物流需求预测的类型

目前有几种比较常用的分类手段,即根据时间长度、空间跨度和预测方法的不同来分类。

(1) 根据时间长度分类

时间长度可以分成短期、中期、长期三种类型,因此,根据时间长度的类型,物流需求预测可以分成短期预测、中期预测和长期预测三种。

短期预测,即关注几周或者几个月内物流需求的变化情况,根据当下的状况和变化情况,对之后的几周或几个月的物流需求做出判断和预测;中期预测,着眼于未来几年内的预测,通常时间长度在3~5年内,针对这一时间段所做的物流需求预测结果对于物流企业几年内的市场规划有很高的参考价值;长期预测,一般是时间长度超过5年的物流需求预测,该预测着眼于社会市场经济并研究其变化和发展规律,在国家和社会层面上为国民经济保驾护航。

(2) 按照空间跨度分类

空间跨度可以分成微观、中观、宏观三种类型,因此,按照空间跨度的类型,物流需求预测也可以分成微观预测、中观预测和宏观预测三种。

微观预测,即对物流所服务的产品和商品能达到的范围的预测,对物流企业的市场范围预测具有针对性,侧重于更加具体的过程;中观预测,较微观预测范围广,其重点研究省、县、乡的物流需求，往往用于大型企业对于区域的生产、营销和销售的需求；宏观预测，较中观预测范围更广，是站在国家的角度上，研究的是整个国家的物流需求发展状态和趋势，是为平衡国民经济发展中的各个指标而服务的。

（3）根据预测方法分类

预测方法可以分成定性和定量两种类型，因此，根据预测方法的类型，物流需求预测也可以分成定性预测和定量预测两种。

定性预测，即根据过去一段时间的信息和当前所得的资料，主要依靠过往的经验和研究人员主观的分析，对未来一段时期内物流需求的规律和趋势做出判断。定性预测一般的信息来源是社会问卷调查或者调研、少量现有的数据资料等。常见的定性预测法有头脑风暴法、德尔菲专家调查预测法等。定量预测，即对具体的物流需求量的预测，它建立在大量实际的历史数据的基础上，客观因素远大于主观因素。定量预测一般是根据数据材料建立相关的数学预测模型，利用建好的模型来有效且科学地对物流需求做出判断和预测。

由于定量预测法的理论支撑更为坚实，且预测结果比定性预测准确和具体，因此定量预测的结果往往比定性预测令人信服。迄今为止，国内外相关的预测模型不下百种，而这不下百种的预测模型主要可以分为时间序列预测法和因果关系预测法。

6. 物流需求预测原则

在实际应用中，需要相关的指导原则来指导具体的物流需求预测实践。一般来说，物流需求预测需要遵循以下三个原则。

（1）惯性原则

"惯性"即连续性，客观事物的发展过程往往表现出其连续性，所以对客观事物未来的发展变化情况的预测必须建立在了解该事物的过去和现在的基础上，即对某个城市的物流需求预测必须建立在了解该城市过去和现在的物流需求情况的基础上。

（2）类推原则

客观事物之间可能会有着类似的构成和体系，根据已知的相似事物的构成体系可以推测出该事物的构成和体系以及发展趋势。

（3）因果原则

"因果"即相关性，客观事物从来都不是独立发展变化的，而是由很多其他因素共同作用和影响的，影响因素就是"因"，该客观事物就是"果"，物流需求预测可以简化为"知因求果"的问题。

4.1.2 物流需求预测的步骤及方法

1. 物流需求预测的步骤

物流需求预测从实质上来说是一个预测的过程，与预测其他事物不同的是，对物流需求的预测需要建立在详细分析该地区的物流供需关系基础上，因此，前期的调查研究是整个预测过程的基础。物流需求预测过程总体上分为以下五点。

（1）明确预测目的

首先需要明确的是，物流需求预测是为了给决策者提供参考意见，即预测的目的是更好地决策,只有在确定决策的指标的前提下,预测才有意义。也只有在目的明确的情况下,对资料、数据等信息的搜集才更有效率和针对性。

(2) 分析主要的影响因素

物流需求的特点很复杂,影响物流需求的因素也很复杂,而不同的影响因素对物流需求的影响力是不同的。所以,需要使用定性分析和定量分析相结合的方法,在众多影响因素中找到与具体的物流需求关系紧密的因素,这也是物流需求预测结果具有说服力的前提。

(3) 搜集梳理原始资料

充分的历史数据和原始资料是预测的重要基础。在明确了预测工作的具体内容和了解了影响预测主体的关键因素后,下一步就是使用尽可能多的方法去搜集尽可能多的数据资料。搜集来的数据资料可能既复杂又无逻辑规律性,因此需要对这些数据资料进行标准化的处理,保证数据资料具有准确性、及时性和实用性,为之后建立物流需求预测模型提供坚实的数据支持。

(4) 建立需求预测模型

一般来说,选择预测模型的依据是预测主体的数据特点,即根据预测主体自身的发展特点和影响因素的特点以及其相关的数据信息来确定具体的需求预测模型。

物流需求具有不平衡性和复杂性等特点,如果选用一个单一的预测模型是很难达到较为理想的预测精度和结果的,因此,利用相关的参数组合和一定的结构组合,将两个或两个以上的预测模型有机地结合起来,组合成优势互补的需求预测模型,不仅能弥补某个单一预测模型的不足之处,而且能发挥二者的长处,使得预测结果更为准确和有效。

(5) 分析需求预测结果

需求预测模型建立好后,还需要分析需求预测的结果,即对该预测模型的预测结果进行误差分析。误差分析,即对预测结果进行误差计算,分析造成该误差的原因,如是模型本身的问题还是外部因素所致,以此来对所建立的模型进行改进。

2. 物流需求预测的方法

物流需求预测的一般方法如图 4.1 所示。

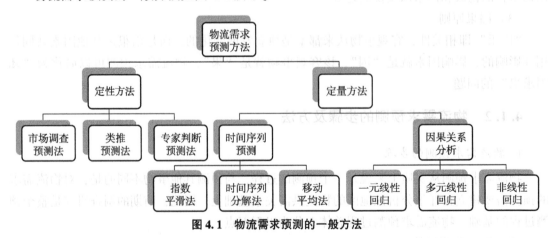

图 4.1 物流需求预测的一般方法

(1) 定性方法

定性方法预测是预测者对物流市场的相关情况进行了解和分析之后,结合对物流市场未来变化的估计，由预测者根据实践经验和主观判断做出的预测。此方法是根据人们的主观判断对事物未来发展变化的特点和相关的趋势进行的判断预测。定性预测方法一般有市场调查预测法、类推预测法、专家判定预测法三种。

1）市场调查预测法

市场调查预测法是通过对市场进行调查，搜集市场变化的最新数据，进行数据加工和预测。其调查的内容一般包括以下五个方面：市场的需求与供给调查；竞争对手情况调查；企业物流运作情况调查；物流政策法规情况调查；企业客户调查。市场调查有很多方法，如问卷、询问、直接观察、对企业自身累积资料的检索、加工、整理、应用、会议调查等。

2）类推预测法

类推预测法又分为相关预测法和对比预测法。

相关预测法是以已知的各种市场因素之间的变化为出发点，推测出预测对象的未来发展趋势。例如，从互补品的市场供求关系变化来预测产品的未来销售情况，从可替代品的市场需求变化来预测产品之间的需求情况等。

对比预测法是通过预测对象与其他类似事物或者相似事物之间的对比分析，推测出预测对象未来的发展趋势。例如，对比国外某些产品的市场生命周期、产品的更新换代和新产品的开发研制情况，从而预测我国同类产品的发展趋势。

3）专家判定预测法

专家判定预测法是预测方法中非常重要的一种方法，使用的频率较高，简单直观，适用于没有历史数据的预测分析。专家判断预测法分为头脑风暴法、德尔菲法、趋势判定预测法、计划评审技术、销售人员判定预测综合法，以及经验分析法，其中最常用的为德尔菲法。

德尔菲法的流程是：采用通信方式将所需解决的问题分别发送到各个专家手中征询意见，然后回收汇总全部专家的意见，并整理出综合意见。随后将该综合意见和预测问题再分别反馈给专家，再次征询意见，各专家依据综合意见修改自己原有的意见，然后再汇总。这样多次反复，逐步取得比较一致的预测结果。

德尔菲法依据系统的程序，采用匿名发表意见的方式，即专家之间不得互相讨论，不进行横向联系，只能与调查人员联系，通过多轮次调查专家对问卷所提问题的看法，经过反复征询、归纳、修改，最后汇总成专家基本一致的看法，作为预测的结果。这种方法具有广泛的代表性，较为可靠。

（2）定量方法

1）指数平滑法

指数平滑法可以理解成一种特殊的加权移动平均法，其提出者布朗认为时间序列通常是稳定而具有规律性的，因此时间序列可以被合理地延长，即最近的历史在一定程度上会持续下去，所以时间序列中最近的数据权值更大。指数平滑法是一种在实际工作中应用得比较多且比较实用的方法，其本质是根据时间序列的原理，利用客观事物发展具有连续性的规律，对未来的情况做出预测。按照平滑频率的不同，指数平滑法可以分为一次、二次和三次指数平滑法。其核心思想都是一致的，即预测数据的值是时间序列中之前样本值的加权和，为不同的数据样本赋予不同的权重，且遵守新数据的权值高、老数据的权值低的原则。本书以一次指数平滑法为例进行介绍。

当时间序列观察值的发展趋势围绕某一水平做随机运动,可运用一次指数平滑法进行预测分析,其计算公式为

$$S_{t+1}^{(1)} = \alpha X_t + (1-\alpha) S_t^{(1)} \tag{4-1}$$

式中,$S_t^{(1)}$ 为 t 期的一次指数平滑预测值,同理 $S_{t+1}^{(1)}$ 为 $t+1$ 期的一次指数平滑预测值;X_t 为 t 期的实际需求观察值;α 为平滑系数($0<\alpha<1$),其一般取值范围为 0.3~0.7。值得注意的是,当时间序列有较大的随机波动时,宜选较大的 α,以便迅速跟上近期的变化;当时间序列比较稳定时,适合选择比较小的 α。

只要预测值不能完全重复实际需求值,则对未来的预测就会有一定的误差。因为指数平滑预测的是平均需求,所以存在一定的预测误差。

所谓预测误差是指预测和实际需求水平的接近程度,在统计上表示为标准差、方差、平均绝对误差等。本书采用平均绝对误差作为判定预测误差的方法。平均绝对误差为每期绝对误差值的平均值。

绝对误差值 = | 实际需求观察值 − 预测需求值 |

例如,已知某公司 2018 年报告期间的货物销售量如表 4.1 所示,选择适当的平滑系数 α,指数平滑预测 2019 年 1 月的货物出库量,并计算出预测误差。

表 4.1 某公司 2018 年货物销售量数据变化

月份	货物销售量	月份	货物销售量
1	130	7	184
2	144	8	177
3	152	9	188
4	160	10	199
5	168	11	186
6	188	12	188

根据题中的已知条件,取初值 $S_1^{(1)} = X_1$,分别取 $\alpha = 0.3$ 和 $\alpha = 0.5$ 计算各时期的一次指数平滑预测值,并与实际值进行比较,求出每个预测值的绝对误差值和平均绝对误差值,计算结果如表 4.2 所示。

表 4.2 一次指数平滑预测值计算结果

月份	货物销售量	预测值 ($\alpha = 0.3$)	绝对误差值	预测值 ($\alpha = 0.5$)	绝对误差值
1	130	—	—	—	—
2	144	130	14.00	130	14.00
3	152	134.20	17.80	137.00	15.00
4	160	139.54	20.46	144.50	15.50

续表

月份	货物销售量	预测值 ($\alpha=0.3$)	绝对误差值	预测值 ($\alpha=0.5$)	绝对误差值
5	168	145.68	22.32	152.25	15.75
6	188	152.37	35.63	160.13	27.88
7	184	163.06	20.94	174.06	9.94
8	177	169.34	7.66	179.03	2.03
9	188	171.64	16.36	178.02	9.98
10	199	176.55	22.45	183.01	15.99
11	186	183.28	2.72	191.00	5.00
12	188	184.10	3.90	188.50	0.50
2019年1月	—	185.27		188.25	
平均绝对误差			16.75		11.96

2) 移动平均法

移动平均法是将最近时期数据的平均值作为预测值的一种预测方法。假设移动间隔为 $k(0<k<t)$，则 t 期的移动平均值为

$$\overline{Y} = \frac{Y_{t-k+1} + Y_{t-k+2} + \cdots + Y_{t-1} + Y_t}{k} \quad (4-2)$$

式 4-2 是对时间序列的平滑结果，通过平滑值可以预测出时间序列的变化形态和趋势。在实际的运用中，对于 $t+1$ 期的简单移动平均预测值为

$$F_{t+1} = \overline{Y} = \frac{Y_{t-k+1} + Y_{t-k+2} + \cdots + Y_{t-1} + Y_t}{k} \quad (4-3)$$

鉴于移动平均法仅对近期的数据进行分析，因而主要适用于对较为稳定的时间序列进行短期的预测。在实际的应用过程中，移动平均法对原数列有修匀和平滑的作用，k 值越大的情况下，对数据修匀的作用越强，但是预测同时原序列的信息会减少，因而确定合理的移动间隔在实际问题中具有十分重要的意义。

例如，已知某公司 2018 年报告期间的货物销售量如表 4.1 所示，分别取移动间隔 $k=3$ 和 $k=5$，计算各期货物销售量的预测值和绝对误差值，并对 2019 年 1 月货物销售量进行预测。

根据公式 4-3，取移动间隔 $k=3$ 和 $k=5$，得出该公司销售量的移动平均预测值如表 4.3 所示。

表 4.3　某公司销售量的移动平均预测值

月份	货物销售量	预测值 ($k=3$)	绝对误差值	预测值 ($k=5$)	绝对误差值
1	130	—	—	—	—
2	144	—	—	—	—

续表

月份	货物销售量	预测值 ($k=3$)	绝对误差值	预测值 ($k=5$)	绝对误差值
3	152	—	—		
4	160	142	18	—	—
5	168	152	16	—	—
6	188	160	28	150.8	37.2
7	184	172	12	162.4	21.6
8	177	180	3	170.4	6.6
9	188	183	5	175.4	12.6
10	199	183	16	181	18
11	186	188	2	187.2	1.2
12	188	191	3	186.8	1.2
2019年1月	—	191		187.6	
平均绝对误差			11		14.1

3) 线性回归分析法

回归分析法是一种统计学上用来分析数据的方法，重点在于考察两个或两个以上变量之间的相互关系，并通过建立适当的数学模型将变量之间的关系表达出来，进而通过观察一个或几个特定变量来预测需要研究的变量。在数理统计分析中，进行回归分析时，被预测或被解释的变量称为因变量，用 Y 表示；用来预测或用来解释的变量称为自变量，用 X 表示。线性回归分析方法是指因变量与自变量之间存在线性依存关系，利用各种线性关系来对数理统计中的数据及研究内容进行预测研究的一种分析方法。实际应用中，按照自变量的数量不同，线性回归分析法可分为一元线性回归法和多元线性回归法。目前，该方法运用非常广泛。本书主要介绍的是一元线性回归。

在回归分析中，如果变量之间的回归方程为线性方程，则称之为线性回归方程，如果方程中只存在一个因变量和一个自变量，将其称为一元线性回归方程。其数学模型为

$$Y = a + bX \tag{4-4}$$

式中，Y 为库存需求量；X 为影响库存需求量的因素；a、b 为回归方程中待定系数。

$$b = \frac{\sum_{i=1}^{n} x_i y_i - n\overline{xy}}{\sum_{i=1}^{n} x_i^2 - n\overline{x}^2} \tag{4-5}$$

$$a = \frac{\sum_{i=1}^{n} y_i}{n} - \frac{b\sum_{i=1}^{n} x_i}{n} \tag{4-6}$$

4.2 库存与库存管理概述

计划是库存管理的核心，库存是计划执行的结果。计划中包括了需求预测、客户订单、原料供应、生产计划等。因此需要经过这些环节来完成库存的设计。库存是指企业所有资源的储备。库存具有两面性：一方面，它是销售的前提，没有库存，正常的销售和流通就不能维持；另一方面，库存又是负担，占用资金，既有资金使用成本，又有库存保管成本。因此，库存不能没有，但是也不能过多。日本人将库存比喻为湖水，将企业经营过程中存在的问题比喻成水中的石头，如果库存太高，则掩盖了企业经营过程中的诸多问题，一旦库存降低，则会慢慢地暴露出企业生产经营过程中存在的各种各样的问题。由此就可以理解库存管理的两个目标：保障供应和降低成本。

科学的库存管理可以降低企业成本，提高效率，增加利润。库存管理的核心是库存控制。库存管理中降低成本、提高效率这两大目标都是通过库存控制实现的。

4.2.1 库存的基本概念

1. 库存的含义

库存指企业在日常经营活动过程中持有用于后续生产的物料，或用于商品流通的货品，是社会创造财富成果的主要呈现方式。按其形态主要分为原料、半成品、完工产品。也可以把库存理解成企业为了将来的目的而暂时闲置的资源，供应链中的库存包含了在制、在途和仓库中的原材料、半成品、产成品以及发出商品等。

随着全球市场竞争越发激烈，客户需求向多样化、个性化、定制化发展，与之相伴随的是交货期限缩短，采购周期、生产周期变长，资金占用较大。在市场价格基本确定的基础上，要提高公司的盈利能力，提升企业的核心价值，库存管理的可持续发展是企业首先要考虑的方向。以我国制造业为例。制造业作为我国经济发展的基础，原材料采购以及成品的加工制造和库存管理存在着密不可分的关系，不仅关系到制造企业的成本控制及日常生产运营，更直接关系到制造企业的经营战略目标的实现。库存过高，企业将要消化前期库存而陷于被动。库存过低又会影响企业的市场扩张。在零部件库存决策方面，不合理的库存会造成不必要的资源浪费，增加总成本。所以有效精准地预测库存并进行合理的控制，消除传统库存管理中的信息失真，协调经营各节点企业库存，对实现共同承担风险制，使企业利润最大化具有十分重要的意义。

现代管理学，包括 JIT（准时制生产）理论都认为零库存是最理想的库存管理方式。众所周知，库存占用资金，库存价值越大，占用的企业资金越多，企业所承担的融资成本会越高；然而是否各类型企业都适合进行零库存管理呢？答案也未必。

在制造企业中，企业所处的行业、企业的规模、外购品的价格异动、商品的瓶颈属性、产品的生产制造周期都会对企业实行"零库存管理"形成制约。

正常情形下，企业为了快速满足客户需求的交付和应对外购品季节性的价格调整，保持生产连续性，以及在生产、物流和分销过程中，利用批量经济规模降低成本，都会考虑保持一定的存货。低水平的库存固然能提高库存周转率，但如果不能及时响应客户需求，也容易引起销售的损失，降低需求的规模。因此，对于制造业而言，持有"合理的库存"是有必要的。

2. 库存产生的原因

(1) 销售计划不准确

一般情况下，库存的需求是根据销售需求来倒推算的，但影响销售目标达成的因素非常多，有宏观经济、微观经济环境，有企业内部的经营战略、策略，以及人为失误等情况。特别是服装行业，市场竞争激烈，销售量受产品风格、款式、价格等因素影响较大，季节性明显，并且服装产品种类众多，时尚流行难以预测，消费者需求变化又快，这些给销售预测带来很大的挑战。在鞋服行业，传统经营模式的销售计划比较粗简，与消费需求脱节严重，很多都是凭经验、感觉做销售计划。传统订货模式依赖分销商而不是消费者提供市场信息。这种模式下，由真正的需求变成产品需要比较长的时间。国内大多数生产商从接单到成品上市平均需要90天时间，有的能达到120多天，这导致很多商店销售的都是上一季的流行款式。

(2) 需求逐渐放大

大型集团企业供应链节点多、组织层级复杂，各单位在编制需求时，往往会本着"就多不就少"的原则，最终汇总的需求已比实际需求大了很多，这种现象称为"牛鞭效应"。在中国服装行业，这种情况比较普遍。需求原本就不好预测，如果组织层级复杂，管理不严谨，再加上"牛鞭效应"，会使得各级实际需求又被逐级放大，这样就造成了大量的存货。这也是当前传统模式最大的问题。

(3) 库存信息不准确

在实际工作中，账与实物对不上的情况时有发生。账实不符可能会错失销售机会，或错误地重复下单补货增加库存量。库存信息不准确主要是由于信息化技术不够完善，靠人工去管理庞大复杂的库存数据，难免出现差错。

(4) 库存资源没有相互共享

由于地域、季节气候性差异明显，消费需求与生产产品会有差异性。如果能实现库存共享，各分销商、零售商之间能友好合作，就可以通过需求调配，实现库存价值利用最大化。这种模式有点类似于共享经济概念。但在实际经营过程中，各方的利益平衡、管理架构、合作机制都将面临很大困难。共享库存能减少由于市场的快速变化而导致的库存积压，但共享库存需要信息系统支持，没有资源共享的平台，库存管理与优化只能在局部单位完成。

3. 库存的作用

关于库存，有这样一种说法："库存是一个必要的恶魔。"也就是说，库存的存在有利有弊。

(1) 库存的积极作用

在不同情况下，企业对库存的选择不同。一般而言，库存的积极作用包括以下内容。

1) 能够预防不确定性

库存能够预防不确定的、随机的需求变动以及订货周期的不确定性。拥有库存可以预防需求与供应的波动。当销售需求增大，而又不能及时增加生产量适应这个变化时，库存可以提高用户服务水平，即持有一定量的库存有利于调节供需之间的不平衡，保证企业按时交货和快速交货，能够避免或减少由于缺货或供货延迟带来的损失，这对于企业改善顾客服务质量有重要作用。

2）保持生产的连续性、稳定性

如果供应商的供应不确定时，原材料安全库存可以使生产过程正常进行。一旦发生停工待料的事件，将影响企业正常生产经营活动的有序进行，给企业造成巨大的损失。

3）使企业能够实现规模经济

大批量的采购可以降低采购次数、避免价格上涨、获得价格折扣。因此，合理的库存数量基于经济订货批量，可以降低总费用。

4）满足需求变化

利用产成品的预期库存满足如季节性需求、促销活动、节假日等的需求变化，避免打乱正常的生产秩序。

5）客观的要求

在途库存是根据产成品从生产者到中间商及最终消费者手中所需要的时间及数量而确定的库存。由于生产者、中间商、最终消费者常常不在同一地理位置，因此需要一定量的在途库存，以保证生产经营活动连续、有序进行。

（2）库存的消极作用

库存给企业带来好处的同时，也会给企业带来消极作用。

1）占用大量资金

企业保持一定的库存可以帮助企业进行生产经营，但是如果库存保持过量，形成库存过剩的现象，将会影响企业的经济效益。过剩库存和呆滞库存既不能在有效的时间里创造经济效益，还占用企业资金，时间久了还有很大的贬值风险。这也是一些品牌商品打折销售去库存的根本原因。

2）发生库存成本

库存成本是指企业为持有库存所花费的成本。库存成本包括：占用资金的利息、储藏保管费、保险费、库存物品价值损失费用等。

3）带来其他一些管理上的问题

当废品率和返修率很高时，一种很自然的做法就是加大生产批量和在制品、完成品库存，这样就可能掩盖产品或零部件的制造质量问题。高库存还可能掩盖供应商的供应质量差、交货不及时等问题。

4. 库存的分类

从不同的角度，可以将库存分为不同的种类。

（1）按其在企业物流过程中所处的状态分类

按其在企业物流过程中所处的状态进行分类，库存可分为原材料库存、在制品库存、维护/维修库存和产成品库存。

1）原材料库存

原材料库存是指企业通过采购和其他方式取得的用于制造产品并构成产品实体的物品，以及供生产耗费但不构成产品实体的辅助材料、修理用的备件、燃料和外购半成品等。主要用于支持企业内制造或装配过程。这部分库存是符合生产者自己标准的特殊商品，存在于企业的供应物流阶段。

2）在制品库存

在制品库存是指已经过一定生产过程，但尚未全部完工，在销售之前还要进一步加工的中间产品和正在加工中的产品的库存。它存在于企业的生产物流阶段。

3）维护/维修库存

维护/维修库存是指用于维修与养护所需经常消耗的物品或部件的库存，如石油润滑脂和机器零件的库存。

4）产成品库存

产成品库存是指准备运送给消费者的最终产品的库存。这种库存通常由销售部门或物流部门来控制。它存在于企业的销售物流阶段。

(2) 按库存的目的分类

按照库存的目的分类，可以将库存分为经常库存、安全库存、在途库存、季节性库存和投机性库存。

1）经常库存

经常库存是指企业在正常的经营环境下，为满足日常的需要而建立的库存。这种库存随着每日的需要而不断减少，当库存降低到订货点时，就要订货来补充库存。

2）安全库存

安全库存是指为了防止不确定因素而准备的缓冲库存。不确定因素主要包括：大量突发性订货等可能发生的不测变化，因设备故障而导致停工等一些不可抗力因素。

3）在途库存

在途库存指正处于运输中的库存，或停放在相邻两个工作地之间或相邻两个组织之间的库存。这种库存是一种客观存在，而不是有意设置的。

4）季节性库存

季节性库存是指为了满足特定季节出现的特定需要而建立的库存，或是指对季节性出产的原材料（如大米、棉花、水果等农产品）在出产的季节大量收购所建立的库存。

5）投机性库存

投机性库存是指为了规避物价上涨造成的损失或者为了从商品价格上涨中获利而建立起来的库存，这类库存具有投机性特点。企业可以在低价时大量购进某些物资而实现成本的节约，或者对预估要上涨的存货进行额外数量的采购，由此产生的库存为投机性库存。

(3) 按用户对库存的需求特性分类

按用户对库存的需求特性，库存可分为独立需求库存与相关需求库存。

1）独立需求库存

独立需求库存是指与其他种类的需求无关的需求库存，表现出对这种库存需求的独立性。从库存管理的角度来说，独立需求是指那些随机的、企业自身不能控制，而是由市场所决定的需求，这种需求与企业对其他库存产品所作的生产决策没有关系，如用户对企业最终完成产品、维修备件等的需求。独立需求库存无论在数量上还是在时间上都有很大的不确定性，但可以通过预测方法粗略地估算。

2）相关需求库存

相关需求库存是指与其他需求有内在相关性的需求库存，根据这种相关性，企业可以精确地计算出它的需求量和需求时间。例如，用户对企业完成品的需求一旦确定，与该产品有关的零部件、原材料的需求就随之确定，对这些零部件、原材料的需求就是相关需求。

对于独立需求库存，由于其需求时间和数量都不是企业本身所能控制的，只能采用"补充库存"的控制机制，将不确定的外部需求问题转化为对内部库存水平的动态监视与补充的问题。

4.2.2 库存管理

1. 库存管理的定义

库存管理（Inventory Management）也称作库存控制（Inventory Control），是对储备资源进行管理和控制。从微观角度来看，库存管理是以保证仓库中物资进出相符为目标的经济管理，旨在提高物流效率，减少库存量，降低企业成本，提高经济效益。从宏观角度来看，库存管理是优化物流、资金流、信息流的方法，通过计算机或信息系统复制等手段合理制定企业库存管理策略，从而降低资金积压率，并提高企业的对外服务水平。

库存的合理控制对企业产生积极效用；反之，库存的不合理控制将会对企业产生消极影响，如占用企业资金成本、造成企业资金流通不畅、企业利润回报缓慢等。总之，一个企业需要合理的库存控制，从而保证库存满足正常需求量，同时减少库存量，降低库存成本，进而提高企业营运效益以及对外服务品质。

2. 库存管理的方法

库存管理是企业管理的难点，库存能否控制得好，是企业管理水平的体现。由于库存管理工作比较困难，需要借助科学的理论方法与现代化的管理工具。如何实现精确库存管理，提升服务水平，是企业、专家一直在探索研究的课题。近年来兴起集合式、系统化的供应链管理模式，通过系统集成将企业整体各个环节联系起来，从而打造成一个集成化的功能网链结构的管理模式。

（1）ABC 分类管理法

ABC 分类管理法是 1951 年由通用电气公司的迪克首先提出的，是经济学中的帕累托原理在库存管理中的一种应用。因此 ABC 分类管理法也叫作帕累托分析法，它是根据事物在技术和经济方面的特性进行分类排队的过程，分清楚重点和一般，从而区别地进行管理方式选择的一种方法。此方法把被分析对象分成 A 类、B 类和 C 类，实施过程一般分为五个步骤。

1）收集数据

针对不同的分析对象和分析内容进行相关数据的收集。例如，分析产品的销售额时，应对产品的销售量和销售单价等方面的数据进行收集。

2）统计汇总

即对收集的数据进行整理和加工，按照要求进行计算和汇总，包括特征数值、特征数值占总计特征数值的百分比、累计百分比、品目数及其占总品目数的百分比、累计百分比等。一般以平均库存乘以单价，计算出各种物品的平均资金占用额。

3）编制 ABC 分类表

ABC 分类表栏目构成如下：第一栏是物品名称或物品序号，第二栏是物品的品目数累计，第三栏是品目数累计百分比，第四栏是物品单价，第五栏是平均库存，第六栏是平均资金占用额，由第四栏和第五栏的数据相乘得到，第七栏是平均资金占用额累计，第八栏是平均资金占用额累计百分比，第九栏是分类结果录入栏。

制表步骤为，将计算出来的平均资金占用额，按照从高到低的顺序，填写在第六栏中。以此栏为基础栏，将第一栏物品名称、第四栏物品单价、第五栏平均库存、第二栏品目数累计填写在对应的表格中。然后计算并填写第三栏品目数累计百分比，计算并填写第七栏平均资金占用额累计和第八栏平均资金占用额累计百分比，最后根据第三栏和第八栏的内容，得出第九栏分类结果。具体如表 4.4 所示。

表 4.4　ABC 分类表

物品名称①	品目数累计②	品目数累计百分比③	物品单价④	平均库存⑤	平均资金占用额⑥=④×⑤	平均资金占用额累计⑦	平均资金占用额累计百分比⑧	分类结果⑨

4）ABC 分类

按照 ABC 分类表，以品目数累计百分比为横坐标，以平均资金占用额累计百分比为纵坐标，根据表 4.4 第三栏和第八栏的数据在坐标图上取点，并连接各点，绘制成 ABC 分类曲线。其中，平均资金占用额累计百分比占比 70%~80%、品目数累计百分比占比 10%~20% 的物料划分为 A 类，进行重点管理；平均资金占用额累计百分比占比 20%~30%、品目数累计百分比占比 20%~30% 的物料划分为 B 类，进行次要管理；平均资金占用额累计百分比占 10% 左右、品目数累计百分比占比 60%~70% 的物料划分为 C 类，进行一般管理。

5）管理方法

A 类物品严格控制：尽可能缩短订货提前期，对交货期限加强控制；科学设置最低定额、安全库存和订货点报警点，防止缺货发生；与供应商和客户共同研究替代品，尽可能降低单价；制定应急预案，补救措施等，每天都要进行盘点和检查。

B 类物品一般控制：每周进行盘点和检查，按购销情况、出入库频度，中量采购即可。

C 类物品简单控制：每月循环盘点一次，一般保管即可，对于积压物品和不能发生作用的物料，应该及时清理。

（2）经济订货批量法

经济订货批量（Economic Order Quantity，EOQ）法是通过平衡采购进货成本和保管仓储成本，确定一个最佳订货数量来实现最低总库存成本的方法。用经济订货批量方法，不但可以确定订货量，而且可以确定订货周期。

1）基本假设

①连续、稳定、已知的需求率。

②订货提前期不变。

③与订货数量或时间无关的稳定的采购价格。

④与订货数量或时间无关的稳定的运输价格。

⑤所有需求都能够满足。

⑥每批订货一次入库，入库过程在极短时间内完成。

⑦只有一种产品库存或者至少产品之间无相关性。

⑧资金能力方面无限制。

2）库存成本分析

库存管理的目标之一就是对库存成本进行有效的控制。库存成本是决策者进行决策时主要考虑的因素。

①库存持有成本。

库存持有成本是指为保管物资而发生的费用，包括存储设施的成本、搬运费、保险费、税金和资金的机会成本等。每次订货量越大，库存量越大的时候，库存持有成本越大。

②订货成本。

订货成本是指进行一次订货所发生的费用，包括差旅费、运输费、通信费以及跟踪订单系统的成本等。订货成本与每次订货量的多少无关，主要受订货次数的影响，在一定需求量的情况下，每次订货量越少，订货次数越多，全年的订货成本越大。

③采购成本。

采购成本是指采购一批物资所发生的费用，一般是由采购量和单位采购成本来确定。在不考虑数量折扣的情况之前，采购数量越多，单位采购成本越大，则采购成本越高。

3）EOQ 模型

库存总成本由采购成本、订货成本和库存持有成本组成，计算公式如下：

库存总成本（TC）= 采购成本 + 订货成本 + 库存持有成本

$$TC = DP + \frac{DC}{Q} + \frac{QK}{2} \tag{4-7}$$

其中：D——某库存产品的年需求量（件）；

P——单位采购成本（元/件）；

C——单位订货成本（元/次）；

Q——每次订货批量（件）；

K——单位商品年保管成本（元/件），$K = PF$，F 为年仓储保管费用率；

TC——年库存总成本（元）。

为了使库存总成本最小，根据库存总成本的计算公式对 Q 求导，并令一阶导数为零，得到经济订货批量的计算公式为

$$\text{EOQ} = \sqrt{\frac{2CD}{K}} \text{ 或 } \text{EOQ} = \sqrt{\frac{2CD}{PF}} \tag{4-8}$$

则年总库存成本： $TC = DP + \sqrt{2KCD}$ 或 $TC = DP + \sqrt{2CDPF}$ (4-9)

年订货次数: $$N = \frac{D}{\text{EOQ}} \tag{4-10}$$

平均订货间隔期（一年按照360天计算）: $T = \dfrac{360}{N}$ (4-11)

(3) MRP 库存管理法

1) MRP 的产生与发展

MRP（Material Requirements Planning）即物料需求计划，该理论大约是在 20 世纪中期提出的，适合生产制造型企业。该模型主要是依据市场需求和生产计划，推算出物料采购需求计划，确保生产计划正常进行。工业经济时代制造型企业间相互竞争的本质就是产品生产成本上的竞争，而规模化生产是降低生产成本的主要方式。由于生产力的发展和技术的空前进步，规模化生产给制造业带来了许多困难，主要体现在：生产原料供给不足或者是无法准时供应；产品生产周期过长且难以调控，劳动生产率大幅下降；资金周转期过长且使用效率不高；市场和客户需求瞬息万变，使得企业经营计划难以协调等。总之，降低成本的主要矛盾体现在库存的积压与短缺的问题上。

为了解决这个问题，美国生产与库存控制协会于 1957 年开始进行生产库存控制方面的研究与理论传播。直到 20 世纪 60 年代计算机开始商业化应用后，第一套 MRP 软件问世并开始应用于企业物流管理工作中。

MRP 是一种推式生产计划，相对库存比较高。MRP 具有需求相关性、需求确定性、计划复杂性的特点，所以使用该方法需要确切的数据信息。随着 MRP 管理不断探索，经过一段时间的发展，出现了 MRP II 理论。该理论是以生产计划为中心，整合了企业其他资源，保持生产的正常运转，以最低的成本维持生产计划完成。该理论首次出现整合、系统、协调等重要理念，为以后其他理论的发展打下了基础。

2) MRP 工作原理

MRP 的基本原理和运作机制可以概括为：MRP 的基本任务是从最终产品的生产计划（独立需求）中计算出相关物流（原材料、零部件等）的需求量和需求时间（相关需求），并根据物料的实际需求和生产（订货）周期来确定其开始生产（订货）的时间。如图 4.2 所示。

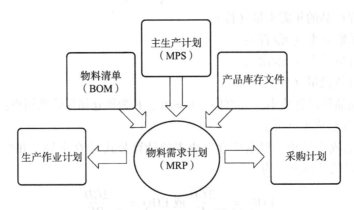

图 4.2 MRP 原理逻辑流程

MRP 的主要内容是对零部件的生产计划和采购计划进行编制。然而要准确地编制零部件计划，需要提前做好产品的生产进度计划，用 MRP 的术语来说就是主生产计划，这是 MRP 展开的根本依据。MRP 只有了解产品的零部件结构即物料清单，才能将主生产计划转换成零部件计划；另外还需要知道库存数目才能准确计算出零件的采购数量。MRP 的依据是主生产计划、物料清单和库存信息。MRP 反映了按需定产的思想理念，体现了为客户服务的宗旨。

①物料清单。

物料清单（Bill of Materiais，BOM）是 MRP 的重要文件，几乎全部的管理部门都要用到它。它具体包括物料的结构层次、物料的编号、物料名称、计量单位、规格、成品率、提前期（累计提前期）、来源类型，另外，还标注有效期（生效期或失效期）。物料清单文件列表具有层次结构，它显示每完成一个产品所需下一层次的各项数量（组件和构件的数量）。根据物料清单表可以确定产品所需零部件的数量、时间及相互间的关系。

②主生产计划。

主生产计划（Master Production Schedule，MPS）是确定单位时间内生产产品数量的计划。单位时间内生产的产品是指企业即将要出厂的产成品，它要具体到产品的类型、型号。这里的单位时间内，通常以周为单位，在某些情况下，也可以是日、旬、月。主生产计划详细规定什么时候生产，什么时候出产，它是独立的需求计划。主生产计划根据客户订单和市场预测，把经营计划或生产大纲中的产品具体化，使之成为物料需求计划展开的主要依据，起到了从综合计划向明细计划过渡的作用。

③产品库存文件。

产品库存文件包含原材料、在制品、零部件和产成品的库存量。根据物料需求计划计算所需物料的数量，优先考虑库存，其后才是采购不足的部分。由 MRP 逻辑流程可见，根据主生产计划产生 MRP，再参考物料清单对物料需求进行展开，与产品库存文件进行校对，生成生产作业计划和采购计划后，就可以进行采购和产品生产。

3）MRP 采购特点

①需求相关性。

MRP 采购是针对具有相关需求物资的采购方法，其需求之间是相关的，需求的品种和数量是相关的，需求和资源之间是相关的，需求时间也是相关的。

②需求的确定性。

MRP 采购计划是根据主生产计划、物料清单、库存文件和生产时间或订货进货时间计算出来的，其需要的时间和需要的数量都是确切的，不能够随意改变。

③计划的精细性。

MRP 采购计划从主产品到零部件，从需求数量到需求时间，都是有充分根据的，按照出产的先后顺序，按照计划严格执行，才能够保证主产品出产计划如期实现。计算过程较为复杂，需要借助计算机计算完成。

（4）JIT 库存管理法

1）JIT 的产生与发展

JIT（Just In Time）产生于 1973 年，即"准时制""零库存"管理理念。20 世纪由日本丰田汽车公司推出的一种库存管理方式。"零库存"是按照订单制造需求计划要求，对生产物料实施控制。在准确的生产计划下，由供应商提供准确的物料，实现生产与材料采购的准时准量对接。该模式通过生产商与供应商长期分工合作，通过降低库存—暴露问题—解决问题—再降低库存—再暴露问题—再解决问题，形成良性循环。零库存是一种理想的库存管理目标，在实际操作过程需要非常先进的供应链合作体系。由于零库存管理对供应商的要求非常高，为配合制造商的零库存管理模式，许多上游的材料商通过增加备货来保证供应。上游供应商为了应对下游客户需求变化带来的压力，不得不增加备用库存。增加库存就会增加成本，上游供应商最终会把成本转移到下游客户端。所以零库存模式只是局限于一定范围的目标控制，整个上下游的供应链成本效益降到最低无法实现，该模式只是把库存在供应链各个节点进行转移而已，由原先的下游不断向上游推移。

JIT的管理方式能够有效地调控各生产环节生产产品的品种、数量、时间，消除了生产环节的过量生产，实现所谓的无库存生产，有助于缩短产品生产周期，降低过量生产和提高生产系统柔性。JIT模式下的生产系统是一种由客户需求牵引的拉动式生产系统，由客户订单来拉动整个生产运作的全过程，能保证生产过程中不多生产不需要的产品，从而避免了浪费。

2）JIT的特点

JIT与普通的采购模式相比，还是有着很大的区别：

第一，源头供应比以往的要少。通过JIT模式的介入，企业能更加轻松、有效地管控货物供应商，并且还能增加相互之间的联系，保证企业平稳运行。

第二，信息的高度共享。采取JIT模式首先要确保供应商与企业之间的信息共享程度、信息的有效性以及信息的可操作性。

第三，交货的准时性。JIT模式下的采购是与企业的生产计划紧密联系的，因此货物交付的快慢对企业生产有着很大的影响。

第四，小批量采购。货物的小批量采购是JIT模式的一个特点，会造成企业在运输成本上的花费以及货物运输次数无形的增加，对供应商要求较高，需要供货商采取合理的方式及时交付货物。

3）JIT库存控制

JIT库存控制是JIT采购的关键部分，是通过对库存设定采购批量以及订货点，在库存进入订货点之后指出采购内容来管控原料库存。JIT库存控制涉及有关采购批量、安全库存等的采购模型。JIT库存控制模型是在之前采购模型的基础上，融合JIT采购特征创建完成。该模型从供应链层面着手，把采购商和供应商融合在一起，修订便于两者的采购方案。

4.3 供应链环境下库存管理方法

4.3.1 供应商管理库存

1. 定义

根据我国国家标准《物流术语》的定义，VMI是指"供应商等上游企业基于其下游客户的生产经营、库存信息，对下游客户的库存进行管理与控制"。VMI是Vendor Managed Inventory 的简称，即供应商管理库存。供应商管理库存的内容简单说即供应链上游与下游企业共享需求信息或库存水平信息，供应商根据这些信息并结合协议中双方约定的存货标准补充下游企业的库存。企业实行供应商管理库存的主要目的是降低自身库存管理成本，但实际上供应商管理库存不仅可以降低企业自身的库存管理成本，还会使上游供应商盈利。这是因为供应商管理库存中企业自身的库存信息是实时更新的且上游供应商可以看到库存情况，所以供应商可以根据这一信息实时供货，减少了信息由于时间延迟性而导致的时效性降低。由于 VMI 供应链上各企业之间是信息共享的，供应链中的上下游企业都能及时掌握信息，这使得合作的企业间可以实现共赢。

VMI 是一种以客户和供应商双方达成库存管理合作协议，由供应商负责管理库存，客户方进行监督和改进建议，双方都以最低成本为目标，在一个共同的协议下，使库存管理得到不断优化的一种合作性模式。这种库存管理策略改变了原有的企业经营模式，把过去企业各自的库存统一起来，体现了供应链管理的集成化模式，以适应市场变化要求。VMI 是一种创新型的供应链库存管理思想，体现了以客户为需求服务导向的管理理念。

不过需要特别注意的是，由于这是双方签订的协议，所以协议的精确执行就显得格外重要，这也就要求协议双方做好监督，并根据实际情况实时更新和调整协议内容，从而使库存管理水平获得不断的提升。现在 VMI 在分销链中的地位非常重要，所以它越来越受重视，也有越来越多的人了解到其重要性和意义。

VMI 管理模式是从快速响应（Quick Response，QR）和有效客户响应（Efficient Customer Response，ECR）基础上演变而来的，其核心内容是通过客户实时的库存信息共享，掌握库存消耗、库存变化、安全库存需求等因素，来预测库存进行补货管理。这种管理模式，改变了原来对库存预测的局限性，能让供应链的库存得到最佳的管理控制。VMI 非常适合分销商模式，因此被很多商业连锁品牌企业所推荐使用。20 世纪末期，美国宝洁公司与沃尔玛商业连锁公司成功实施这种模式。VMI 库存管理模式需要有效的信息系统支持，要及时准确地提供信息。合作双方要相互信任，因为涉及库存所有权与管理权的配置问题。

2. 特点

VMI 与传统的库存管理方式不同，它强调协议双方的双赢以及管理目标的特殊性。这一特性要求供应链库存管理要实现的是整个供应链上的效益最大化，创造多赢的管理效应。因此，与传统库存管理相比，VMI 特别关注了涉及供应链上下游企业的核心竞争力，又因为 VMI 中企业之间是建立在长期合作、信息共享的基础上，这也就给了协议中上下游企业更深一步合作的可能性。具体特点如下：

（1）各合作方协同合作创造企业新价值

供应商管理库存要求供应链中签订协议的双方——即上下游企业需要转移库存所有权和管理权，主要是买方（库存所有权的一方）将库存所有权和管理权转移到卖方（上一级供应商）。买卖双方这么做就要求双方有绝对的信任，这也就要求双方必须合作才行，所以 VMI 的成功实施，会直接促进企业之间信任度的提升。

（2）双方实现了互惠互利

企业实施 VMI 的目的是降低库存管理成本，最终的目的是实现更多的盈利。为了实现双赢的目的，需要考虑比较重要的两方面：第一点就是协议双方降低双方库存成本的方法；

第二点就是双方就成本费用分配问题需要自行协商。供应商管理库存需要双方坦诚合作，因为涉及企业的核心信息，所以任何只顾自己一方利益的做法都会影响 VMI 的实施效果。因此为了最终实现企业降低成本增加利润以及实现双赢的目的，双方需要基于供应链的思想去实施 VMI。

（3）供应链上下游企业沟通性增强

实施 VMI 需要双方的积极合作，因为信息的共享使双方的反应快速化，这样协议双方也就不会因为沟通不畅而导致库存成本升高的情况。所以双方的持续沟通是充分发挥 VMI 效果的推动力，供应链中上下游企业的沟通性增强。供应链中的上下游稳定，最终使企业自身交货时间可靠稳定以及交货期缩短，最终实现供应链中上下游企业的双赢。

（4）协议双方行为更加规范

实施 VMI 需要供应商与下游企业之间签订双方协议，协议中会明确规定双方的责任与义务。为了提高操作的可行性，具体的合作事项都会通过框架协议明确规定。一旦任何一方违背了双方签订的协议，则基于合约精神将会受到严厉的惩罚。

（5）企业管理水平的不断完善

VMI 实施中的供应商和下游企业会在协议约定下允许供应商设立库存，但是因为供应链内外的环境以及企业面临的内外环境也是随时变化的，所以 VMI 的内容需要不断优化改进。只有这样才能使库存成本降低，运用 VMI 的企业才可以获得高水平服务以及资金流的改变、企业利润的提高。与此同时，企业通过自身对需求的精准预估使自身成本降低，还可以缩短供货时间，这样企业可以更加有效地控制库存和满足客户需求。

虽然 VMI 的实施给企业带来诸多好处，但事物都有其两面性，VMI 带来诸多好处的同时，也会给企业带来一些问题。例如，企业实行供应商管理库存，这要求双方之间的信任度非常高，因为涉及库存信息的透明，以及企业的核心机密，所以真正实施起来难度还是很大的。虽然企业在实行 VMI 时把库存管理交给了供应商，自身库存成本降低，但是上游供应商的库存成本加大，所以这相当于把自身的压力转给了供应商，等等。不过总体上来说企业实施 VMI 是利大于弊，VMI 可以用来降低库存量，改善库存周转，进而优化库存水平。

4.3.2 联合库存管理

联合库存管理（Jointly Managed Inventory，JMI）是一种基于 VMI 发展起来的责任共担、利益共享的库存管理方法。JMI 体现的是企业之间的相互协调，通过建立协调管理中心共同制订计划。

1. JMI 的思想

JMI 是一种在 VMI 基础上发展起来的库存管理升级版，是企业上下游共同管理库存的一种模式。这种模式解决了双方对库存管理风险与收益之间的平衡问题，体现了战略供应商联盟的新型企业合作关系。JMI 的主要策略是强调分销商、供应商之间在共同的约束条件下，把供应链各节点上的库存做统一管理、统一控制。由于供应链上的各个节点共同参与制订库存需求计划，因此各方都能做出最科学的库存计划，保持各节点之间对库存需求协调统一，从而消除了过去因各节点需求计划逐级滚动放大而造成实际库存大于需求的现象。需求计划在各节点传递汇总的过程中，会逐渐被放大，最终汇总的需求大于各节点的实际需求汇总这种现象被称为"牛鞭效应"。

JMI 模式进一步解决了 VMI 模式的缺陷，统一了供应链上分散库存管理及管理归属权限配置问题，改善了供应商单独承担库存风险的运营模式，有效提高了供应链各方共同合作协调管理的程度。

JMI 强调的是从供应链整体出发，各节点企业之间相互合作，共同制订库存计划，供应链上所有企业都需参与。由于供应链上每个成员都需从相互之间的协调性考虑，这就使得任何节点之间的需求都保持一致，从而消除了需求逐级放大现象，降低了企业居高不下的库存量。

与传统的供应链过程模型相比，JMI 模型打破了企业各自为政的库存管理方式，供应链上下游企业共同参与制订计划，减少了需求信息扭曲现象发生，降低了库存成本，为实现供应链的集成化运作提供了保证。同时，JMI 体现出各节点企业的高度协作，提升了供应链的运作效率和稳定性，各组织之间通过建立协调管理机制进行风险和利益的权衡，明确利益分担与分配。所以说，联合库存管理是一种风险共担、利益共享的管理模式。

2. JMI 的优势

JMI 不仅可以提高供应链的运行效率，还可以降低物流成本。JMI 通过把供应链上下游划分为两个协调中心，消除了由于需求信息扭曲带来的"牛鞭效应"，提升了供应链的稳定性。传统的库存管理模式下，供应链上所有节点企业都保有自己的库存，而如果核心企业分厂增加，配送路线将成倍增加，显然这会大大增加物流成本。

JMI 将多库存点的库存转化为由核心企业管理库存的模式，简化供应链管理的运作程序。JMI 模式下，供应商直接把库存放置在核心企业库房中，保证了核心企业对物料的统一调度，统一控制，提升了效率。JMI 的优势可以归纳为以下几点。

（1）成本优势

JMI 模式可通过企业之间的信息共享缩短提前期，降低库存水平，减少缺货，从而降低供应链库存总成本。

（2）信息优势

很多企业的库存管理出现问题就是由于缺乏信息沟通，JMI 模式是通过建立战略合作伙伴关系，使供应链上下游企业信息共享，供应链上游企业可及时获得下游企业的需求，从而使供应链围绕客户展开活动。

（3）战略联盟的优势

JMI 的实施需要供需双方本着互惠互利原则，从供应链整体角度考虑，双方互相信任，建立战略合作伙伴关系，所有企业从中获利，实现共赢，所以采用 JMI 模式能加强企业之间的联系，使其他竞争者很难模仿这种合作模式，为企业带来竞争优势。

（4）物流优势

JMI 模式打破了传统企业各自为政的物流局面，体现了供应链的集成化思想，强调上下游企业共同参与制订库存计划，能够很大程度上削弱"牛鞭效应"和库存过高带来的影响。

3. JMI 的实施策略

（1）建立一套有效的协调管理机制

为了保证 JMI 模式的顺利实施，充分发挥其作用，供需双方应从合作的角度出发，建立一套有效的协调管理机制，通过该机制的协调作用，明确供需双方的责任；没有一个有效的机制，就不可能充分发挥 JMI 的优势。

建立协调管理机制，应从以下方面入手：第一，建立共同的目标。供需双方本着互惠互利的合作原则，了解供需双方在市场的共同处和冲突点，相互协调，设立共同目标，如降低库存成本、提升客户满意度等。第二，建立联合库存协调控制的方法。协调中心需要明确需求预测方法，企业优化库存的方法，确定最大和最小库存量、安全库存量等。第三，建立合理的利益分配机制。要想保证 JMI 实施的有效性，一套合理的利益分配机制和激励机制必不可少。建立利益分配机制后，还应建立一套监督机制，防止供应链上各环节出现机会主义，损害供应链联盟的利益。

（2）构建畅通的信息传递渠道

构建畅通的信息传递渠道是指依托互联网信息技术的发展，建立一套信息系统，该系统能实现信息的实时传递。信息共享是 JMI 的特色之一，信息共享可保证供应链上下游需求的一致，减少"牛鞭效应"带来的影响。构建畅通的信息系统，除了应用到互联网技术以外，还应将 EDI 技术、RFID 等条码技术结合起来，共同实现 JMI 的需求透明化。

（3）选择正确的 JMI 模式

JMI 一共分为两种模式，即货存供应方和货存需求方的联合库存管理模式。货存供应方是指需求方将货物暂存在供应方处由供应商保管，但此时需求方已经通过交付定金或者预付货款等形式拥有了货物的所有权，只是货物存放在供应商处，并未实现真正的货物交付。货存需求方是指供应商将货物存放在需求方处，根据契约协定，由双方或者供应方进行日常管理，质量责任由供应方承担，自然条件造成的毁损由双方协商，确定某方承担责任或者共同承担责任，人为损坏的，哪方损坏商品由哪方承担责任。货物存放于需求方库房，需求方可非常方便地根据企业自身需求计划调用商品，需求方定期将商品使用情况反馈给供应方，双方定期进行结算。

（4）充分发挥第三方物流的作用

JMI 模式中，可使用专业的第三方物流公司承担非核心业务。第三方物流公司能够给客户提供非常专业的物流服务，供应链企业可将精力和资金用于提升自身的核心竞争力上。通过第三方物流系统，还能减少企业的成本，提升客户服务水平等。

4.3.3 CPFR

1. CPFR 的含义

CPFR（Collaborative Planning Forecasting and Replenishment）即协同计划、预测与补货。它起源于沃尔玛，后来由北美行业间商业标准化委员会着手建立国际标准，在推行标准化的过程中，该委员会加入了计划的内容，以强调计划在协作流程中的重要性。

CPFR 系统是一种协同式的供应链库存管理技术。该模式下，各供应链合作伙伴通过建立顾客情报系统和销售网络系统，应用一系列的技术模型等共同管理业务，共享信息，提高预测的及时性和准确性，最终达到降低库存水平、提高工作效率和客户满意度的目的。

CPFR 系统是更先进的管理理念，它把企业内部管理、客户、供应商的有关资源、计划、需求全部纳入统一管理，进行统一协调、统一计划，能快速准确地应对市场变化带来的变动。CPFR 从系统整体的角度，从均衡多方利益的角度，协调安排库存管理目标，实现整体效益提升。CPFR 模式能实现整体的最优化，体现了企业管理信息化、联盟化、集成化、共享的管理合作思想。但该模式也有缺陷：由于各方合作主体多，利益难以协调。各个企业管理模式、管理文化千差万别，达成统一并不容易。建设 CPFR 系统是个巨大的系统工程，一旦该模式被成功运用，将会给社会带来企业管理新革命。

2. CPFR 的指导原则

（1）以客户需求为导向

传统的运营模式是以生产为主导、其他职能部门为辅助的推动式生产运作模式，即以产定销。供应链各节点企业之间的需求是相对孤立的，企业生产什么产品，市场部就销售什么产品。生产考虑的是机器的最大化利用、大批量生产，过分追求规模经济的效益。在这种推动式运营模式下，客户需求与企业生产是隔离的，一方面，往往造成企业订单不能满足客户需求，客户满意度和忠诚度下降，转而选择其他替代品，企业销售额也因此下降；另一方面，大批量生产加上节点企业之间需求的不对称，造成库存积压，库存周转率下降，企业现金流会受到影响，造成资金链紧张。在 CPFR 模式下，供应链各节点企业采用的是面向价值链的拉动式的生产运作模式，节点企业间的需求是相互联系在一起的。节点企业从客户需求出发安排生产和资源分配，以最大化地满足客户需求，即以销定产。企业的生产与客户需求是紧密联系的，并且节点企业需求信息共享，最大程度上满足了客户对不同产品的需求，客户满意度和忠诚度也随之提升，企业的销售额也因此增长。同时，协同预测使各节点企业的需求信息对称，企业库存周转率提升，现金流增多，资金链也因此会得到良性发展。

（2）合作伙伴共享信息

在传统的运营模式下，各企业独立运作，企业间的信息孤立，这往往是造成"牛鞭效应"的潜在因素。在信息不畅通的环境下，供应链的各个环节中，需求被放大，这种放大效应从供应链的上游到供应链的下游逐步扩大。尤其是供应链上游企业的需求发生波动的时候，这种波动在每个环节得到放大，因此也导致下游节点企业的库存问题。在 CPFR 环境下，供应链各节点企业间的信息分享变得非常重要，企业间共享一套消费者需求，从而驱动整个供应链的运作。

（3）合作伙伴均承诺共享预测、共担风险

传统模式下，各企业间信息相互孤立，生产计划和运营模式也是以推动式为主。各企业以产定销，企业负责人从上往下分配销售任务，生产计划是以此销售任务为基础协调组织资源，预测在整个生产计划体系中几乎是不存在的。即使有个别企业有专业的市场部门，其主要职能也是制定销售策略，开发客户和市场推广，销售预测往往是被忽视的职能。在 CPFR 环境下，各节点企业共同分享一套客户需求预测数据，上下游企业以此为基础安排生产计划，协调生产、补货等经营活动。并且，节点企业通过一系列的前端协定来约束企业间的行为，从而也实现了风险控制和风险共担。

本章小结

本章主要围绕物流需求预测和库存管理相关知识展开，包括预测、物流需求、物流需求预测的含义，物流需求预测的原则、步骤及方法，库存与库存管理的含义、作用，库存管理的方法，如 ABC 分类管理法、EOQ 方法等，还包括供应链环境下库存管理模式，如 VMI、JMI、CPFR 等。

我国的物流业仍然处于从起步到成熟的发展阶段，许多库存管理还是依靠人工管理进行，这直接导致库存成本居高不下。随着物流企业向信息化、网络化、智能化发展，作为现代企业物流管理核心的库存管理，也要适应时代发展的需求。

复习思考题

1. 什么是物流需求？什么是物流需求预测？
2. 物流需求预测的原则包括哪些？
3. 物流需求预测的方法包括哪些？
4. 什么是库存？什么是库存管理？
5. 库存的作用有哪些？
6. 如何利用 ABC 分类管理法对货物进行分类？
7. EOQ 方法使用的假设条件是什么？
8. MRP 采购特点是什么？
9. JIT 采购特点是什么？
10. 什么是 VMI？有哪些特点？
11. 什么是 JMI？有哪些特点？
12. 什么是 CPFR？有哪些特点？
13. 试简述 VMI、JMI、CPFR 的联系与区别。
14. 计算题：某货物库存产品的年需求量为 100 000 件；每次订货成本为 200 元，单位采购成本为 20 元，仓储保管费用率为 50%，求该货物的经济订货批量和年库存成本。若一年工作 360 天，求年订货次数和平均订货间隔期。
15. 计算题：某化工厂共生产 15 种产品，每种产品的年销售数据如表 4.5 所示，请利用 ABC 分类管理法对该库存进行管理。

表 4.5 某化工产品年销售数据

产品编号	销售金额/万元	产品编号	销售金额/万元
1	107.6	9	87.4
2	97.5	10	65.4
3	236.3	11	184.9
4	48.7	12	132.4
5	42.3	13	25.1
6	28.4	14	20.6
7	11.1	15	5.8
8	8.3		

16. 计算题：已知某公司 2018 年报告期间的货物销售量如表 4.6 所示，分别取移动间隔 $k=3$ 和 $k=5$，计算各期货物销售量的预测值和绝对误差值，并对 2019 年 1 月货物销售量进行预测。

表 4.6 某公司销售量的移动平均预测

月份	货物销售量/件	预测值（$k=3$）	绝对误差值	预测值（$k=5$）	绝对误差值
1	180				
2	194				
3	202				
4	210				
5	218				
6	238				
7	234				
8	227				
9	238				
10	249				
11	236				
12	238				
2019 年 1 月					
平均绝对误差					

17. 计算题：已知某公司 2018 年报告期间的货物销售量如表 4.7 所示，分别取 $\alpha=0.3$ 和 $\alpha=0.5$ 计算各时期的一次指数平滑预测值，并与实际值进行比较，求出每个预测值的绝对误差值和平均绝对误差值，预测 2019 年 1 月的货物出库量，填写表 4.8。

表 4.7 某公司 2018 年货物销售量数据变化

月份	货物销售量/件	月份	货物销售量/件
1	150	7	204
2	164	8	197
3	172	9	208
4	180	10	219
5	188	11	206
6	208	12	208

表 4.8 一次指数平滑预测计算结果

月份	货物销售量/件	预测值（α=0.3）	绝对误差值	预测值（α=0.5）	绝对误差值
1	150				
2	164				
3	172				
4	180				
5	188				
6	208				
7	204				
8	197				
9	208				
10	219				
11	206				
12	208				
2019年1月					
平均绝对误差					

第五章

装卸搬运管理

主要内容

本章主要内容有装卸搬运的基本概念、特点、功能，仓储装卸搬运作业和运输装卸搬运作业的流程、分类和基本设备，装卸搬运设备的选择，装卸搬运作业合理化和服务的原则。

教学目标

1. 理解装卸搬运的含义；
2. 熟悉装卸搬运作业的流程、分类和基本设备；
3. 掌握装卸搬运服务的组织原则；
4. 掌握装卸搬运合理化的基本原则和采取的措施。

案例导读

安川电机推出货物装卸机器人

装卸搬运从最初的手工作业，经过机械化、自动化、集成化的历程，已经发展为智能化的装卸搬运作业系统。目前，日本安川电机上市了面向中小型货物装卸用途的机器人"MOTOMAN EH80"。这种优化设计了的机器人，虽然将可搬运重量减小到了80千克，但强化了上臂部分的负荷能力，同时还提高了运作速度，扩大了运作范围，适用于汽车部件以及金属加工品等的搬运。在装卸用途方面，EH80提高了腕部轴的强度，各关节轴的动作速度合计为22.34 rad/s，最大作用距离为2 051 mm，机器人旋转时的最小半径为340 mm。另外，还减小了上臂部的粗度，将设在机械臂前端的手部的配管及布线集中到上腕部的外围。由此，可防止配管及布线缠绕在机器人机体上，或者与周围的物体相互干扰，可确保搬运路径最短。在价格方面，包括机器人机体、控制器以及机器人操作箱的套装产品为567万日元（含税）。这种造价不高的机器人却大大提高了货物装卸的效率。

5.1 装卸搬运概述

物流系统各个环节的先后或同一环节的不同活动之间,都必须进行装卸搬运作业。运输、储存、包装等都要有装卸搬运作业配合才能进行,例如,待运出的物品要装上车才能运走,到达目的地后,要卸下车才能入库等。由此可见,装卸搬运是物料的不同运动(包括相对静止)阶段之间相互转换的桥梁。正是因为有了装卸搬运活动才能把物料运动的各个阶段连接成连续的"流",使物流的概念名副其实。

装卸搬运是指在同一地域范围内进行的,以改变物料的存放(支撑)状态和空间位置为主要目的的活动,一般说来,在强调物料存放状态的改变时,使用"装卸"一词,在强调物料空间位置的改变时使用"搬运"一词。

5.1.1 装卸搬运的含义

装卸是指物品在指定地点以人力或机械装入运输设备或从运输设备卸下物品的活动。它是通过一定的技术手段来改变货物的存放状态和空间位置的活动。装卸是物流系统的一个重要构成要素。物流系统中装卸作业所占的比重较大,装卸作业的好坏不仅影响物流成本,还与物流工作质量是否满足客户的服务要求密切相关。

搬运是指物资在区域范围内(通常是指仓库,车站或码头等)所发生的短距离、以水平方向为主的位移。它是改变货物的空间位置的活动,而装卸是指上下方向的移动。

广义的装卸则包括搬运活动,两者合称为装卸搬运。在实际操作中,装卸与搬运是密不可分的,两者是伴随在一起发生的。

装卸搬运活动的基本动作包括装车(船)、卸车(船)、堆垛、入库、出库以及连接上述各项动作的短程输送,装卸搬运是伴随运输和保管等活动而产生的必要活动。在物流过程中,装卸活动是不断出现和反复进行的,它出现的频率高于其他各项物流活动,每次装卸活动都要花费很长时间,所以装卸往往成为决定物流速度的关键。

在同一地域范围内(如车站范围、工厂范围、仓库内部等)将改变"物"的存放、支撑状态的活动称为装卸,而改变"物"的空间位置的活动则称为搬运,两者全称为装卸搬运。有时在特定场合,单称"装卸"或"搬运"也包括"装卸搬运"的完整含义。在习惯使用中,这一整体活动在物流领域常被称为"货物装卸",而在生产领域常被称作"物料搬运"。实际上,活动内容都是一样的,只是领域不同而已。在实际操作中,装卸与搬运密不可分,两者是伴随在一起发生的。因此,在物流学中并不过分强调两者的差别,而是作为一种活动来对待。物流的装卸搬运服务是指在物流服务过程中,在同一地域范围内进行、改变物的存放状态和空间位置为主要内容和目的的活动,包括装上、卸下、移送、拣选、分类、堆垛、入库、出库等活动。装卸搬运是物流服务活动的重要内容。

5.1.2 装卸搬运的特点

1. 装卸搬运是附属性、伴生性的活动

装卸搬运是物流每一项活动开始及结束时必然发生的活动,因此有时会被人忽视,有时又被看作其他操作时不可缺少的组成部分。例如,一般而言的"汽车运输"实际就包含了相随的装卸搬运,而仓库中泛指的保管活动也含有装卸搬运活动。

2. 装卸搬运是支持性、保障性的活动

装卸搬运的附属性不能理解成被动的,实际上,装卸搬运对其他物流活动有一定的决定性。装卸搬运会影响其他物流活动的质量和速度。例如,装车不当,会引起运输过程中的损失;卸放不当,会引起货物转换成下一步运动的困难。许多物流活动在有效的装卸搬运支持下,才能实现高水平的运行。

3. 装卸搬运是衔接性的活动

在任何其他物流活动互相过渡时,都是以装卸搬运来衔接的。因而,装卸搬运往往成为整个物流的"瓶颈",是物流各功能之间能否形成有机联系和紧密衔接的关键,而这又是一个系统的关键。建立一个有效的物流系统,关键看这一衔接是否有效。比较先进的系统物流方式——联合运输方式,就是为着力解决这种衔接而出现的。

4. 装卸搬运服务作业量大

在整个物流作业中,装卸搬运所占的比例最大,在运输、保管、包装、流通、加工等环节中都要涉及装卸搬运作业。因此,必须使装卸搬运合理化、机械化,以提高装卸搬运的速度,同时尽量减少装卸搬运的次数,以减少对货物的损坏。

5. 均衡性与波动性

装卸搬运活动必须与物流运作过程的节拍保持一致。从这个意义上讲,装卸搬运基本上是均衡的、连续的、平稳的,具有节奏性。装卸搬运的均衡性主要是针对生产领域而言的,因为生产过程的基本要求是保证生产的均衡。因此,作为生产过程的装卸搬运必须与生产过程的节拍一致。而在流通领域的装卸搬运,由于车船的到达时间是不连续的、不均衡的,因此,其作业是突击的、波动的、间歇的。装卸搬运作业波动性程度一般可用波动系数进行定量描述。对波动作业的适应能力是物流装卸搬运服务的特点之一。

6. 稳定性和多变性

装卸搬运的稳定性主要指生产领域的装卸搬运作业,这是与生产过程的相对稳定相联系的,特别是在大量生产的情况下更是如此。在流通领域,由于物质产品本身的品种、形状尺寸、重量、包装、性质等各不相同,输送工具也不相同,再加上流通过程的随机性,所有这些决定了装卸搬运的多变性。因此,在流通领域,装卸搬运应具有多变作业的能力。

7. 装卸搬运的对象和过程复杂

物流企业由于客户不同,在物流环节的货物也各有不同,从而使装卸搬运的货物多种多样,它们在性质、形态、重量、体积以及包装方法上都有很大的区别。即使是同一种货物,在装卸搬运前若采取不同的处理方法,也可能产生完全不同的装卸搬运作业,如单件装卸和集装装卸。从装卸搬运的结果来考察，有些货物经过装卸搬运后要进入储存，而有些货物装卸搬运后要进行运输。不同的储存方法和不同的运输方式在装卸搬运设备的运用、装卸搬运方式的选择上提出了不同的要求。由于装卸搬运与运输、存储紧密衔接，为了安全和输送的经济性，需要同时进行堆码、满载、加固、计量、取样、检验、分拣等作业。因此，装卸搬运作业必须具有适应这种复杂性的能力，才能加快物流的速度。

8. 装卸搬运服务的安全性要求高

装卸搬运作业需要人与机械、货物、其他劳动工具相结合，工作量大，情况变化多，很多作业环境复杂，这些都导致装卸搬运作业中存在不安全的因素和隐患。创造装卸搬运作业适宜的作业环境，改善和加强劳动保护，对任何可能导致不安全的现象应设法根除，防患于未然。装卸搬运的安全性，一方面涉及人身，另一方面又涉及货物。在装卸搬运中，发生机毁人亡的事故屡见不鲜，造成货物损失的价值甚至要以亿元计。而装卸搬运同其他物流环节相比安全系数较低，因此更要重视装卸搬运的安全生产问题。

5.1.3 装卸搬运的功能

装卸搬运在物流系统中发挥着举足轻重的作用，它是伴随输送和保管而产生的必要活动。物流过程中的主要环节，如运输和储存等是靠装卸搬运活动连接起来的，物流活动其他各个阶段的转换也需要通过装卸搬运连接起来。在物流过程中，装卸搬运活动是不断出现且反复进行的，它出现的频率高于其他各项物流活动，每次装卸搬运活动都要花费很长时间，装卸搬运往往成为决定物流速度的关键。具体来说，物流装卸搬运作业具有以下六个方面的功能：

①装卸——将物品装上运输机具或由运输机具卸下。
②搬运——使物品在较短的距离内移动。
③堆码——将物品或包装货物进行码放、堆垛等有关作业。
④取出——从保管场所将物品取出。
⑤分类——将物品按品种、发货方向、顾客需求等进行分类。
⑥理货——将物品备齐，以便随时装货。

5.2 装卸搬运技术

5.2.1 装卸搬运的主要作业

1. 仓储装卸搬运作业

仓储管理的主要作业有物品入库、物品在库和物品出库三个作业。仓储装卸搬运是配合仓库的入库、出库、维护保养等活动进行的，并以堆垛、上架、取货等操作为主的作业活动。

(1) 仓储作业流程

1) 物品入库

物品入库是指仓储管理人员根据凭证或供货合同的规定，接收承运单位或供货商运入仓库的物品，并对其进行验收、记账及建立货物档案，做好物品入库作业。

2) 物品在库

物品在库是指仓储管理人员对验收合格的物品进行科学储存、堆码、清仓盘点、维护保养等作业。

3) 物品出库

物品出库是指仓储管理人员根据货主或业务部门的出库指令，对物品进行备货、出库验收、装载上车及发货等作业。

(2) 仓储装卸搬运的方式

装卸搬运作业不仅繁重，也是造成仓储物品毁损的主要环节。在实际工作中，如何选择适宜的装卸搬运方式，对于提高装卸搬运效率、节约装卸搬运作业时间、降低装卸搬运费用是至关重要的。

按作业对象不同，装卸搬运可分为单件作业、集装作业、散装作业三种方式。

①单件作业是利用人工搬运的一种方法，也是目前仓储较为广泛采用的搬运形式。采用单件作业的原因有四：一是作业场地较狭小，不适合机械化设备操作；二是由某些物品自身的属性决定的；三是企业考虑搬运对象的利润空间，单件作业费用低；四是管理简单。近年来依靠叉车搬运的形式越来越多，搬运的效率大幅度提高。

②集装作业是指先将物品集装，再对集装后的物品进行搬运的一种方法。集装作业可以提高单次装卸搬运的批量，节约人力、物力、财力，大幅度提高装卸搬运的效率。集装方式有多种，如集装箱、仓储笼、托盘、集装袋、拉伸缠绕膜等。

③散装作业是指对粉末状物品及大批量不适宜包装的散货（如煤炭、矿石、粮食、水泥等）进行的装卸搬运活动。散装装卸搬运，可以节省多道工序，从而节省包装费用；但散装作业所用的工具、车辆都是专用的，因此早期设备设施的投入较多。散装作业方法有重力法、倾覆法、气动输送法等。

按作业手段和组织水平不同，装卸搬运可分为人工作业、机械化作业、综合化机械作业三种方式。

①人工作业是指利用人工或借助简单工具进行的装卸搬运作业，也是一种单件作业。这种作业方式简便易行，作业成本低，效率也低。

②机械化作业是指主要利用机械进行的装卸搬运作业，属于人—机作业。这种作业方式节省时间，效率较高，管理成本低，单位作业费用较高。

③综合化机械作业是指主要利用两种以上工具或全自动设备进行的装卸搬运作业，属于机—机作业。这种作业方式效率高，错误率几乎为零，作业费用高，若作业规模大而且规律，则其单位成本低或较低。自动化立体仓和自动化分拣线就属于该方式。

(3) 仓储装卸搬运设备的选择

仓储装卸搬运基本设备按装卸机械的作用可分为两类：一类为起重搬运设备，包括起重机、叉车等；另一类为输送设备，包括卡车、牵引车、连续输送机、推车、自动导引运输车

（AGV）、激光导引运输车（LGV）、智能式搬运车（AHV）等。

仓储装卸搬运设备选择的原则：

①利用重力的原则。在装卸搬运时应尽可能选择既可消除物品重力的不利影响，又尽可能利用重力进行装卸搬运的设备，以减轻劳动力和其他能量的消耗。例如，在分拣线出库的，由滑槽或无动力的小型传送带利用物品的重力从高处向低处移动，进行物品装卸。

②经济合理的原则。装卸搬运设备一般分为三个级别：第一级为简单的装卸搬运设备；第二级为专用的高效率设备；第三级是由计算机控制实行自动化、无人化操作的设备。选择哪一个级别的设备，不仅要从经济合理性考虑，而且要从加快物流速度、减轻劳动强度和保证安全性等方面考虑。

③适应性原则。装卸搬运机械的选择必须根据装卸搬运物品的性质来决定。对以箱袋或集合包装的物品可以采用叉车、吊车、货车装卸，散装粉粒体物品可使用传送带装卸，散装液体物品可以直接用装运设备或储存设备装取。

④装卸搬运顺畅的原则。选择的装卸搬运设备应尽量做到装卸搬运不停顿、不间断，像流水一样进行。

2. 运输装卸搬运作业

运输装卸搬运主要包括运输前的装车、装船阶段和运输后的卸车、卸船阶段。运输装卸搬运按运输方式的不同可分为公路运输装卸搬运、铁路运输装卸搬运、水路运输装卸搬运、航空运输装卸搬运以及集装箱海上运输装卸搬运。下面以公路运输装卸搬运和集装箱海上运输装卸搬运为例，介绍其作业过程及相关的作业设备。

（1）公路运输装卸搬运

①公路运输装车作业。

公路运输货物装载作业应做到按车辆的额定吨位装货，不得任意超载。轻泡货物以折算重量装载，不得超过车辆额定吨位和有关长、宽、高的装载规定。装载危险货物，按我国交通行业标准《汽车运输、装卸危险货物作业规程》的规定进行作业。装载作业应轻装轻卸，堆码整齐；严禁有毒、易污染物品与食品混装，危货物与普通货物混装，性质相抵触的货物混装。要防止货物装载时的混杂、污染、散落、漏损和砸撞。装车货物应数量准确，捆扎牢固，做好防丢失措施。装车完毕后，检查有无错装、漏装，核对实际装车的件数，确认无误后，办理交接签收手续。

②公路运输卸车作业。

货物在到达目的站后的主要工作内容包括货物票据的交接，货物卸车、保管和交付等。货物监卸人员在接到卸货预报后，应立即了解卸货地点、货位、行车道路、卸车机械情况，车辆装运货物抵达卸车地点后，目的站或收货人应组织卸车。监卸人员应会同收货人员、驾驶员、卸车人员一起检查车辆装载有无异常，一旦发现异常应做好卸车记录并妥善处理后再开始卸车。整车货物装卸，较多采用托盘及叉车进行装卸作业。

卸车时，应该制定科学合理的装卸工艺方案，加强装卸作业调度指挥工作和劳动管理，提高装卸机械化水平，对卸下货物的品名、件数、包装和货物状态等应做必要的检查。整车货物一般直接装卸在收货人仓或货场内，并由收货人自理。收货人确认卸下货物无误，并在货票上、收货回单联上签字盖章，货物交接完毕。收货人办理交付手续后，该批货物运输过程全部完成，公路承运人的责任即告终止。

(2) 集装箱海上运输装卸搬运

集装箱海上运输装卸搬运，又称港口装卸，包括码头前沿的装船，以及后方的支持性装卸搬运，有的港口装卸还采用小船在码头与大船之间"过驳"的办法，因而其装卸的流程较为复杂，往往经过几次装卸及搬运作业才能最后实现船与陆地之间货物过渡的目的。

按照装卸搬运的机械及机械作业方式的不同，可分为"吊上吊下"方式和"滚上滚下"方式。

① "吊上吊下"方式。

"吊上吊下"方式采用各种起重机械从货物上部吊，依靠起吊装置的垂直以实现装卸，并在吊车运行的范围内或回转的范围内实现搬运或依靠搬运车辆实现小搬运。由于吊起及放下属于垂直运动，这种装卸方式属于垂直装卸。

② "滚上滚下"方式。

"滚上滚下"方式是港口装卸的一种水平装卸方式，即利用叉车或半挂车、汽车承载货物连同车辆一起开上船，到达目的地后再从船上开下。利用叉车的"滚上滚下"方式在船上卸货后，叉车必须离船。利用半挂车、平车或汽车，则拖车将半挂车、平车拖拉至船上后，拖车开下离船而载货车辆连同货物一起运到目的地。"滚上滚下"方式需要有专门的船舶，对码头也有不同的要求，这种专门的船舶被称为"滚装船"。

5.2.2 装卸搬运设备的选择

机械化在装卸搬运中的作用日益明显。物流企业为了保证装卸搬运服务工作的经济性，还需要提高自己所用机械设备的效率，因此，在机械设备的选择上要符合以下要求。

1. 以满足现场作业为前提

装卸机械首要要符合现场作业的性质和物资特点特性要求。在有铁路专用线的车站、仓库等，可选择门式起重机；在库房内可选择桥式起重机；在使用托盘和集装箱作业的生产条件下，可尽量选择叉车以至跨载起重机，且机械的作业能力（吨位）与现场作业量之间要形成最佳的配合状态。影响物流现场装卸作业量的最基本因素是吞吐量，此外还要考虑堆码、搬运作业量，装卸作业的高峰量等因素的影响。在具体确定装卸机械吨位时，应对现场要求进行周密的计算、分析。在完成同样作业效能的前提下，选择性能好、节省能源、便于维修、利于配套、成本较低的装卸机械。

2. 控制作业费用

装卸机械作业发生的费用主要有设备投资额、运营费用和装卸作业成本等项。其中，设备投资额是平均每年机械设备投资的总和（包括购置费用、安装费用和直接相关的附属设备费用）与相应的每台机械在一年内完成装卸作业量的比值；机械的运营费用是指某种机械一年运营总支出（包括维修费用、劳动工资、动力消耗、照明等项）与机械完成装卸量的比值；装卸作业成本是指在某一物流作业现场，机械每装卸一吨货物所支出的费用，即每年平均设备投资支出和运营支出的总和与每年装卸机械作业现场完成的装卸总吨数之比。

3. 装卸搬运机械的配套

装卸搬运机械的配套是指根据现场作业性质、运送形式、速度、搬运距离等要求，合理选择不同类型的相关设备,主要包括:要克服各种机械自身弱点,使多台装卸机械在生产作业区内能够有效衔接;设备吨位要相互匹配,便于发挥每台设备的最大能力,合理安排运行距离,缩短总的物流作业时间等。装卸机械配套的方法是:首先按装卸作业量和被装卸物资的种类进行机械配套,在确定各种机械生产能力的基础上,按每年装卸1万吨货物需要的机械台数、每台机械所担任装卸货物的种类和每年完成装卸物的吨数进行配套。此外,还可以采用线性规划方法来设计装卸作业机械的配套方案。即根据装卸作业现场的要求,列出数个线性不等式,并确定目标函数,然后求出最优的方案。

5.2.3 装卸搬运服务的工艺设计

装卸搬运服务与产品加工一样,要达到同样的目的,可以采取多种不同的方法及工艺。在实际操作中,不断地分析、研究,选择最佳的工艺流程,使之标准化、通用化,才能保证装卸搬运质量,降低成本,创造出最高效率和最佳的效益,装卸搬运服务才能进一步科学化、合理化。

1. 装卸搬运服务工艺的基本内容

①作业对象的特点。
②工艺特征、工艺路线(工序、步骤)。
③每个工序、工步的操作要领。
④主型机械、配套机械、辅助机械的性能、参数、操作要领。
⑤货场仓库、泊位、站台、通道装卸线等搬运设施的性能和技术参数。
⑥人员、劳动组织、岗位责任制。
⑦车船的装卸作业停时等各种定额。
⑧劳动保护、安全防护、抗灾措施和用品。
⑨堆码拆取操作和货垛、货堆的质量要求。
⑩加固器材、加固方法、加固标准。
⑪货运组织作业与装卸搬运作业之间的配合。
⑫各种辅助作业及其标准。
⑬装备验收、交接的手续,作业的标准。

2. 装卸搬运服务工艺的基本原则和依据

①严格遵守主管部门制定的与装卸搬运作业有关的标准规章、条例、规范、规程、通则、细则等行政和技术法规。
②全面贯彻装卸搬运服务的基本原则,不孤立突出某一条。
③根据装卸搬运作业的特点,引进各种现代化的管理方法和装备,以使装卸搬运工艺先进化、管理科学化、经济合理化、作业安全化。
④以加速车船周转为中心,妥善安排泊位、货场、仓库、站台、通道装卸线、装卸搬运机械。
⑤以直接装卸车船的机械为龙头,其他设备与设施的能力和效率均应与直接装卸车船的机械与人力的能力规模相配套,使各个环节的效率与能力平衡。

⑥系统和过程是一个整体，不能忽视辅助业（称重、计数、取样、清扫等）和系统的能力及效率。

⑦满足当前需要，留有发展余地和适当的储备。

⑧准备抗击各种自然灾害的措施。

⑨设备和劳力的设计效率仅供参考，应以全行业实际运用效率的平均值作为依据。

⑩设备应按照运用可靠、维护简单、配套方便、价格合理的顺序选择。

5.3 装卸搬运管理

5.3.1 装卸搬运作业合理化

在整个物流服务过程中，尽管很少有专门的装卸搬运服务需求，但装卸搬运是不断出现和反复的过程，其出现的频率高于其他各种物流活动，同时每次装卸搬运活动都要占用很多的时间和消耗很多的劳动，并直接关系着货物在物流活动中的质量保证。

物流的装卸搬运服务涉及人、装卸物、装卸场所、装卸时间和装卸手段等要素。一般来说它具有作业量大、对象复杂、作业不均衡及对安全性要求高等特点，因此，采取措施，积极地使装卸搬运实现合理化是非常必要的。

1. 不合理装卸搬运的表现

（1）过多的装卸次数

过多的装卸次数必然导致损失的增加。物流过程中，货损发生的主要环节是装卸环节，而在整个物流过程中，装卸作业又是反复进行的，从发生的频率来讲，超过任何其他活动。从发生的费用来看，一次装卸的费用相当于几十千米的运输费用，因此，每增加一次装卸，费用就会有较大比例的增加。此外，装卸会大大阻碍整个物流的速度，因此，装卸是降低物流速度的重要因素。

（2）过多的包装装卸

过大过重的包装将消耗较大的劳动。在装卸时反复在包装上消耗劳动，这一消耗不是必需的，因而形成无效劳动。

（3）无效物资的装卸

无效物资的装卸将反复消耗劳动。进入物流过程的货物，有时混杂着没有使用价值或对用户来讲使用价值不对路的各种残杂物。在反复装卸时，对这些无效物资反复消耗劳动，因而形成无效装卸。

2. 装卸搬运合理化的途径

（1）减少环节，装卸程序化

装卸搬运活动的本身并不增加货物的价值和使用价值，相反，却增加了货物损坏的可能性和成本。因此，物流企业首先应从研究装卸搬运的功能出发，分析各项装卸搬运作业环节的必要性，千方百计地取消、合并装卸搬运作业的环节和次数，消灭重复无效、可有可无的装卸搬运作业。例如，车辆不经换装直接过境、大型的发货点铺设专用线、门到门的集装箱联运等，都可以大幅度减少装卸环节和次数。虽然装卸搬运是物流过程中不可避免的作业，但是物流企业应该将装卸搬运次数控制在最小范围内，通过合理安排作业流程，采用合理的作业内容，合理布局以及仓库的合理化设计来实现物品装卸搬运作业次数最小化。

其次，应尽量使移动距离（时间）最小化。移动距离的长短与搬运作业量的大小和作业效率是联系在一起的。物流企业货位布局、车辆停放位置、出入库作业程序设计等应该充分考虑货物移动距离的长短，以货物移动距离（时间）最小化为设计原则。

最后，对必须进行的装卸搬运作业，物流企业应尽量做到不停顿、不间断，工序之间要紧密衔接，作业路径应当最短或为直线，消灭迂回和交叉，要按流水线形式组织装卸搬运作业，从而提高搬运效率。装卸搬运作业流程应尽量简化，作业流程不要移船、调车，以免干扰装卸作业的正常进行。对必须进行换装作业的，应尽量不使货物落地，直接换装，以减少装卸次数，简化装卸程序等。

（2）合理选择装卸搬运方式

在装卸搬运过程中，必须根据货物的种类、性质、重量来确定装卸搬运方式。在装卸时对货物的处理大体有三种方式：第一种是"分处理"，即按普通包装对货物逐个进行装卸；第二种是"散装梳理"，即对粉粒状货物不加小包装而进行的原样装卸；第三种是"单元组合处理"，即货物以托盘、集装箱为单位进行组合后的装卸。实现单元组合，可以充分利用机械进行操作。其优点是：操作单位大，作业效率高；能提高物流"活性"，操作单位大小一致，易于实现标准化；装卸不触及货物，可以保护物品。

（3）集中作业和集装单元化

①集中作业。

集中作业是指在流通过程中，按照经济合理原则，适当集中货物，使其作业量达到一定的规模，为实现装卸搬运作业机械化、自动化创造条件。只要条件允许，流通过程的装载点和卸载点应当尽量集中。在货场内部，同一类货物的作业要尽可能集中，建设相应的专业协作区、专业码头区或专业装卸线。如果一条作业线能满足车船装卸作业停时指标，就不采取低效的多条作业线方案。在铁路运输中，关闭业务量很小的中间小站的运输装卸作业，采用建立厂矿、仓库共用专用线等集中作业的措施。

②集装单元化。

集装单元是指用各种不同的方法和器具，把有包装或无包装的物品整齐地汇集成一个扩大了的、便于装卸搬运的作业单元，这个作业单元在整个物流过程中保持一定的形状。采用集装单元化技术，能使货物的储运单元与机械等装卸搬运手段的标准一致，从而把装卸搬运劳动强度减少到最低限度，便于实现机械化作业。物流企业通过集装单元化不仅可以降低物流费用，提高装卸搬运效率，还可以防止货物损坏和丢失，数量的确认也更加容易。

成件货物集装化作业，粮谷、盐、糖、水泥、化肥、化工原料等粉粒状货物散装化作业，是装卸搬运作业的两大发展方向。所以，各种成件货物应尽可能集装成集装箱、托盘、货捆、网袋等货物单元，然后装卸搬运；各种粉粒状货物应尽可能用散装专用车、船、库，以提高装卸搬运效果。

（4）省力节能，努力"活化"

节约劳动力、降低能源消耗，是装卸搬运作业的最基本要求。因此，装卸搬运作业要求作业场地尽量坚实平坦；在满足作业要求的前提下，货物净重与货物单元毛重之比接近1:1，以减少无效劳动；尽量采取水平装卸搬运和滚动装卸搬运，以达到省力化。

提高货物装卸搬运的灵活性，也是对装卸搬运的基本要求，把作业中的某一步作业活性指数较其前一步作业的活性指数提高，即该项作业比它前一项作业更便于装卸搬运，称为"活化"。因此，对装卸搬运工艺的设计，物流企业应使货物的活性指数逐步增加，即要努力促"活化"。

搬运处于静止状态的物料时，需要考虑搬运作业所必需的人工作业，物料搬运的难易程度称为活性，用活性系数来衡量，所需的人工越多，活性就越低；反之，所需的人工越少，活性越高，但相应的投资费用也越高。运走散放在地上的物料，需经过集中、搬起、升起和运走四次作业，所需的人工作业最多，活性水平最低，即活性系数定为0。活性指数确定的原则如表5.1所示。

表5.1 活性指数确定的原则

物品状态	作业说明	作业种类				还需要的作业数目	已不需要的作业数目	搬运活性指数
		集中	搬起	升起	运走			
散放在地上	集中、搬起、升起、运走	要	要	要	要	4	0	0
集装在箱中	搬起、升起、运走（已集中）	否	要	要	要	3	1	1
托盘上	升起、运走（已搬起）	否	否	要	要	2	2	2
车中	运走（不用升起）	否	否	否	要	1	3	3
运动着的输送机	不要（保持运动）	否	否	否	否	0	4	4

（5）兼顾协调，通用标准化

装卸搬运作业既涉及物流过程的其他各环节，又涉及本身的工艺过程中各工序、各工步以及装卸搬运系统各要素。因此，装卸搬运作业与其他物流活动之间，装卸搬运作业本身各工序、各工步之间，以及装卸、搬、运之间和系统内部各要素之间，都必须相互兼顾、协调统一，这样才能发挥装卸搬运系统的整体功能。例如，铁路车站在实践中总结的"进货为装车做准备，装车为卸车做准备，卸车为出货做准备"的作业原则，是这种兼顾协调原则的体现和应用。

装卸搬运标准化是对装卸搬运的工艺、作业、装备、设施、货物单元等所制定、发布的统一标准。它对促进装卸搬运合理化起着重要作用，又是实现装卸搬运作业现代化的前提。

（6）巧装满载，安全效率化

装载作业一般是运输和存储的前奏。运载工具满载和库容的充分利用是提高运输和存储效益、效率的主要因素之一，在运量大于运能、储量大于库容的情况下尤为重要。所以，在装卸搬运时，物流企业要根据货物的轻重、大小、形状、物理和化学性质以及货物的去向，充分利用运载工具和库容，以提高运输、存储的效益和效率。装载作业完成后，或者运输，或者储存，为了保证运输储存的安全，在装载时要采取一定的方法保证货物稳固，以克服运输或储存过程中所产生的各种外力的破坏作用。

运输工具、集装工具、仓库地面、货架等既要求满载，以提高其利用率和效率，又要求承载能力符合一定的限制，为此，要采取一定的方法使装货载荷在运输工具、集装工具、仓库地面、货架上均匀地分布，以保证运输、装卸搬运设备和仓储设施的安全，并能达到提高使用寿命的目的。

机械化是指在装卸搬运作业中用机械作业替代人工作业。实现作业的机械化是实现省力化和效率化的重要途径，通过机械化改善物流作业环境，将人从繁重的体力劳动中解放出来。当然，机械化的程度除了技术因素外，还与物流费用的承担能力等经济因素有关，机械化的原则同时也包含了将人与机械合理地组合到一起以发挥各自长处的内容。在许多场合，简单机械的配合同样可以达到省力和提高效率的目的。

(7) 创建复合型终端

近年来，发达国家为了对运输线路的终端进行装卸搬运合理化改造，创建了复合型终端，即不同运输方式的终端装卸场所集中建设不同的装卸设施。例如，在复合型终端内集中设置水运站台、铁路站台、汽车站站场等，这样就可以合理配置装卸搬运机械，使各种运输方式有机连接起来。

复合型终端的优点是：①取消了各种运输工具之间的中转搬运，有利于加快物流的速度，连接起来减少装卸搬运活动所造成的货物损失；②各种装卸场所集中到复合型终端，可以共同利用各种装卸搬运设备，提高设备的利用率；③在复合型终端内，可以利用大生产的优势进行技术改造，提高转运效率；④减少了装卸搬运的次数，有利于物流系统功能的提高。

5.3.2 装卸搬运服务的原则

1. 装卸搬运服务管理的原则

物流装卸搬运服务不能盲目进行，应根据自己的服务能力，按照物流装卸搬运服务的要求，遵循规章制度等来实施。物流企业为了向客户提供满意的装卸搬运服务，保证整个物流系统的正常高效运转，必须做好装卸搬运的管理工作。

(1) 坚持质量第一的原则

装卸搬运的数量与质量是对立的统一，没有数量当然没有质量，但没有一定质量的数量也是无效的，甚至是有害的。因此，在装卸搬运作业时，必须在确保作业对象完好无损的前提下追求数量。

(2) 实现装卸搬运合理化的原则

搬运作业必须注重提高效率，充分发挥现有装卸搬运设备和人员的作用，不断提高装卸搬运的机械化水平。为此，必须实现装卸搬运的合理化。

(3) 遵循搬运效率化 18 原则

搬运效率化 18 原则是指：单位装载化原则、设备应经常使用原则、搬运平衡原则、现场布置原则、机械化原则、标准化原则、安全原则、流程原则、水平直线原则、弹性原则、搬运简单原则、最小操作原则、活性原则、空间活用原则、降低死重率原则、重力利用原则、预防保养原则、废弃原则。

(4) 注意安全原则

在装卸搬运作业过程中经常存在一些不安全的因素,只有高度重视安全生产问题,根除任何一处可能导致不安全的隐患,才能保证装卸搬运作业的安全进行。装卸搬运服务的安全包括劳动安全和将货物的损坏降到最低限度。装卸搬运是在物流过程中造成货物破损、散失、损耗、混合等损失的主要环节。在装卸搬运过程中最容易造成货物的损毁。在实施装卸搬运服务时,工作人员需要与机械、货物、其他劳动工具相结合,创造装卸搬运作业适宜的作业环境,改善和加强劳动保护,对任何可能导致不安全的因素都应该设法根除,尽量避免安全事故的发生。

(5) 讲究经济效益原则

由于装卸搬运工作要占用较多的设备、人及费用,因此,在组织装卸搬运作业时,要注意人力、物力、财力的节约使用,达到以较少的消耗(包括活劳动和物化劳动)在规定时间内保质保量地完成装卸搬运。

(6) 系统化原则

所谓系统化原则,是指将各个装卸搬运活动作为一个有机整体实施系统化管理。也就是说,运用综合系统化的观点,提高装卸搬运活动之间的协调,提高装卸搬运系统的柔性,以适应多样化的物流需求,提高装卸搬运效率。

2. 装卸搬运服务的组织工作

(1) 物流装卸搬运服务的组织形式

装卸搬运服务的组织形式大致上可分为两种,即专业型劳动组织和综合型劳动组织。

专业型劳动组织形式是按作业内容或工序,将有关人员和设备分别组合成装卸、搬运、计量、堆垛、整理等作业班组,由这些班组组成一条作业线,共同完成各种装卸搬运作业。专业型组织按工种划分班组,作业任务单纯明确,作业专业化,有利于提高作业的熟练程度和装卸搬运的劳动效率,并能促进作业质量的提高。每个班组的作业内容固定,可配备专用装卸搬运设备,这样既便于设备的管理,又有利于提高设备利用率,能促进装卸搬运作业机械化。但由于物资的出入库需要几个作业班组协同完成,工序间、环节间的衔接不易密切,容易出现不协调或脱节现象,不利于组织一次性作业;又由于当装卸搬运作业量不均衡时,或当各工序或各环节间的进度不一致时,不便于开展班组的合作,装卸搬运作业能力便会因某个薄弱环节的影响而下降。

综合型劳动组织形式是将分工不同的各种人员和功能不同的设备组合成一个班组,对装卸搬运活动的全过程均由这个班组承包到底,全面负责。综合型组织由于是在一个组内承担某一项出入库的全过程,故有利于各环节和工序之间的衔接配合,便于组织一次性作业。当出入库任务比较集中时,集中调配人员和设备,有利于提高装卸搬运综合作业能力。但由于是在一个作业班组内配备不同工种的人员和设备,故不便于设备的维护管理,也不易在短期内提高工人的技术熟练程度;又由于每个作业班组的人员和设备是相对固定的,当作业内容变化时不能及时进行调整,反而影响作业效率。

一般来说,对于规模比较大的装卸作业部门,由于人员多、设备齐全、任务量大,宜采用专业型劳动组织形式;否则,以采取综合型劳动组织形式为宜。

（2）物流装卸搬运服务的组织任务

装卸搬运作业的组织是以完成装卸任务为目的，并以提高装卸设备的生产率、降低装卸搬运作业成本为中心的技术组织活动。装卸搬运作业的组织任务主要包括下列内容。

①确定装卸任务量。

物流企业应根据物流计划、经济合同、装卸作业不均衡度、装卸次数、装卸时限等，来确定作业现场年度、季度、月、旬、日平均装卸任务量。装卸任务量有事先确定的，也有临时变动的。因此，物流企业要合理地运用装卸设备，就必须把计划任务量与实际装卸作业量之间的差距缩小到最低限度。同时，装卸作业组织工作还要为装卸作业物品对象的品种、数量、规格、质量指标及搬运距离尽可能地做出详细的规划。

②合理规划装卸方式和装卸作业过程。

装卸作业现场的平面布置是直接关系到装卸、搬运距离的关键因素。装卸机械要与货场长度、货位面积等互相协调，要有足够的场地集结货场，并满足装卸机械工作的要求。场内的道路布置要为装卸、搬运创造良好条件，以有利于加速货物的周转，而使装卸按运距达到最小平面布置是减少装卸搬运距离最理想的方法。装卸作业过程合理化是指对整个装卸作业过程中的装卸、搬运作业连续性进行合理的安排，以减少运距和装卸次数。提高装卸作业的连续性应尽可能做到：作业现场装卸机械合理衔接；不同的装卸作业在相互联结使用时，力求使它们的装卸速度相等或接近；充分发挥装卸调度人员的作用；一旦发生装卸作业停滞状态，立即采取有力的补救措施。

③确定装卸搬运设备。

根据装卸任务和装卸设备的生产率，确定装卸搬运设备需用的台数和技术特征。

④编制装卸搬运作业进度计划。

根据装卸任务、装卸设备生产率和需用台数，编制装卸搬运作业进度计划。装卸搬运作业进度计划通常包括装卸搬运设备的作业时间表、作业顺序、负荷情况等详细内容。

⑤进度计划的下达和实施。

将装卸搬运作业进度计划下达给各部门，由各部门安排劳动力和作业班组。

本章小结

装卸是指物品在指定地点以人力或机械装入运输设备或从运输设备卸下物品的活动。搬运是指物资在区域范围内（通常是指仓库、车站或码头等）所发生的短距离、以水平方向为主的位移。广义的装卸则包括搬运活动，两者合称为装卸搬运。在实际操作中，装卸与搬运是密不可分的，两者是伴随在一起发生的，装卸搬运是指在同一区域范围内，以改变物资的存放状态和空间位置为主要内容和目的的活动。

装卸搬运的特点主要有：附属性、伴生性；是支持性、保障性、衔接性的活动；服务作业量大；均衡性与波动性；稳定性与多变性；装卸搬运的对象和过程复杂；装卸搬运服务的安全性要求高。装卸搬运的功能：装卸、搬运、堆码、取出、分类、理货。装卸搬运的主要作业：仓储装卸搬运作业和运输装卸搬运作业。装卸搬运设备的选择应该考虑：以满足现场作业为前提、控制作业费用、装卸搬运机械的配套。装卸搬运服务与产品加工一样，要达到同样的目的，可以采取多种不同的方法及工艺。在实际操作中，不断地分析、研究，选择最佳的工艺流程，使之标准化、通用化，才能保证装卸搬运质量，降低成本，创造出最高效率和最佳的效益，装卸搬运服务才能进一步科学化、合理化。

不合理装卸搬运的表现：过多的装卸次数、过多的包装装卸、无效物资的装卸。装卸搬运合理化的途径：减少环节，装卸程序化；应尽量使移动距离（时间）最小化；对必须进行的装卸搬运作业，物流企业应尽量做到不停顿、不间断，工序之间要紧密衔接，作业路径应当最短或为直线，消灭迂回和交叉，要按流水线形式组织装卸搬运作业，从而提高搬运效率。

复习思考题

1. 说明装卸搬运活动的特点。
2. 说明如何做到装卸搬运的合理化。
3. 不合理的装卸搬运有哪些？
4. 阐述装卸搬运服务管理的原则。
5. 什么是装卸搬运活性？试分析装卸搬运活性理论的重要性。

第六章

配送管理

主要内容

本章主要内容有配送的基本概念、特点、作用及意义，配送的分类，配送业务的基本环节，配送管理的含义、内容、意义、原则。

教学目标

1. 理解配送、配送管理的基本含义；
2. 熟悉配送的分类和配送业务的基本环节；
3. 掌握配送管理的内容及意义。

案例导读

日本菱食公司的配送体系再构筑

20世纪90年代，连锁商业在日本获得突飞猛进的发展，日本食品批发商——菱食公司抓住了这个机遇，按照"供应链物流"的思想，建立了可供"一揽子采购"，并提供一系列物流服务的食品供配货网络体系。公司的年销售额也由此突破了330亿日元。

有一家大型连锁超市原先向23家食品批发商进货，采用菱食公司的"一揽子物流"后一下子减少到5家，加工食品销售额的75%由菱食公司一家承担，成本大幅度下降。由于采用计算机订货，实现无纸化作业，取消了验货环节，缺货明显下降。由于多频率、小批量的物流需要较高的物流成本，为了向消费者提供价廉的商品，必须重新构筑新的流通框架，降低从生产直至消费者手中的整个流通的综合成本。为了实现这个共同目标，生产厂、批发商、零售商齐心协力，用"供应链"的思想构筑新的流通体系。

菱食公司的战略是建立区域性配送中心和前端性配送中心。区域性配送中心是承担整箱商品的配货、配送任务的物流中心。是具备拆零、分包装等流体加工功能的区域性集约化配送中心。

客户发来的订单，由计算机按照是否满整箱进行分档。以箱为单位的配货作业由前端物流中心进行，不满整箱的由区域性配送中心处理，经拆零拣选、拼箱后，按不同的客户进行理货，用大型载货汽车送至各前端物流中心，在那里与前端物流中心配好货的整箱商品一起配送到各门店。目前，该公司在日本境内已经形成了拥有9个区域性配送中心和55个前端物流中心的物流网络。

6.1 配送概述

"配送"一词是日本引进美国物流科学时，对英文原词 delivery（distribution）的意译，我国转学于日本，也直接用了"配送"这个词，形成了我国的一个新词汇——配送。

6.1.1 配送的含义

中华人民共和国国家标准《物流术语》对配送（distribution）的定义是这样的："在经济合理区范围内，根据用户要求，对物品进行拣选、加工、包装、分割、组配等作业，并按时送达指定地点的物流活动。"可见，配送是物流中一种特殊的、综合的活动形式，是商流与物流的紧密结合，既包含了商流活动和物流活动，也包含了物流中若干功能要素。

另外一个被广泛认同的定义是：配送就是根据客户的要求，在物流据点内进行分拣、配货等工作，并将配好的货送交收货人的过程。

配送是从发送、送货等业务活动中发展而来的。原始的送货是作为一种促销手段出现的。随着商品经济的发展和客户多品种、小批量需求的变化，原来那种有什么送什么和生产什么送什么的发送业务已不能满足市场的要求，从而出现了"配送"这种发送方式。

怎样对配送有更准确的理解，我们可从以下两个方面来认识。

1. 从资源配置的角度认识配送

配送是以现代送货形式实现资源最终配置的经济活动，其内涵概括为四点：

①配送是资源配置的一部分，因而是经济体制的一种形式。
②配送是资源的"最终配置"，是接近顾客的配置，体现了按需分配。
③配送的主要经济活动是送货，这里面强调的是现代送货，其与旧式送货的区别在于是用现代生产力、劳动手段为支撑，依靠先进技术实现"配"和"送"有机结合的一种送货方式。
④配送在社会再生产过程中是处于接近用户的那一段流通领域，因而有其局限性。这里所说的局限性是在概念中首先提到的"在经济合理区范围内"，比方说地处深圳的配送中心向华北地区客户配送，无论从时间上还是距离上都是不合理的，因而配送并不能解决流通领域的所有问题。

2. 从配送的实施形态角度认识配送

配送必须要按客户订货要求，在配送中心或其他物流结点进行配货，并以最合理方式送交用户，其内涵概括为四点：

（1）配送是按照客户要求进行资源配置的全过程

配送以用户要求为出发点。定义中强调"根据用户要求"明确了用户的主导地位。配送是从用户利益出发、按用户要求进行的一种活动，因此，在观念上必须明确"用户第一""质量第一""服务第一"，配送企业的地位是服务地位而不是主导地位，因此不能从本企业利益出发而应从用户利益出发，在满足用户利益基础上取得本企业的利益。更重要的是，不能利用配送损伤或控制用户，不能利用配送作为部门分割、行业分割、割据市场的手段。

（2）配送实质是送货，是一种"中转"型的送货，但和一般送货有区别

一般送货可以是一种偶然的行为，而配送却是一种固定的形式，甚至是一种有确定组织、确定渠道，有一套装备和管理力量、技术力量，有一套制度的体制形式，所以，配送是高水平的送货形式，即现代送货。

另外，从事配送的一般是专业的流通企业而不是生产企业；配送是"中转"型送货，而一般送货尤其从工厂至用户的送货往往是直达型的。所以，要做到需要什么送什么，就必须在一定中转环节筹集这种需要，从而使配送必然以中转形式出现。

（3）配送是"配"和"送"有机结合的形式

如果在送货之前不进行分拣、配货，有一单运一单，有一点送一点，这就会大大增加资源的消耗，提高送货成本，使送货并不优于取货，最终不得不提高销售价格，这样势必会降低产品竞争力。可见，配送是要利用有效的分拣、配货等理货工作，使送货达到一定的规模，以利用规模优势取得较低的送货成本。所以，追求整个配送的优化，分拣、配货等工作是必不可少的。

（4）概念中"以最合理方式"的提法是基于这样一种考虑

过分强调"按用户要求"是不妥的，因为用户的要求是从用户本身的利益出发的，不合理地满足要求往往会损失自我或双方的利益，对于配送者来讲，必须以"要求"为据，但是不能盲目，应该追求合理性，进而指导用户，实现共同受益的商业原则。

6.1.2 配送的产生

与其他新生事物一样，配送（或配送方式）是伴随着生产的不断发展而发展起来的。自从第二次世界大战后，为了满足日益增长的物资需求，西方工业发达国家逐步发展了配送中心，加速了库存物资的周转，打破了仓库的传统观念。

配送作为一种新型的物流手段，是在变革和发展仓库业的基础上开展起来的。因此，从某种意义上来说，配送是仓库业功能的扩大化和强化。传统的仓库业是以储存和保管货物为主要职能，其基本功能是保持储存货物的使用价值，为生产的连续运转和生活的正常进行提供物质保障。但是，在生产节奏不断加快，社会分工不断扩大，竞争日趋激烈的情况下，配送迫切要求缩短流通时间和减少库存资金的占用，因此，急需社会流通组织提供系列化、一体化和多项目的后勤服务。许多经济发达国家的仓库业已开始调整内部结构，扩大业务范围，转变经营方式，以适应市场变化对仓储功能提出的新需求。很多老式仓库转变成了商品流通中心，其功能由货物"静态储存"转变为"动态储存"，其业务活动由原来的单纯保管、储存货物变成了向社会提供多种服务，并且把保管、储存、加工、分类、分拣和输送等连成了一个整体。从服务方式上看，变革以后的仓库可以做到主动为客户提供"门到门"

的服务，可以把货物从仓库一直运送到客户的仓库、车间生产线或营业场所。这样，配送就形成和发展起来了。

具体而言，现代配送的雏形最早出现于 20 世纪 60 年代初期。在这个时期，物流运动中的一般性送货开始向备货、送货一体化方向转化。从形态上看，初期的配送只是一种粗放型、单一性的活动。这时的配送活动范围很小，规模也不大。在这个阶段，企业开展配送活动的主要目的是促进产品销售和提高其市场占有率。因此，配送主要是以促销手段的职能来发挥其作用的。

20 世纪 60 年代中期，在一些发达国家，随着经济发展速度的逐步加快，以及由此带来的货物运输量的急剧增加和商品市场竞争的日趋激烈，配送得到了进一步的发展。在这个时期，欧美一些国家的实业界相继调整了仓库结构，组建或设立了配送组织或配送中心，普遍开展了货物配装、配载及送货上门服务。配送的货物种类日渐增多，除了种类繁多的服装、食品、药品、旅游用品等日用工业品外，还包括一些生产资料产品，而且配送服务的范围也在不断扩大。例如，在美国，已经开展了州际的配送；在日本，配送的范围由城市扩大到了省际。从配送形式和配送组织上看，这个时期曾试行了"共同配送"，并且建立起了配送体系。

6.1.3 配送的特点

要想实现高水平的现代配送，必须依靠先进的信息网络技术的支持，供应商信息、客户信息、产品信息等通过网络被准确快速地收集、传递和处理是实现高效率配送的前提条件，因而也决定了配送具有以下特点。

1. 配送不仅仅是送货

配送作业中，除了送货还有"拣选""分货""包装""配货"等工作，这些工作难度较高，工作量较大，必须具有先进的管理方法和技术，才能做到高效率。而在商品经济不发达的国家或地区，很难实现按照客户要求配送这种形式，更别说实现广泛的高效率的配送。因此，可以从简单的送货和复杂的配送看出经济和商业水平的时代差别，体现出配送的商业化特点。

2. 配送是各种业务的有机结合

配送是送货、分货、配货等业务活动有机结合的整体，需要将配送中心、供应商和客户通过信息网络建立起一个完善的大系统，使其成为一种现代化的作业系统，这也体现了配送的信息化特点。

3. 采用现代化的技术和设施设备

现代化技术和设施设备的采用使配送在规模、水平、效率、速度、质量等方面远远超过以往的送货形式，在作业活动中，我们大量采用各种条码扫描识读设备、输送设备、自动分拣设备甚至建设自动化立体仓库等设施，使得整个作业过程像工业生产中的流水线，体现了配送的自动化、机械化特点。

4. 配送是一种专业化的分工方式

配送是一种专业化的分工方式，是社会化大生产、专业化分工在流通领域的体现。配送属于服务性的流通行业，客户需要的是服务质量更高、速度更快的送货，而配送正是更专业化的送货。

6.1.4 配送的作用及意义

1. 完善和优化了物流系统

第二次世界大战之后，由于大吨位、高效率运输力量的出现，使干线运输无论在铁路、海运抑或公路方面都达到了较高水平，长距离、大批量的运输实现了低成本化。但是，在所有的干线运输之后，往往都要辅以支线运输和小搬运，这种支线运输及小搬运成了物流过程的一个薄弱环节。这个环节有和干线运输不同的许多特点，如要求灵活性、适应性、服务性，致使运力利用不合理、成本过高等问题难以解决。而采用配送方式，将支线运输及小搬运统一起来，使输送过程得以优化和完善。

2. 提高了末端物流的效益

采用配送方式，通过增大批量来达到经济进货，又通过将各种商品客户集中在一起进行一次发货，代替分别向不同客户小量发货来达到经济发货，从而使末端物流经济效益提高。

3. 通过集中库存使企业实现低库存或零库存

实现了高水平的配送之后，尤其是采取准时配送方式之后，生产企业可以完全依靠配送中心的准时配送而不需保持自己的库存，或者生产企业只需保持少量保险储备而不必持有经常储备。这就可以实现生产业多年追求的"零库存"，将企业从库存的包袱中解脱出来，同时解放出大量储备资金，从而改善企业的财务状况。实行集中库存后，其库存总量远低于不实行集中库存时各企业分散库存的总量。同时，增加了调节能力，也提高了社会经济效益。此外，采用集中库存可利用规模经济的优势，使单位存货成本下降。

4. 简化事务，方便客户

采用配送方式，客户只需向一处订购，或与一个进货单位联系，就可订购到以往需要去许多地方才能订到的货物，这样只需组织对一个配送单位的接货便可代替现有的高频率接货，因而大大减轻了客户的工作量和负担，也节省了事务开支。

5. 提高供应保证程度

生产企业自己保持库存，维持生产，受到库存费用的制约，供应保证程度很难提高。而采取配送方式，配送中心可以比任何单位或企业的储备量更大，因而对每个企业而言，中断供应、影响生产的风险便会相对缩小，使客户免去短缺之忧。

6.2 配送业务概述

6.2.1 配送的分类

1. 按配送组织者的不同，可以把配送分为配送中心配送、仓库配送、商店配送、生产企业配送。

（1）配送中心配送

配送中心配送是配送的重要形式，其组织者是专职配送中心。配送中心是一种以物流配送活动为核心的经营组织，通常有较大规模的存储、分拣及输送系统和设施，而且要建立较大的商品储备，风险和投资都比较大，其设施及工艺流程一般是根据配送活动的特点和需要而专门设计和建设的，因此这种配送的优点是：

①规模比较大，专业性比较强，与用户之间存在固定的配送关系。配送中心一般情况下都实行计划配送，需要配送的商品有一定的库存量，很少有自己的经营范围。

②配送能力强，配送距离较远，覆盖面宽，配送的品种多，配送的数量大，可以承担工业生产用主要物资的配送以及向配送商店实行补充性配送等。

配送中心配送的缺点是：投资较高，灵活性与机动性较差。作为大规模配送形式的配送中心配送，必须有配套的大规模实施配送的设施，比如配送中心建筑、车辆、其他配送活动中需要的设备等，这就导致了在实施配送初期很难大量建立配送中心。

(2) 仓库配送

这种配送形式是以一般仓库为据点来进行配送。它可以是把仓库完全改造成配送中心，也可以是在保持仓库原有功能的前提下，以仓库原有功能为主，再增加一部分配送职能。

其优点是：投资小、上马快，是开展中等规模的配送可以选择的形式。仓库配送由于可以利用原有仓库的储存设施及能力、收发货场地、交通运输线路等，较为容易利用现有条件，因此不需大量投资、上马较快。

其缺点是：配送的规模较小，专业化水平低。由于其并不是按配送中心的要求而专门设计和建立的，所以，一般来讲，仓库配送的规模较小，配送的专业化比较差。

(3) 商店配送

这种配送方式的组织者是商业或物资的门市网点。这些网点往往经营商品的零售，它们可以在经营的同时，根据用户的要求，将本店经营的商品种类配齐，甚至为用户代为订购其他商店商品，连同该店的商品一起送到用户的手中。

商店配送的优点是：灵活机动，适用于小批量、零星商品的配送。由于商业和物资企业的经营网点较多，因此可以灵活机动地对非生产企业非生产性物资的产品进行配送，满足企业或消费者的需求。

其缺点是：商业或物资的门市网点通常规模和实力有限，所以一般无法承担大批量的商品配送。

按照商店的性质和其进行配送的程度，商店配送又分为专营配送形式和兼营配送形式。专营配送形式是指商店不进行销售，而是专门进行配送；兼营配送形式是商店在进行一般销售的同时还进行商品的配送。

(4) 生产企业配送

这种配送形式的组织者是生产企业，尤其是进行多种产品生产的企业，这种配送形式越过了配送中心，直接由生产企业进行配送。由于具有直接、避免中转的特点，所以在节省成本方面具有一定的优势，但是这种配送方式多适用于大批量、单一产品的配送，不适用于多种产品"化零为整"的配送方式，所以具有一定的局限性。其实，把生产企业作为配送的主体是不适宜的，只有在那些有独特的生产技术和独特的产品种类的企业才适用。

2. 按照配送时间及数量的不同，可以把配送分成定时配送、定量配送、定时、定量配送、定时、定量、定点配送，定时、定路线配送，即时配送和快递配送。

（1）定时配送

定时配送即按事先约定的时间间隔进行配送，如数天、数小时一次，每次配送的品种及数量可以预先计划，也可以根据客户的需求进行调整，用商定的联络方式（电话、传真、计算机终端联系等）通知配送品种和数量。

这种方式的优点是：时间固定，易于安排工作计划，易于计划使用设备，也有利于安排接运人员和接运作业。

缺点是：临时性较强，配货、配装工作紧，难度较大，如果配送数量变化较大时也会出现配送运力的困难。

定时配送的常见形式有两种：日配、准时看板方式。

1）日配

日配是定时配送中使用较广泛的一种方式，尤其在城市内的配送，日配占了绝大多数比例。日配在时间方面的要求大体是，上午订货下午送达，下午订货第二天送达，配送时间在订货后 24 小时之内。

日配主要适用于以下一些情况：

①新鲜食品的配送，如蔬菜、水果、点心、肉类等的配送。

②向小型商店配送，这些商店要求商品随进随售，因而需要采取日配形式，实现快速周转。

③针对不能保持较长时期库存的用户的配送，如实现"零库存"的企业或缺乏冷冻设施的用户。

2）准时看板方式

准时看板方式是实现配送供货与生产企业生产保持同步的一种配送方式，与日配方式和一般定时方式相比，这种方式更为精细和准确，其配送每天至少一次，甚至几次，以保证企业生产的不间断，这种配送方式的目的是实现供货时间恰好是用户生产之时，从而保证货物不需要在用户的仓库中停留，可直接运至生产场地。

准时看板方式要求依靠高水平的配送系统来实施。由于要求迅速反应，因而对多用户进行周密的共同配送计划是不大可能的。该方式适合于装配型、需要重复大量生产的用户，如手机、电视、汽车等制造行业。这种用户所需配送的物资是重复、大量而且没有大变化的，因而往往是一对一的配送。

（2）定量配送

定量配送是按规定的批量在一个指定的时间范围内进行的配送。由于数量和品种相对固定，备货工作相对简单，而时间规定不严格，则为将不同用户所需的物品拼凑整车运输、充分提高运力利用率提供了机会；同时可对配送路线进行合理优化，达到节约运力、降低成本的目的。此外，定量配送还有利于充分发挥集合包装运输的优越性，如使用托盘或集装箱运输，提高运送效率。

（3）定时、定量配送

定时、定量配送是在规定的时间内对规定的商品品种和数量进行配送，它兼有以上两种方式的特点，对配送企业的要求比较严格，管理和作业的难度较大。需要配送企业有较强的计划性和精确度，所以相对来说比较适用于生产和销售稳定，产品批量较大的生产制造企业和大型连锁商场的部分商品的配送及配送中心采用。

（4）定时、定量、定点配送

定时、定量、定点配送是按照确定的周期、确定的货物品种和数量，对确定的用户进行配送。这种配送形式一般事先由配送中心与用户签订配送协议，双方严格按协议执行，适用于重点企业和重点项目的需要，配送中心一般与用户有长期稳定的业务往来，这对于保证物资供应，降低企业库存非常有利。

（5）定时、定路线配送

定时、定路线配送是通过对客户的分布状态进行分析，设计出合理的运输路线，根据运输路线安排到达站点的时刻表，按照时刻表，根据规定的运行路线进行配送，用户可以按规定的路线站点及规定的时间接货以及提出配送要求。这种方式对于配送中心来说，易于安排车辆和驾驶人员及接、运货工作。对于用户来讲，可以就一定路线和时间进行选择，又可以有计划地安排接货力量，适用于消费者比较集中的地区。

（6）即时配送

即时配送是完全按照用户突然提出的时间和数量方面的配送要求，立即将商品送达指定地点的配送方式。即时配送可以灵活高效地满足用户的临时需求，但是对配送中心的要求比较高，特别对配送速度和配送时间要求比较严格。因此，通常只有配送设施完备，具有较高的管理和服务水平、较高的组织和应变能力的专业化的配送中心，才能大规模地开展即时配送业务。只有即时配送才会使用户真正实现保险储备的零库存，适应于采取"准时"生产的企业。

（7）快递配送

快递配送是一种面向社会的快速的配送方式。这种配送方式与即时配送相比更为灵活机动。其服务对象为广大的企业和用户，覆盖范围比较广，服务时间随地域的变化而变化，配送的物品主要是小件物品，它可以快速地将物品送到所需用户手里。由于这种方式方便快捷，所以很受市场欢迎。

3. 按照配送商品种类及数量的不同，可以把配送分为单（少）品种、大批量配送，多品种、少批量配送，配套成套配送。

（1）单（少）品种、大批量配送

一般来讲，对于工业企业需要量较大的商品，由于单独一个品种或几个品种就可达到较大输送量，可以实行整车运输，这种情况下就可以由专业性很强的配送中心实行配送，往往不需要再与其他商品进行搭配。由于配送量大，可使车辆满载并使用大吨位车辆，同时，由于配送中心的内部设置、组织、计划等工作也较为简单，因此配送成本较低。但是，如果可以从生产企业将这种商品直接运抵用户，同时又不至于使用户库存效益下降时，采用直送方式则往往效果更好一些。

（2）多品种、少批量配送

现代企业生产中，除了需要少数几种主要物资外，大部分属于次要的物资，品种数较多，但是由于每一品种的需要量不大，如果采取直接运送或大批量的配送方式，一次进货批量大，必然造成用户库存增大等问题。类似的情况在向零售商店补充一般生活消费品的配送中也存在。所以以上这些情况，适合采用多品种、少批量的配送方式。

多品种、少批量配送是根据用户的要求，将所需的各种物品（每种物品的需要量不大）配备齐全，凑整装车后由配送据点送达用户。这种配送对作业水平要求高，配送中心需要的设备复杂，配货送货计划难度大，因此需要有高水平的组织工作保证和配合；而且在实际中，多品种、少批量配送往往伴随多用户、多批次的特点，配送度往往较高。

配送的特殊作用主要反映在多品种、少批量的配送中，因此，这种配送方式在所有配送方式中是一种高水平、高技术方式，这种配送能满足物资品种多样化的需求，符合市场环境的主流需要，也是配送中最典型的形式。

（3）配套成套配送

这种配送方式是指根据企业的生产需要，尤其是装配型企业的生产需要，把生产每一台产品所需要的全部零部件配齐，按照生产节奏定时送达生产企业，生产企业随即可将此成套零部件送入生产线以装配产品。这种配送方式中，配送企业承担了生产企业大部分的供应工作，使生产企业可以专注于生产。它与多品种、少批量的配送效果相同。

4. 按照供应主体的不同，可以把配送分为供应商直接配送、企业自营配送、社会化配送、共同配送。

（1）供应商直接配送

供应商直接配送是指用户为了自己的供应需要所采取的配送形式。在这种配送形式下，一般来讲是由用户或用户集团组建配送据点，集中组织大批量进货（以便取得批量折扣），然后向本企业配送或向本企业集团若干企业配送。在大型企业、企业集团或联合公司中，常常采用这种配送形式组织对本企业的供应，例如商业中广泛采用的连锁商店，就常常采用这种方式。用该配送形式进行供应，是保证供应水平、提高供应能力、降低供应成本的重要方式。

（2）企业自营配送

企业自营配送是目前商贸企业广泛采用的一种配送模式。商贸企业通过独立组建配送中心，实现对内部各零售店的商品供应配送。作为一种物流组织，配送中心成为企业的一个有机组成部分。其最大的优点是具有灵活性，因为企业可以对其政策和作业程序进行调整，以满足自身的需要。自营配送模式与其他模式相比，可以提供给商贸企业更多的控制权；因为企业对所有活动拥有绝对的决策权，这种控制能使企业把配送活动与企业内部的其他物流过程结合在一起。

（3）社会化配送

在社会化配送模式中，商贸企业的物流活动由第三方的专业公司来承担，商贸企业可以将全部或部分物流活动委托第三方物流公司来承担。社会化配送的优势在于专业配送公司更能够通过规模化操作带来经济利益，所以具有较低的成本。另外，专业配送公司能够通过提供更多的物流作业和物流管理方面的专门知识，使商贸企业降低经营风险。在运作中，专业配送公司对信息进行统一组合、处理后按客户订单的要求，配送到各零售店。这种配送模式，还可为用户之间进行交流提供信息，从而起到调剂余缺、合理利用资源的作用。

(4) 共同配送

共同配送又称协同配送。按照日本运输省的定义，共同配送是指"在城市里，为使物流合理化，在几个有定期运货需求的货主的合作下，由一个卡车运输者，使用一个运输系统的配送"。共同配送实质上就是在同一个地区，许多企业在物流运动中互相配合、联合运作，共同进行理货、送货等活动的一种组织形式。

1）共同配送的具体做法

①共同投资建立"共同配送中心"，使装卸、保管、发送等职能全面协作化，以求更有效地完成货物分类和理货、发送等工作。

②共同运送。有两种类型：其一，以物流业者为主体所组织的共同运送；其二，以需要提供运输服务的厂商和批发商牵头组织的共同运送。

共同配送的目的是增大企业中有限的物流量，是寻求大量化最有效的途径。由于对共同化的对象相互补充利用，能够追求商品配送的大量化并缩短配送距离，最有效地提高物流效率和降低成本，并可能通过大量储存、大量输送、大量处理使单位物流成本大幅度下降。共同配送对社会也是有利的，首先节约了社会运力，降低了对交通道路的压力；其次减少了空气及噪声污染。

2）共同配送的特征

①技术设备先进。共同配送的服务质量要高，需要有高新技术的支撑，且配送规模较大，资金流动充足。

②多网络的有机结合。共同配送是多家连锁企业的多种配送网络的有机整合，能够产生递增的规模效益。

③长距离、高密度的聚集与发散。共同配送的服务范围一般较大，涉及的领域一般较广。

④工作人员较少且素质较高。由于共同配送技术含量高，所以所需工作人员较少，但是要求工作人员有较高的文化水平和工作技能。

3）共同配送的分类

按照主体的不同，共同配送可以分为以货主为主体的共同配送、以物流业者为主体的共同配送。

①以货主为主体的共同配送是由有配送需要的厂家、批发商、零售商，以及由他们组建的合作机构为主体进行配送，避免个别配送的低效率。该种配送方式对货主而言，可以在不增加物流成本的情况下，实现小批量、多批次的配送。

②以物流业者为主体的共同配送是由提供配送的物流业者，或以他们组建的新公司或合作机构为主体进行合作，避免个别配送的低效率。该种配送方式对物流业者而言，可以提高配送效率，改善服务，提高市场竞争力。

按照配送形态的不同，共同配送可以分为水平式的共同配送、垂直式的共同配送。

①水平式的共同配送是在批发商店及代理商店之间进行的一种配送。

②垂直式的共同配送由制造商主导来汇总批发业的配送，或由连锁店总部主导来汇总供货厂商的配送。

6.2.2 配送业务的基本环节

1. 备货

(1) 备货的概念

备货是配送的准备工作或基础工作,备货工作包括筹集货源、订货或购货、集货、进货及有关的质量检查、结算、交接等。配送的优势之一就是可以集中用户的需求进行一定规模的备货,是决定配送成败的初期工作。如果备货成本太高,会大大降低配送的效益。

(2) 备货的具体作业内容

①筹集货物(组织货源):由订货、进货、集货和相关的验货、结算等一系列活动组成。

②存储货物:按照分拣、配货工序的要求,在理货区储存少量货物。暂存主要是调节配货与送货的节奏,时间不长。储备是按一定时期的配送经营要求,形成的对配送的资源保证。这种类型的储备数量较大,储备结构也较完善,视货源及到货情况,可以有计划地确定周转储备和保险储备的结构及数量。

2. 理货

(1) 理货的概念

理货是配送的一项重要活动,是配送区别于一般送货的重要标志。理货包括分拣、配货和包装等经济活动。

(2) 理货的具体作业内容

分拣和配货是理货作业的主要内容,也是完善送货、支持送货的准备性工作,是不同配送企业在送货时进行竞争和提高自身经济效益,向高级形式发展的必然要求。有了分拣及配货,就会大大提高送货服务水平。所以,分拣及配货是决定整个配送系统水平的关键要素。

分拣一般有两种方式:

①摘取式(Pick-to-Light):摘取式拣货系统主要是应用在采取订单货策略时的作业辅助。货架上安装的标签是对应至一个储位品项,拣货人员只要根据电子标签点亮的灯号指示至指定储位,按标签面板上之数量显示,从货架上拿取相同数量的商品并放置在该客户订单所对应的承载物(纸箱、物流箱或栈板)中,再在标签上进行确认动作,即可完成品项的拣取作业。此过程中拣货人员可完全按照电子卷标的作业指示,轻松、迅速地完成一张订单所有品项的拣货作业。

②播种式(Put-to-Light):播种式电子标签分拣系统(Digital Assorting System,DAS)是利用电子标签实现播种式分货出库的系统。DAS 中的储位代表每一客户(各个商店、生产线等),每一储位都设置电子标签。操作员先通过条码扫描把将要分拣货物的信息输入系统中,下订单客户的分货位置所在的电子标签就会亮灯、发出蜂鸣,同时显示出该位置所需分货的数量,分拣员可根据这些信息进行快速分拣作业。因为 DAS 是依据商品和部件的标识号来进行控制的,所以每个商品上的条形码是支持 DAS 的基本条件。当然,在没有条形码的情况下,也可通过手工输入的办法来解决。

3. 送货

送货是配送活动的核心,是备货和理货工序的延伸。配送运输属于运输中的末端运输、支线运输，和一般运输形态的主要区别在于：配送运输是较短距离、较小规模、频度较高的运输形式，一般使用汽车做运输工具。

与干线运输的另一个区别是，配送运输的路线选择问题是一般干线运输所没有的。干线运输的干线是唯一的运输线，而配送运输由于配送用户多，一般城市交通路线又较复杂，如何组合最佳路线，如何使配装和路线有效搭配等是配送运输的特点，也是难度较大的工作。

在送货过程中，必须要对运输方式、运输路线和运输工具进行优化和选择，以降低配送成本。

6.3 配送管理

6.3.1 配送管理的含义

配送管理是指为了以最低的配送成本达到客户所满意的服务水平，对配送活动进行的计划、组织、协调与控制。按照管理进行的顺序，可将配送管理划分为三个阶段：计划阶段、实施阶段和评价阶段。

1. 配送管理的计划阶段

计划是作为行动基础的某些事先的考虑。配送计划是为了实现配送预想达到的目标所做的准备性工作。

首先，配送计划要确定配送所要达到的目标，以及为实现这个目标所进行的各项工作的先后次序。

其次，要分析研究在配送目标实现的过程中可能发生的任何外界影响，尤其是不利因素，并确定对这些不利因素的对策。

最后，制定人力、物力、财力规划的具体措施。

2. 配送管理的实施阶段

配送计划确定以后，为实现配送目标，就必须要把配送计划付诸实施。配送的实施管理就是对正在进行的各项配送活动进行管理。它在配送各阶段的管理中具有最突出的地位，因为在这个阶段，各项计划将通过具体的执行受到检验。同时，它也把配送管理工作与配送各项具体活动紧密地结合在一起。这个阶段包括如下任务：

（1）对配送活动的组织和指挥

为了使配送活动按计划所规定的目标正常地发展和运行，对配送的各项活动进行组织和指挥是必不可少的。配送的组织是指在配送活动中把各个相互关联的环节合理地结合起来，形成一个有机的整体，以便充分发挥配送中每个部门、每个工作者的作用。配送的指挥是指在配送过程中对各个配送环节、部门机构进行的统一调度。

（2）对配送活动的监督和检查

必须通过监督和检查，才能充分了解配送活动的结果。监督的作用是考核配送执行部门或执行人员工作完成的情况，监督各项配送活动有无偏离配送既定目标。各级配送部门都有监督和检查的义务，也有去监督、检查其他部门的责任。通过监督和检查，可以了解配送的实施情况，找出存在的问题，分析问题发生的原因，提出解决问题的方法。

(3) 对配送活动的调节

在执行配送计划的过程中，配送的各部门、各环节总会出现不平衡的情况。遇到上述问题，就需要根据配送的影响因素，对配送的各部门、各个环节的能力做出新的综合平衡，重新布置实现配送目标的力量。这就是对配送活动的调节。通过配送调节，可以解决各部门、各环节之间、上、下级之间、配送内部和外部环境之间的矛盾，从而使配送过程协调一致，紧紧围绕配送目标开展活动，保证配送计划的最终实现。

3. 配送管理的评价阶段

在一定时期内，人们对配送实施后的结果与原计划的配送目标进行对照、分析，这就是对配送的评价。通过对配送活动的评价可以确定配送计划的科学性、合理性如何，确认配送实施阶段的成果与不足，从而为今后制订新的计划、组织新的配送提供宝贵的经验和资料。

按照对配送评价的范围不同，可以将配送评价分为专门性评价和综合性评价。专门性评价是指对配送活动中的某一方面或某一具体活动做出分析，如分拣工作的效率、送货服务的准确性等。综合性评价是指对配送活动全面管理水平的综合性分析，主要评价某一次或某一类配送活动是否达到了期望的目标值，完成了预定的任务。

按照配送各部门之间的关系，配送评价又可以分为纵向评价和横向评价。纵向评价是指上一级配送部门对下一级部门和机构的配送活动进行的分析。这种分析通常表现为本期完成情况与上期或历史完成情况的对比。横向评价是指执行配送业务的各部门之间的各种工作效果的对比，通常能显示出配送部门在社会上所处水平的高低。

应当指出的是，无论采取什么评价方法，其评价手段都要借助于具体的评价指标。这种指标通常表现为实物指标和综合指标。

6.3.2 配送管理的内容

从不同的角度来看，配送管理包含不同的内容。我们可以从以下角度进行分析。

1. 配送模式管理

配送模式是企业对配送所采取的基本战略和方法。企业选择何种配送模式，主要取决于以下几方面的因素：配送对企业的重要性、企业的配送能力、市场规模与地理范围、保证的服务及配送成本等。根据国内外发展经验及我国的配送理论与实践，目前主要形成了以下几种配送模式：自营配送模式、共同配送模式、共用配送模式和第三方配送模式。

2. 配送业务管理

配送的对象、品种、数量等较为复杂。为了做到有条不紊地组织配送活动，管理者需要遵照一定的工作程序对配送业务进行安排与管理。一般情况下，配送组织工作的基本程序和内容主要有以下几个方面：

(1) 配送路线的选择

配送路线是否合理，对配送速度、成本、效益影响很大，因此，采用科学合理的方法确定合理的配送路线是非常重要的一项工作。确定配送路线可以采取各种数学方法和在数学方法的基础上发展和演变出来的经验方法，主要有方案评价法、数学计算法和节约里程法等。

（2）拟订配送计划

管理者需要拟订出配送计划，供具体负责进行配送作业的员工执行。现在一般采用计算机编制配送计划。

3. 配送作业管理

不同产品的配送可能有独特之处，但配送的一般流程如图6.1所示。

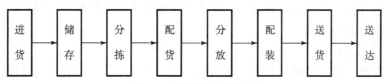

图 6.1 配送的一般流程

配送作业流程的管理就是对这个流程之中的各项活动进行计划和组织。

4. 对配送系统各要素的管理

从系统的角度看，对配送系统各要素的管理主要包含以下内容：

（1）人的管理

人是配送系统和配送活动中最活跃的因素。对人的管理包括：配送从业人员的选拔和录用；配送专业人才的培训与提高；配送教育和配送人才培养规划与措施的制定等。

（2）物的管理

"物"是指配送活动的客体，即物质资料实体。物质资料的种类千千万万，物质资料的物理、化学性能更是千差万别。对物的管理贯穿于配送活动的始终。它渗入了配送活动的流程之中，不可忽视。

（3）财的管理

财的管理主要是指配送管理中有关降低配送成本、提高经济效益等方面的内容，它是配送管理的出发点，也是配送管理的归宿。主要内容有：配送成本的计算与控制；配送经济效益指标体系的建立；资金的筹措与运用；提高经济效益的方法等。

（4）设备管理

设备管理的主要内容有：各种配送设备的选型与优化配置；各种设备的合理使用和更新改造；各种设备的研制、开发与引进等。

（5）方法管理

方法管理的主要内容有：各种配送技术的研究、推广普及；配送科学研究工作的组织与开展；新技术的推广普及；现代管理方法的应用等。

（6）信息管理

信息是配送系统的神经中枢，只有做到有效地处理并及时传输配送信息，才能对系统内部的人、财、物、设备和方法五个要素进行有效的管理。

5. 对配送活动中具体职能的管理

从职能上划分，配送活动主要包括配送计划管理、配送质量管理、配送技术管理和配送经济管理等。

(1) 配送计划管理

配送计划管理是指在系统目标的约束下，对配送过程中的每个环节都要进行科学的计划管理，具体体现在配送系统内各种计划的编制、执行、修正及监督的全过程。配送计划管理是配送管理工作的最重要的职能。

(2) 配送质量管理

配送质量管理包括配送服务质量管理、配送工作质量管理、配送工程质量管理等。配送质量的提高意味着配送管理水平的提高，意味着企业竞争能力的提高。因此，配送质量管理是配送管理工作的中心问题。

(3) 配送技术管理

配送技术管理包括配送硬技术和配送软技术的管理。对配送硬技术的管理，是对配送基础设施和配送设备的管理。如配送设备的规划、建设、维修、运用；配送设备的购置、安装、使用、维修和更新；提高设备的利用效率；对日常工具的管理等。对配送软技术的管理，主要是指配送各种专业技术的开发、推广和引进；配送作业流程的制定，技术情报和技术文件的管理；配送技术人员的培训等。配送技术管理是配送管理工作的依托。

(4) 配送经济管理

配送经济管理包括配送费用的计算和控制，配送劳务价格的确定和管理，配送活动的经济核算、分析等。成本费用的管理是配送经济管理的核心。

6. 配送中心管理

6.3.3 配送管理的意义

配送中心是专门从事配送活动的场所，应从管理一个企业或者部门的角度出发，对其中涉及的各项工作进行妥善的安排。

配送管理的意义，在于可以通过对配送活动的合理计划、组织、协调与控制，帮助实现以最合理的成本达到最合适的客户服务水平的总目标。从不同的角度来看，其意义有不同的体现。

1. 对于从事配送工作的企业的意义

对于从事配送工作的企业来说，配送管理的意义主要表现在以下几方面：

①通过科学合理的配送管理，可以大幅度提高企业的配送效率。配送企业通过对配送活动的合理组织，可以提高信息的传递效率，提高配送决策的效率和准确性，提高各作业环节的效率，能有效地对配送活动进行实时监控，促进配送作业环节的合理衔接，减少失误，更好地完成配送的职能。

②通过科学合理的配送管理，可以大幅度提高货物供应的保证程度，降低客户因缺货而产生的风险，提高配送企业的客户满意度。

③通过科学合理的配送管理，可以大幅度提高配送企业的经济效益。一方面，货物供应保证程度和客户满意度的提高，将会提高配送企业的信誉和形象，吸引更多的客户；另一方面，将会使企业更科学合理地选择配送的方式及配送路线，保持较低的库存水平，从而降低成本。

2. 对于客户的意义和作用

对于接受配送服务的客户来说，配送管理的意义和作用主要表现在以下几方面：

①对于需求方客户来说，可以通过配送管理降低库存水平，甚至可以实现零库存，从而减少库存资金，改善财务状况，实现客户经营成本的降低。

②对于供应方客户来说，如果供应方实施自营配送模式，可以通过科学合理的配送管理提高其配送效率，降低配送成本。如果供应方采取委托配送模式，可节约在配送系统方面的投资和人力资源的配置，提高资金的使用效率，降低成本开支。

3. 对于配送系统的意义和作用

对于配送系统来说，可以通过科学合理的配送管理实现以下功能：

①完善配送系统。配送系统是构成整体物流系统的重要系统，配送活动处于物流活动的末端，它的完善和发展将会使整个物流系统得以完善和发展。通过科学合理的配送管理，可以帮助完善整个配送系统，从而达到完善物流系统的目的。

②强化配送系统的功能。通过配送管理，可以更强地体现配送运作乃至整体物流运作的系统性，使运作之中的各个环节紧密衔接、互相配合，从而达到系统最优的目的。

③提高配送系统的效率。对于配送工作而言，与其他任何工作一样，需要进行全过程的管理，以不断提高系统的运作效率，更好地实现经济效益与社会效益。

6.3.4 配送管理的原则

配送管理的具体原则很多，但最根本的指导原则是保证配送合理化的实现。所谓配送合理化，就是对配送设备配置和配送活动组织进行调整改进，实现配送系统整体优化的过程。它具体表现在兼顾成本与服务上。配送成本是配送系统为提高配送服务所投入的活劳动和物化劳动的货币表现。配送服务是配送系统投入后的产出。合理化是投入和产出比的合理化，即以尽可能低的配送成本，获得可以接受的配送服务，或以可以接受的配送成本达到尽可能高的服务水平。

1. 配送合理化的基本思想

配送活动各种成本之间经常存在此消彼长的关系，配送合理化的一个基本思想就是均衡的思想，从配送总成本的角度权衡得失。不求极限，但求均衡，均衡造就合理。例如，对配送费用的分析，均衡的观点是从总配送费用入手，即使某一配送环节要求高成本的支出，但如果其他环节能够降低成本或获得利润，就认为是均衡的，即是合理可取的。在配送管理实践中，切记配送合理化的原则和均衡的思想，这将有利于我们防止"只见树木，不见森林"，做到不仅注意局部的优化，更应注重整体的均衡。这样的配送管理对于企业最大经济效益的取得才是最有成效的。

2. 不合理配送的表现形式

配送决策的优劣，不能简单处之，也很难有一个绝对的标准。例如，企业效益是配送的重要衡量标志。但是，在决策时常常需要考虑各个因素，有时要做赔本买卖，所以，配送决策是全面、综合的决策。决策要避免由于不合理配送所造成的损失。但有时某些不合理现象是伴生的，要追求大的合理，就可能派生小的不合理，所以，这里只单独论述不合理配送的表现形式,但要防止绝对化。

(1) 资源筹措不合理

配送是利用较大批量筹措资源。通过筹措资源的规模效益来降低资源筹措的成本,使配送资源筹措成本低于客户自己筹措资源的成本,从而取得优势。如果不是集中多个客户需要进行批量筹措资源,而仅仅是为某一两个客户代购代筹,对客户来讲,就不仅不能降低资源筹措费用,相反却要多支付一笔配送企业的代筹代办费,因而是不合理的。

资源筹措不合理还有其他表现形式,如配送量计划不准,资源筹措过多或过少,在资源筹措时不考虑建立与资源供应者之间长期稳定的供需关系等。

(2) 库存决策不合理

配送应充分利用集中库存总量低于各客户分散库存总量的优势,大大节约社会财富,同时降低客户实际平均分配的库存负担。因此,配送企业必须依靠科学的管理来实现低的总量库存,否则就会出现仅仅是库存转移,而未实现库存降低的不合理现象。

配送企业库存决策不合理还表现在储存量不足,不能保证随机需求,因而失去了应有的市场。

(3) 价格不合理

总的来讲,配送的价格应低于不实行配送、客户自己进货时的产品购买价格加上自己提货、运输、进货之成本的总和,这样才会使客户有利可图。有时,由于配送有较高的服务水平,价格稍高客户也是可以接受的,但这不是普遍的原则。如果配送价格普遍高于客户自己进货的价格,将会损伤客户的利益,那就是一种不合理的表现。

价格过低会使配送企业在无利或亏损的状态下运行,这将会损害销售者的利益,也是不合理的。

(4) 配送与直达决策不合理

一般的配送总是增加了环节,但是环节的增加可降低客户的平均库存水平,这样不但抵消了由于增加环节而多付出的支出,而且还能取得剩余效益。但是如果客户需要的货物批量大,则可以直接通过社会物流系统均衡批量进货,它较之通过配送中转送货可能更节约费用。所以,在这种情况下,不直接进货而通过配送,就属于不合理范畴。

(5) 送货中的不合理运输

配送与客户自提比较,尤其对于多个小客户来讲,可以集中配装一车送几家,这比一家一户自提,可大大节省运力和运费。如果不能利用这一优势,仍然是一户一送,而车辆达不到满载(即时配送过多、过频时会出现这种情况),就属于不合理运输。

此外,不合理运输的若干表现形式,在配送中都可能出现,会使配送变得不合理。

(6) 经营观念不合理

在配送实施中,许多经营观念不合理,使配送优势无从发挥,相反却损坏了配送的形象。这是尤其需要注意的不合理现象。例如,配送企业利用配送手段,向客户转嫁资金、库存困难;在库存过大时,强迫客户接货,以缓解自己的库存压力;在资金紧张时,长期占用客户资金;在资源紧张时,将客户委托的资源挪作他用而获利等。

3. 配送合理化的判断标志

对配送合理化与否的判断,是配送决策系统的重要内容,但目前国内外尚无一定的技术经济指标体系和判断方法。按一般认识，以下若干标志是应当纳入的：

(1) 库存标志

库存是判断配送合理与否的重要标志。具体指标有以下两方面：

①库存总量。库存总量在一个配送系统中，从分散的各个客户转移给配送中心，配送中心的库存数量加上各客户在实行配送后的库存量之和应低于实行配送前各客户库存量之和。

此外，从各个客户的角度判断，把各客户在实行配送前后的库存量相比较，也是判断配送合理与否的标志。如果某个客户的库存量上升而总量下降，也属于一种不合理。

库存总量是一个动态的量，上述比较应当在一定经营量的前提下。在客户生产有所发展之后，库存总量的上升则反映了经营的发展，必须排除这一因素，才能对总量是否下降做出正确判断。

②库存周转。由于配送企业的调剂作用，以低库存保持高的供应能力，所以库存周转一般总是快于原来各企业的库存周转。

此外，从各个客户的角度进行判断，把各客户在实行配送前后的库存周转相比较，也是判断配送合理与否的标志。

为取得共同的比较基准，以上库存标志都以库存储备资金来计算，而不以实际物资数量计算。

(2) 资金标志

总的来讲，实行配送应有利于资金占用降低及资金运用的科学化。具体判断标志如下：

①资金总量。用于资源筹措所占用的流动资金总量，随着储备总量的下降及供应方式的改变必然有较大幅度的降低。

②资金周转。从资金运用来讲，由于整个节奏加快，资金充分发挥了作用，同样数量的资金，过去需要较长的时间才能满足一定的供应要求，而实行配送之后，在较短的时间内就能达到此目的。所以资金周转是否加快，也是衡量配送合理与否的标志。

③资金投向的改变。资金分散投入还是集中投入，是资金调控能力的重要反映。在实行配送后，资金必然应当从分散投入改为集中投入，以便增加调控作用。

(3) 成本和效益标志

总效益、宏观效益、微观效益、资源筹措成本等都是判断配送是否合理的重要标志。对于不同的配送方式，可以有不同的判断侧重点。例如，配送企业、客户都是各自独立的以利润为中心的企业，不但要看配送的总效益，而且还要看对社会的宏观效益及两个企业的微观效益。如果不顾及任何一方，就必然会出现不合理。又例如，如果配送是由客户集团自己组织的，配送主要强调保证能力和服务性，那么，效益主要从总效益、宏观效益和客户集团企业的微观效益来判断，不必过多顾及配送企业的微观效益。

由于总效益及宏观效益难以计量，所以在实际判断时，常以是否按国家政策进行经营、完成国家税收情况及配送企业和客户的微观效益来判断。

对于配送企业而言（在投入确定的情况下），企业利润反映了配送合理化的程度。

对于客户企业而言，在保证供应水平或提高供应水平（产出一定）的前提下，供应成本的降低反映了配送的合理化程度。

衡量成本及效益是否合理，还可以具体到储存、运输和具体配送环节。

(4) 供应保证标志

实行配送后,各客户的最大担心是供应保证程度是否会降低。

配送必须提高而不是降低客户的供应保证能力,只有这样,配送才是合理的。供应保证能力可以从以下几方面来判断:

①缺货次数。实行配送后,对各客户来讲,该到货而未到货以致影响客户生产及经营的次数必须下降,配送才是合理的。

②供应能力。对每一个客户来讲,配送企业的集中库存量所形成的保证供应能力高于实施配送前单个企业的保证能力,从保证供应的角度来看才是合理的。

③即时配送的能力及速度是客户出现特殊情况的特殊供应保障方式,这一能力必须高于未实行配送前客户紧急进货的能力及速度才是合理的。

特别需要强调的是,配送企业的供应保障能力是一个科学合理的概念,而不是无限的概念。具体来讲,如果供应保障能力过高,超过了实际的需要,就属于不合理。所以,追求供应保障能力的合理化也是有限度的。

(5) 社会运力节约标志

末端运输是目前运能、运力使用不合理,浪费较大的领域,因而人们寄希望于配送来解决这个问题。这也成了配送合理化的重要标志。

运力使用的合理化是依靠送货运力的规划和整个配送系统的合理流程及与社会运输系统合理衔接来实现的。送货运力的规划是任何配送中心都需要花力气解决的问题,而其他问题有赖于配送及物流系统的合理化,判断起来比较复杂。可以简化判断如下:

①社会车辆总数减少而承运量增加为合理。

②社会车辆空驶减少为合理。

③一家一户自提自运减少,社会化运输增加为合理。

(6) 客户企业仓库、供应、进货人力物力节约标志

配送的重要观念是以配送服务于客户,因此,实行配送后,各客户库存量、仓库面积、仓库管理人员减少为合理;用于订货、接货、从事供应的人减少为合理。真正解决了客户的后顾之忧,配送的合理化程度则可以说达到了较高水平。

(7) 物流合理化标志

配送必须有利于物流合理。这可以从以下几方面判断:①是否降低了物流费用;②是否减少了物流损耗;③是否加快了物流速度;④是否发挥了各种物流方式的最优效果;⑤是否有效衔接干线运输和末端运输;⑥是否不增加实际的物流中转次数;⑦是否采用了先进的技术手段。为物流合理化的问题是配送要解决的大问题,也是衡量配送本身是否合理的重要标志。

本章小结

中华人民共和国国家标准《物流术语》对配送(distribution)的定义是这样的:"在经济合理区范围内,根据用户要求,对物品进行拣选、加工、包装、分割、组配等作业,并按时送达指定地点的物流活动。"可见,配送是物流中一种特殊的、综合的活动形式,是商流

与物流的紧密结合，既包含了商流活动和物流活动，也包含了物流中若干功能要素。配送可以从资源配置的角度和实施形态角度认识。

配送的特点主要有：配送不仅仅是送货；配送是各种业务的有机结合；采用现代化的技术和设施设备；配送是一种专业化的分工方式。

配送的作用及意义：完善和优化了物流系统；提高了末端物流的效益；通过集中库存使企业实现低库存或零库存；简化事务方便客户；提高供应保证程度。

配送业务可以按配送组织者的不同分类，按配送时间及数量的不同分类，按照供应主体的不同分类。配送业务的基本环节包括备货、理货、送货。配送管理是指为了以最低的配送成本达到客户所满意的服务水平，对配送活动进行的计划、组织、协调与控制。按照管理进行的顺序，可将配送管理划分为三个阶段：计划阶段、实施阶段和评价阶段。配送管理包括：配送模式管理、配送业务管理、配送作业管理、对配送系统各要素的管理、对配送活动中具体职能的管理、配送中心管理。

配送管理的意义，在于可以通过对配送活动的合理计划、组织、协调与控制，帮助实现以最合理的成本达到最合适的客户服务水平的总目标。从不同的角度来看，其意义有不同的体现。主要表现在以下几方面：

①通过科学合理的配送管理，可以大幅度提高企业的配送效率。

②通过科学合理的配送管理，可以大幅度提高货物供应的保证程度，降低客户因缺货而产生的风险，提高配送企业的客户满意度。

③通过科学合理的配送管理，可以大幅度提高配送企业的经济效益。

配送管理最根本的指导原则是保证配送合理化的实现。所谓配送合理化，就是对配送设备配置和配送活动组织进行调整改进，实现配送系统整体优化的过程。不合理配送的表现形式：资源筹措不合理、库存决策不合理、价格不合理、配送与直达决策不合理、送货中的不合理运输、经营观念不合理等。

复习思考题

1. 名词解释
（1）配送　（2）配送管理
2. 说明配送合理化的基本思想与判断标志。
3. 说明配送的各种不同的分类形式。
4. 配送管理包含哪些内容？
5. 阐述配送管理的意义。

第七章

物流信息系统

主要内容

本章主要内容有物流信息技术的定义、常用的物流信息技术、物流信息系统的定义、物流信息系统的特征、物流信息系统的分类、物流信息系统的功能、物流信息系统的构成、几种典型的物流信息系统、物流信息系统的开发过程。

教学目标

1. 理解信息技术的概念；
2. 熟悉常用的物流信息技术、物流信息系统的开发过程，以及几种典型的物流信息系统；
3. 掌握物流信息技术的定义，物流信息系统的定义、特征、分类、功能和构成。

案例导读

唯智康师傅物流信息化智慧平台

一、关于唯智信息

唯智信息创立于2001年，是国内率先提出并部署完成物流混合云战略、集智能和移动互联于一身、提供供应链全面解决方案的领导品牌。公司总部位于上海，在全国设立15家分支机构，拥有一支超过450人的高素质、国际化产品研发和技术支持团队。

目前唯智信息旗下 OMS、TMS、WMS、BMS、ROS、LRCS、TCS 和物流链云平台等产品为制造、零售、快消、医药、电商、冷链、汽车、3PL 等十大行业 1 000 多家企业节约物流成本，提升供应链效率。

唯智信息旗舰客户包括沃尔玛、康师傅、国药物流、中车集团、上汽通用、富士康、日日顺物流、菲尼克斯、京东、德邦和世能达物流等一大批明星企业，被 APAC CIO Outlook

杂志评为"亚洲物流科技公司25强"。

二、关于康师傅

康师傅控股有限公司及其附属公司主要在中国从事生产和销售方便面、饮品及方便食品。集团于1992年开始生产方便面，并自1996年起扩大业务至方便食品及饮品；2012年3月，进一步拓展饮料业务范围，完成与PepsiCo中国饮料业务之战略联盟，开始独家负责制造、灌装、包装、销售及分销PepsiCo在中国的非酒精饮料。

目前康师傅集团的三大品项产品，皆已在中国食品市场占有显著的市场地位。康师傅作为中国家喻户晓的品牌，经过多年耕耘与积累，深受中国消费者的喜爱和支持。截至2016年12月底，康师傅集团共拥有598个营业所及69个仓库，服务33 653家经销商及116 222家直营零售商。康师傅于1996年2月在香港联合交易所有限公司上市。自2008年起，康师傅控股因其稳健的财务记录及出色的管理和创业技能，连续6年被福布斯评为"亚洲50强"上市公司。

三、唯智康师傅物流信息化智慧平台

1. 系统简介

唯智信息打造的康师傅物流信息化智慧平台实现了工厂、承运商、运输司机共用同一管理平台，实时传递订单信息以提高工作效率；预约出货、到厂排号管理，同步物流信息帮助仓库高效执行货物装载；通过GPS对车辆在途全程可视化管理，追踪车辆行驶轨迹，有效防止车辆异地送货；通过司机APP全程数据记载，真实反馈供应商服务、工厂效率等KPI指标。

承运商的调度、仓库预约、司机到仓签到、排队叫号、提货确认等相关节点信息全部来自云TMS；在途信息节点采集通过司机APP完成；此外，签收环节通过电子围栏自动记录司机到收货仓时间，同时系统记录开始卸货、卸货完成以及离开时间等。

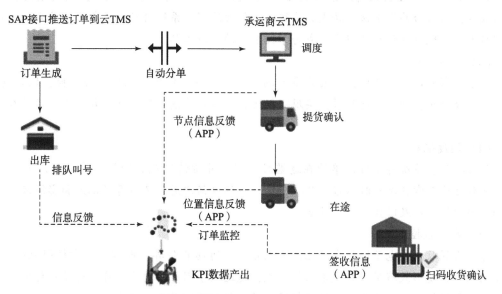

唯智康师傅物流信息化智慧平台流程

(1) 平台工作流程

承运商可预约到仓时间，从而有效解决仓库管理中常常出现的出货量预估不足，没有安排人员、设备出货量增大时无法满足装货需求、设备闲置等问题。由此，仓管员可及时了解第二天出货情况，及时安排相应人力、物力，方便监控仓库的预约情况，省时省力。而对于承运商来说，网上预约时间，则减少了需要一通一通电话去沟通的工作量。同时，通过系统排队叫号，减少了仓库拥挤情况以及规范仓库提货情况。

通过司机APP和仓库人员APP互扫实现到仓时间、开始装货时间、完成装货时间、离开仓库时间等节点信息的提取，为仓库工作及承运商管理提供KPI考核的依据。通过仓库节点扫描，有效跟踪车辆在库内作业的情况，实时掌握库内月台的空闲情况及仓库发货情况，实现库内作业可视化。

基于实际作业流程云TMS系统总流程

（2）TMS系统总流程

物流订单通过接口接入云TMS，同时获取订单件重体、订单详情、运输方式等数据。

云TMS根据相应规则自动分配承运商，从而减少人为手工作业流程，省时省力，减少员工成本，从人为的线下操作转变成系统线上作业流程，系统自动完成各订单的分配；提升管理水平，实现自动化及可视化，成为掌控全程的有效工具。

（3）调度策略

在承运商的调度配载中，可展开多个调度单，形成工作台，无须来回切换，操作友好；同时可整合订单，帮助调度参考；实现可视化，直接在地图上规范路线和载重，降低人工依赖性。

（4）调度配载

除此之外，系统可支持订单的在途监控，实现异常情况及时预警和异常信息的及时反馈。遇到在途异常状况及时填报，既减少了过多的电话沟通，又留存了记录和影像证据；丰富的预警配置可以及时监控各种异常。

（5）在途监控

系统设置收发货电子围栏自动记录节点信息，可防止作弊，也可作为考核司机的依据。电子围栏的触发形式有半径和城市两种形式，通过电子围栏的设置，可及时了解订单状态的变更、限制司机的签收地点、实时了解司机的实际位置，并通知收货人收货。

（6）电子围栏技术

司机送货完成后，可以通过手机APP进行相应的签收拍照回传，物流人员可实时在PC端查看签收情况。同时系统支持客户评价体系，从而不断完善并保证服务质量。

2. 报表功能

系统支持制作全方位多样化管理报表。基于 BI 数据分析体系，形成基础数据统计报表及个性化的定制分析报表，在 PC 端及 APP 端以多种图形化展现方式，实现 KPI 考核指标的数据采集，并根据趋势帮助做出更好的商业决策。

形成报表后，可进行报表的智能推送。用户可选择报表，预约时间，以节省报表筛选时间和下载时间，提高工作效率；自定义报表内容、周期，选择不同报表的推送内容、时间、推送频率以及报表周期；选择推送人，自定义接收报表邮件人员。

3. 项目价值

唯智信息打造的康师傅物流信息化智慧平台助力康师傅实现了供应链效率的大大提升，并降低了物流成本。

(1) 实时统计开单/出货/应出未出量

通过对装货车辆出厂时的单据扫描，做到实时统计，并且实现数据与真实的业务信息高度匹配，解决了人工与系统对比统计中工作量大，出错率高，数据准确率低等问题。

(2) 数字化管理进出场车辆秩序

司机到场信息可直接报表导出，释放保安同事部分工作量；车辆排队信息可直接对外展示，保障排队次序，保障叫号公平。有效避免人工登记作业烦琐，排队信息不透明，且易与司机产生纠纷等情况；并且人工登记格式各厂不统一，不利于数据搜集、分析。

(3) 有效统计车辆装货前等待时间与货物运抵后的卸货时间

根据车辆到场时间和入场时间的差值，准确计算车辆等待时间，为门禁工作的管理者提供数据支持；对送货车辆抵达客户处至最终卸货完毕签收的时间点通过司机 APP 作业采集，可统计运抵卸货时间。解决人工登记时间准确性较差，承运商反馈车辆等待时间较长，无准确数据佐证等难题。

(4) 有效统计与检核仓库装运效率

人工统计作业班组装运效率，难以准确和公平。系统可通过计算车辆入场时间与离场时间的差值，采集车辆自进入厂区至装货完毕后离开厂区之间在仓库停留的总时长，有效检核装卸组装运效率与仓库作业流传效率。

(5) 订单全程可视化跟踪，异常情况及时处理

在途节点直接可查；可直接由司机通过 APP 反馈在途异常情况，所有相关方可以直接收到通知，不需要重复交换信息；可及时处理异常事件；签收单可第一时间通过司机 APP 上传，第一时间得到客户签收信息。解决原本无法直接有效跟踪作业订单，通过承运商、司机等信息层层传递时效低、准确性差、工作量烦琐的问题。

(6) 电子围栏结合回单影响，防止倒货

通过收货点位置设置收货点电子围栏，当车辆到达围栏范围内才能正常签收，否则会出现强制签收事件，直接通知相关同事进行处理核实，并且签收时强制要求司机现场拍摄空车与回单照片，后台可随时调取验证，避免因无法确认车辆实际卸货点而导致的窜货现象的发生。

(7) 业务数据支持对接 BI 系统做深度分析

报表多样化，可直接系统导出，可通过外联 BI 工具，深挖数据，提供先进的 BI 分析，

防止各种报表之间出现相对孤立的状态。

(8) 通过箱码/单码扫描验证实现产品追溯

通过对箱码/单码/电子标签的扫描验证，可全程跟踪货品从出厂到收货整个生命周期动向，有效管理问题产品的追溯，有效改善原有信息追溯困难，难以实际掌握货品真实流向的缺点。

(资料来源：中国物流与采购网，http://www.chinawuliu.com.cn/information/201902/22/338652.shtml；2019 年 2 月)

7.1　物流信息技术

信息技术（Information Technology，IT）是指获取、传递、处理、再生和利用信息的技术，其包括信息传递过程中的各个方面，即信息的产生、收集、交换、存储、传输、显示、识别、提取、控制、加工和利用等技术。

随着信息化在全球的快速进展，世界对信息的需求快速增长，信息产品和信息服务对于各个国家、地区、企业、单位、家庭、个人都不可缺少。信息技术已成为支撑当今经济活动和社会生活的基石。信息技术的广泛应用使信息的重要生产要素和战略资源的作用得以发挥，使人们能更高效地进行资源优化配置，从而推动传统产业不断升级，提升了企业竞争力，推动了企业经营方式和管理方式的变革，为传统企业带来了生机和活力。

同样，信息技术在物流行业也有广泛应用，其为物流行业带来了重大的影响和变化，促进着物流一体化、第三方物流等现代物流观念的形成，实现了物流的自动化、可控化、智能化、信息化，为现代物流企业带来更大的价值，提高资源利用率和附加值。例如，运用传感技术和物联网技术，可以实现对物流企业货物仓储、配送等流程的有效控制；通过应用物联网和配送网络，构建面向生产企业、流通企业和消费者的社会化共同配送体系。

物流信息技术（Logistics Information Technology）就是现代信息技术在物流各个作业环节中的综合应用，是现代物流区别于传统物流的根本标志，也是物流技术中发展最快的领域，尤其是计算机网络技术的广泛应用使物流信息技术达到了较高的应用水平。所谓物流信息技术就是指在物流各个作业环节应用的信息技术，主要由基础技术、物流信息自动识别与采集技术、物流信息存储与交换技术、物流信息追踪技术、物流信息处理技术等组成。目前，广泛应用的物流信息技术主要包括计算机技术、网络技术、数据库技术、电子数据交换技术、条形码和扫描技术、射频识别技术、全球定位系统（GPS）、地理信息系统（GIS）、电子订货系统（EOS）、销售时点信息系统（POS）等。

7.1.1　物流信息自动识别与采集技术

信息自动识别技术就是应用一定的识别装置，通过被识别物品和识别装置之间的接近活动，自动地获取被识别物品的相关信息，并提供给后台的计算机处理系统来完成相关后续处理的一种技术。而信息采集技术是指利用计算机软件技术，针对定制的目标数据源，实时进行信息采集、抽取、挖掘、处理，将非结构化的信息从大量的网页中抽取出来保存到结构化的数据库中，从而为各种信息服务系统提供数据输入的整个过程。

在物流系统中,首先需要对物流信息进行自动识别与采集,将识别并采集到的信息存入计算机数据库系统。常用的物流信息自动识别与采集技术有条码技术、复合码技术和射频技术等。

1. 条码技术

随着计算机、信息及通信技术的快速发展,信息处理能力、存储能力、传输通信能力日益增强。全面、有效的信息采集和输入成了所有信息系统的关键。条码技术就是在计算机的应用实践中产生并发展起来的一种自动识别技术。它通常包括条码编码技术、印刷技术、识读条码技术。条码编码技术研究如何把计算机所需要的数据用条码符号表示出来。识读条码技术研究如何将条码符号所表示的信息变成计算机可自动采集的数据。要制作条码符号,首要要有编码规则,然后采用多种印刷方法或专用的条码印刷机印刷出条码。要阅读条码符号所含的信息,则需要扫描装置和译码装置。当扫描装置扫过条码符号时,根据光电转换原理,条码转换成电流波,被译码装置译成计算机可读数据。可见,条码技术是集条码理论、光电技术、通信技术、计算机技术和条码印刷技术于一体的综合性技术。

条码技术具有使用简单、信息采集速度快、准确度高、成本低、可靠性高等优点,因此被广泛运用于各个行业,尤其在现代物流业的应用最为广泛、有效,它被广泛应用在物品装卸、分拣、库存等物流环节,使得物流作业程序简单而准确。它是实现物流业自动化管理的有力武器,有助于进货、销售、仓储管理一体化,提高物流效率;是实现物流 EDI、节约资源的基础;是及时沟通产、供、销的纽带,便于及时捕捉消费者需求,扩大商品销售,提升市场竞争力。

按照维数,条码技术可分为条形码和二维码。

按照码制,条形码可分为 UPC 码、EAN 码、交叉二五码、39 码、Code Bar 码、128 码、93 码、49 码;二维码可分为 QR 码、PDF417 码、Code49 码、Code 16K 码、Data Matrix 码、MaxiCode 码等,主要包括两大类,分别为层排式和矩阵式。

(1)条形码

条形码是由一组按照一定编码规则排列的条、空以及对应的字符组成的标记,如图 7.1 所示。其中,"条"指对光线反射率较低的部分,"空"指对光线反射率较高的部分。这些条和空组成的数据

图 7.1 条形码

表达一定的信息,能够用特定的设备识读,并能够转换成与计算机兼容的二进制和十进制信息。

一个完整的条形码符号由两侧静区、起始字符、数据字符、校验字符和终止字符组成。其排列方式如下:

静区	起始字符	数据字符	校验字符	终止字符	静区

静区:也叫空白区,分为左空白区和右空白区,左空白区是让扫描设备做好扫描准备,右空白区是保证扫描设备正确识别条码的结束标记。为了防止左右空白区(静区)在印刷排版时被无意中占用,可在空白区加印一个符号(左侧没有数字时印 < ;号,右侧没有数字时加印 > ;号)这个符号就叫静区标记。静区标记的主要作用就是防止静区宽度不足。

只要静区宽度能保证，有没有这个符号都不影响条码的识别。

起始字符：条形码符号的第一位字符，具有特殊结构，标志着一个条形码符号的开始，当阅读器读取到该字符时，便开始正式读取代码了。

数据字符：位于起始字符后面的字符，标志着一个条形码的值，是条形码的主要内容，其结构异于起始字符。

校验字符：校验字符代表着一种算数运算结果，阅读器在对条形码进行解码时，对读入的字符进行规定的运算，如运算结果与校验字符相同，则判定此次阅读有效，否则不予读入。条形码编码规则不同可能会有不同的校验规则。

终止字符：条形码符号的最后一位字符，一样具有特殊结构，标志着条形码符号的结束，阅读器确认此字符后停止处理。

满足物流条码基本应用要求的物流条码共有三种，分别为通用商品条形码、交叉二五条码和贸易单元 128 条码。

1）通用商品条形码

通用商品条形码又称 EAN – 13 码，它是用于标识国际通用的商品代码。商品条形码以直接面向消费者销售的商品为标识对象，它的编码结构由八部分组成，分别为：左侧空白区、起始符、左侧数据符、中间分隔符、右侧数据符、校验符、终止符、右侧空白区。EAN – 13 码由 13 位数字组成。根据 EAN 规范，这 13 个数字被分别赋予了不同含义：最前面的三个数字表示国家或地区的代码，由国际物品编码协会统一决定，中国的代码为 690 – 695；接着的四位数字表示制造厂商代码；其后的五位数字表示商品项目代码，是用以标识商品的代码，代码由制造厂商自行编码；最后一位数字用来防止发生误读错误。如图 7.2 所示。

图 7.2　EAN – 13 码

2）交叉二五条码

交叉二五条码是 1972 年美国 Intermec 公司发明的一种条、空均表示信息的连续型、非定长、具有自校验功能的双向条码。交叉二五条码可用于定量储运的单元包装上，也可用于变量储运单元的包装上，因此在物流管理中被广泛采用。我国于 1998 年 3 月开始实施《GB/T16829 – 1997：交叉二五条码》国家标准。如图 7.3 所示，交叉二五条码由左侧空白区、起始符、数据符、终止符及右侧空白区构成。它的每一个条码数据符由五个单元组成，其中两个是宽单元（表示二进制的"1"），三个是窄单元（表示二进制的"0"）。条码符号从左到右，表示奇数位数字符的条码数据符由条组成，表示偶数位数字符的条码数据符由空组成。组成条码符号的条码字符数个数为偶数。当条码字符所表示的字符个数为奇数时，应在字符串左端添加"0"。起始符包括两个窄条和两个窄空，终止符包括两个条（一个宽条、一个窄条）和一个窄空。

图 7.3　交叉二五条码

3）贸易单元 128 条码

贸易单元 128 条码于 1981 年推出，是一种长度可变、具有连续性的字母数字条码，如图 7.4 所示。与其他一维条码相比，128 码是较为复杂的条码系统，其所能支持的字符相对于其他一维条码来说也较多，又有不同的编码方式可供交互运用，因此应用弹性较大。贸易单元 128 条码的内容大致包括起始码、资料码、终止码、检验码四部分，其中检验码可有可无。

图 7.4　128 条码

贸易单元 128 条码被广泛应用于制造业的生产流程控制，批发物流业或运输业的仓储管理、车辆调配、货物追踪，医院血液样本管理，政府对管制药品的控制追踪等领域。

目前我国所推行的 128 码是 EAN－128 码，EAN－128 码是根据 EAN/UCC－128 码的定义标准将材料转变为条码符号，并采用 128 码逻辑，具有完整性、紧密型、连接性及高可靠性等特点，辨识范围涵盖生产过程中一些补充性质及易变动资讯，如生产日期、批号、计量等，可应用于货运栈板标签、携带式资料库、连续性资料段，以及流通配送标签等。

（2）二维码

随着条码应用领域的不断扩展，传统的一维条码逐渐表现出它的局限性。首先，必须在连接数据库情况下提取信息才能明确一维条码所表达的信息含义，而在没有数据库或无法联网的情况下，一维条码的使用将受到限制。其次，一维条码只能表达字母和数字，无法表达汉字和图像。最后，由于一维标签尺寸限制，使得一维条码无法蕴含大容量信息。正是由于一维条码存在以上不足，二维码技术才应运而生。它相较于传统的一维条码而言能存更多的信息，也能表示更多的数据类型。

二维码是用某种特定的几何图形按一定规律在平面（二维空间）上分布的黑白相间的图形记录数据符号信息的；在代码编制上巧妙地利用构成计算机内部逻辑基础的"0""1"比特流的概念，使用若干个与二进制相对应的几何形体来表示文字数值信息，通过图像输入设备或光电扫描设备自动识读以实现信息自动处理。它具有条码技术的一些共性，每种码制有其特定的字符集，每个字符占有一定的宽度，具有一定的校验功能等。同时它还具有信息容量大、容错能力强、编码范围广、译码可靠性高、加密等特点。虽然，现如今二维码技术在物流领域的应用还不够广泛,但其在手机扫描、身份识别、电子商务等方面已普遍使用。下面介绍一种常用的二维码,即 QR 码。

QR 码的"QR"是 Quick Response 的缩写。如图 7.5 所示,它是一种矩阵式二维码,能够被快速读取。与之前的条形码相比,QR 码能存储更丰富的信息,包括对文字、URL 地址和其他类型的数据加密。QR 码符号共有 40 种规格,分别为版本 1、版本 2……版本 40。版本 1 的规格为 21 模块×21 模块,版本 2 为 25 模块×25 模块,以此类推,每个版本符号比前一版本每边增加 4 个模块,直到版本 40。QR 码呈正方形,只有黑白两色。在 4 个角落的其中 3 个,印有较小、像"回"字的正方图案。这 3 个图案是帮助解码软件定位的,使用者不需要对准,无论以任何角度扫描,资料都可被正确读取。QR 码可以用来表示数字、字母、8 位字节型数据,日文双字和中文汉字字符等内容,其容量密度大,可放入 1 817 个汉字、7 089 个数字或 4 296 个英文字母。QR 码具有 L、M、Q、H 四个等级的纠错能力,即使破损也能够被正确识读,其相较于其他二维码而言,具有识读速度快、数据密度大、占用空间小等优点。

图 7.5　QR 码

(3) 复合码

1999 年,国际物品编码协会(EAN International)和美国统一代码委员会(UCC)联合推出了一种全新的适用于各个行业的物流条码标准——复合码。复合码是由一维条形码和二维码有机地叠加在一起而构成的一种新的码制,它可以实现同时读取商品的识别信息,及更多描述商品物流特征的信息。这种全新的条码码制很好地保持了国际物品编码体系(EAN/UCC 系统)的完整性及兼容性,被主要应用于物流及仓储管理领域。

复合码中的一维条码可以是任何形式的 RSS,也可以是普通的 EAN/UCC 条码。其作用在于:一是单品标识;二是作为二维条码的定位符,用于成像仪识别时的定位。复合码中的二维条码部分由 PDF417 条码构成,用于表示附加的应用标识符(Application Identifier)的数据串,诸如产品的批号、保质期等商品的描述性信息。在设计复合码时,应使一维条码数据内容与二维条码 PDF417 的数据内容相连,以免扫描条码时造成张冠李戴的错误。由于用户有时需要既扫描一维条码,即录入商品或包装箱的单品标识信息,又扫描二维条码,即录入商品或包装箱的描述性信息。因此,在一维条形码的数据与二维码的数据之间建立一种绝对的联系是多年来编码工作者一直考虑的问题。

长期以来,随着计算机技术在商业及物流领域的成功运用,人们已经认识到,现有的商品条码因受其信息容量的限制,已无法满足商业物流管理的需要。复合码的出现,解决了人们标识微小物品及表述附加商品信息的问题。目前,复合码的应用主要集中在标识散装商品(随机称重商品)、蔬菜水果、医疗保健品及非零售的小件物品以及商品的运输与物流管理。在零售业中,复合码的应用首先解决了微小物品的条码标识问题。利用原有的 EAN/UCC 条码标识微小物品时,只能用 8 位的 EAN/UCC 缩短码,所表述的信息仅为商品唯一编号(8 位数据)。这种缩短码由于信息容量小,占用面积大,号码资源紧张等原因,给商业用户带来了诸多不便。采用复合码有效地增大了单位面积条码的信息容量。借助于复合码,不但可以表示商品的单品编码,还可以将商品的包装日期、最佳食用日期等附加商品信息标识在商品上，便于零售店采集，以及对保质期商品实施有效的计算机管理和监控。

目前，在物流系统中越来越多的应用证明，采集和传递更多的运输单元信息是非常必要的。而目前现有的 EAN/UCC – 128 码受信息容量的限制，无法提供满意的解决方案。物流管理所需要的信息可分为两类：运输信息和货物信息。运输信息包括交易信息，诸如采购订单编号、装箱单及运输途径等。而复合码中包含这些信息的好处在于供应链的各个环节都可以随时采集所需信息，从而无须在线式数据库。将货物本身信息编在二维条码中是为了给电子数据交换（EDI）提供可靠的备份，从而减少对网络的依赖性。这些信息包括包装箱及所装物品、数量以及保质期等，掌握这些信息对混装托盘的运输及管理尤其重要。采用复合码以后，这种以 EAN/UCC – 128 码及 PDF417 二维条码构成的复合码可将 2 300 个字符编入条码中，从而解决了物流管理中条码信息容量不足的问题，极大地提高了物流及供应链管理系统的效率和质量。

2. 射频识别技术

（1）射频识别技术的概念

射频识别技术（Radio Frequency Identification，RFID），又称无线射频识别，最早起源于英国，应用于第二次世界大战中辨别敌我飞机身份，20 世纪 90 年代开始兴起。RFID 技术是一种自动识别技术，可通过无线电信号识别特定目标并读写相关数据，而无须识别系统与特定目标之间建立机械或光学接触。

（2）射频识别技术的工作原理

射频识别技术的基本工作原理具体为：标签进入磁场后，接收解读器发出的射频信号，凭借感应电流所获得的能量发送出存储在芯片中的产品信息（Passive Tag，无源标签或被动标签），或者由标签主动发送某一频率的信号（Active Tag，有源标签或主动标签），解读器读取信息并解码后，送至中央信息系统进行有关数据处理。主动射频标签与被动射频标签的区别如表 7.1 所示。

表 7.1 主动射频标签与被动射频标签的区别

	主动射频标签	被动射频标签
标签电源	内置于标签内	读卡器通过无线电频率传输能量
标签电池	有	无
所需信号强度	低	高
范围	可达 100 m	3 ~ 5 m
读取多标签	1 000 个	3 米内几百个
数据存储	128 字节可读可写	128 字节可读可写

（3）射频识别系统的组成及工作流程

射频识别系统由三部分组成，分别为电子标签、阅读器以及应用软件系统。电子标签中一般保存有约定格式的电子数据，在实际应用中，电子标签附着在待识别物品表面。阅读器又称读出装置，可无接触地读取并识别电子标签中所保存的电子数据。应用软件系统对物品识别信息进行进一步处理、远程传递等。

射频识别系统的工作流程如下：

①射频识读器经过天线向外发射电载波信号。

②当射频标签进入发射天线的工作区时，射频标签被激活并将自身信息经过天线发射出去。

③系统的接收天线收到射频标签发射出来的载波信号，经天线的调节器传给识读器。射频识读器对接收到的信号进行解调解码，送后台计算机控制器。

④计算机控制器根据逻辑运算判断射频标签的合法性，针对不同的设定做出相应的处理和控制，发出指令信号控制执行机构的动作。

⑤执行机构按计算机的指令动作。

⑥通过计算机通信网络将各个监控点连接起来，构成总控信息平台，根据不同的项目可以设计不同的软件来实现不同功能。

（4）射频识别技术相较于传统条码识别技术所具有的优势

射频识别技术与传统条码识别技术相比具有一定优势，具体包括：扫描识别速度快；体积小型化、形状多样化；抗污染能力强；使用寿命长；可重复使用；穿透性和无屏障阅读；识读距离远；信息存储容量大；安全性高等。

（5）射频识别系统的分类

根据不同的分类标准，射频识别系统可分为多种不同类型。根据射频识别系统完成的功能不同，可以将射频识别系统分为四种类型，分别为：电子商品防盗（Electronic Article Surveillance，EAS）系统、便携式数据采集系统、物流控制系统、定位系统。

1）EAS系统

EAS系统是一种设置在需要控制物品出入门口的RFID技术，是目前大型零售行业广泛采用的商品安全措施之一。EAS系统于20世纪60年代中期在美国问世，最初应用于服装行业，现在已经扩展到全世界80多个国家和地区，应用领域也涵盖到百货、超市、图书各种行业，尤其在大型超市（仓储）的应用得到充分的开发。典型的EAS系统一般由三部分组成：附着在商品上的电子标签、电子传感器；电子标签灭活装置，以便授权商品正常出入；监视器，在出口形成一定区域的监控空间。

在应用EAS系统时，首先在物品上粘贴EAS标签，当物品被正常购买或者合法移出时，在结算处通过一定的装置使EAS标签失效，物品就可以被带走。物品经过装有EAS系统的门口时，EAS装置能自动检测标签的活动性，发现活动性标签，EAS系统会发出警告。EAS系统能够有效防止物品被盗。

2）便捷式数据采集系统

便捷式数据采集系统是使用带有RFID阅读器的手持式数据采集器采集RFID标签上的数据。这种系统具有较强的灵活性，适用于不宜安装固定式RFID系统的应用环境中。手持式的RFID阅读器可以在读取数据的同时，通过无线电波数据传输方式实时地向主计算机系统传输数据，也可以暂时将数据存储在阅读器中，之后成批地向主计算机系统进行传输。

3）物流控制系统

在物流控制系统中，RFID阅读器分散布置在特定区域，并且阅读器直接与信息系统相连；信号发射机（即射频标签）是移动的，一般安装在移动的物体或者人体上；当物体或人经过阅读器时，阅读器会自动扫描射频标签上的信息，并把信息传输到信息系统中进行存储、分析和处理，从而达到控制物流的目的。

4）定位系统

定位系统一般应用于自动化加工系统中，或者用于对车辆、轮船等进行运动定位。阅读器放在移动的车辆、轮船，或者自动化流水线上移动的物料、半成品、产成品上，而射频标签嵌入操作环境的地表下面。射频标签上存储有位置识别信息，RFID阅读器一般通过无线的方式或者有线的方式连接主信息系统中。

7.1.2 物流信息存储与交换技术

1. 数据库技术

数据库技术是数据库（DB）、数据库管理系统（DBMS）以及数据库系统（DBS）的总称。

数据库是存放数据的仓库，它是以一定组织方式储存在一起，能与多个用户共享，具有尽可能小的冗余度，与应用程序彼此独立的数据集合。数据库的特点包括：最少的冗余度，数据资源可共享，数据具有独立性，数据库管理系统对数据进行统一控制。

数据库管理系统是一种操纵和管理数据库的大型软件，用于建立、使用和维护数据库。它对数据库进行统一的管理和控制，以保证数据库的安全性和完整性。人们通过它可以轻松地操作数据库，而不必了解数据库内部复杂的结构。数据库管理系统的产品主要有：Oracle、Sybase、DB2、SQL Server、Access等。这些软件提供了数据存储、查询、删除、更新、运算、统计、编辑、打印等多种功能，用户使用数据库管理系统所提供的命令和函数，不仅可以直接对数据库进行操作，而且可以利用这些命令和函数编制各种应用程序。这类软件的通用性强、容易掌握、功能强大，和高级语言相比，其程序编制要简单得多，编制速度也更快。

数据库系统是由计算机系统、数据库、数据库管理系统和有关人员组成的具有高度组织的总体。数据库系统是为适应数据处理的需要而发展起来的一种较为理想的数据处理系统，也是一个为实际可运行的存储、维护和应用系统提供数据的软件系统，是存储介质、处理对象和管理系统的集合体。它的应用使信息系统的水平提高到了一个新的阶段，数据库系统是现代物流信息系统中不可缺少的一部分。

2. EDI技术

EDI是英文Electronic data interchange的缩写，即电子数据交换。国际标准化组织（ISO）将EDI定义为："将商业或行政事务处理按照一个公认的标准，形成结构化的事务处理或信息数据格式，是一种从计算机到计算机的数据传输方法。"国际标准化组织电工委员会在ISO/IEC14662中将其定义为："在两个或两个以上的组织的信息系统之间，为实现业务目的而进行的预定义和结构化的数据的自动交换。""为完成明确的共同业务目标而在多个自治组织之间，根据开放式EDI进行的电子数据交换。"CCITT（国际电信咨询机构）对EDI的描述为："计算机到计算机之间的结构的事务数据互换。"联合国标准化委员会及联合国贸发会给出的EDI最新定义为："EDI是用户计算机系统之间对结构化的、标准化的商业信息进行自动传送和自动处理的过程。"

总的来说，EDI 是将贸易、运输、保险、银行和海关等行业的信息，用一种国际公认的标准格式，通过计算机通信网络，使各有关部门、公司与企业之间进行数据交换与处理，并完成以贸易为中心的全部业务过程。

（1）使用 EDI 系统的优点

①降低了纸张文件的消费。

②减少了许多重复劳动，提高了工作效率。

③使得贸易双方能够以更迅速、有效的方式进行贸易，大大简化了订货过程或存货过程，使双方能及时地充分利用各自的人力和物力资源。

④可以改善贸易双方的关系。厂商可以准确地估计日后商品的需求量；货运代理商可以简化大量的出口文书工作；商业用户可以提高存货的效率，提高他们的竞争能力。

（2）EDI 的工作原理

为了更好地理解 EDI 的工作原理，我们以订单与订单回复为例来简单说明 EDI 应用过程。

①制作订单：购买方根据自己的需求在计算机上的订单系统中制作出一份订单，并将所有必要的信息以电子传输的格式存储下来，同时产生一份电子订单。

②发送订单：购买方将此电子订单通过 EDI 系统传送给供货商，此订单实际上是发向供货商的电子邮箱，它先存放在 EDI 交换中心，等待来自供货商的接收指令。

③接收订单：供货商使用邮箱接收指令，从 EDI 交换中心自己的电子邮箱中收取全部邮件，其中包括来自购买方的订单。

④签发回执：供货商在收妥订单后，使用自己计算机上的订单处理系统，为来自购买方的电子订单自动产生一份回执，经供货商确认后，此电子订单回执被发送到网络，再经由 EDI 交换中心存放到购买方的电子邮箱中。

⑤接收回执：购买方使用邮箱接收指令，从 EDI 交换中心自己的电子邮箱中收取全部邮件，其中包括供货商发送来的订单回执。整个订货过程至此完成，供货商收到订单，购买方收到了订单回执。

（3）EDI 的应用

下面我们通过一个实例来说明 EDI 在物流系统中的应用。物流 EDI 的框架结构如图 7.6 所示。

该实例是一个由货主、承运人、收货人所组成的物流模型。该物流模型的具体作业过程如下：

①货主（如产品制造商）在接到订货后制订货物运送计划，并把运送货物的清单及运送时间安排等信息通过 EDI 发送给承运人（如运输企业）和收货人（如分销商），以便承运人预先制订车辆调配计划，收货人预先制订货物接收计划。

②货主根据收货人的订货要求和货物运送计划下发发货指令，分拣配送，打印出物流条码的货物标签并贴在货物包装箱上，同时把运送货物种类、数量、包装等信息通过 EDI 发送给承运人和收货人，依据请示下达车辆调配指令。

③承运人在向货主取货时，利用车载扫描设备读取货物标签的物流条码，并与先前收到

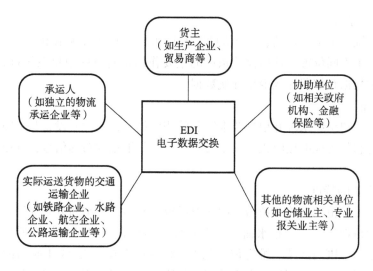

图 7.6 物流 EDI 的框架结构

的货物运输数据进行核对，确认运送货物。

④承运人在物流中心对货物进行整理、集装，做成送货清单并通过 EDI 向收货人发送发货信息。在货物运送的同时进行货物跟踪管理，并在货物交纳给收货人之后，通过 EDI 向货主发送完成运送业务信息和运费请示信息。

⑤收货人在货物送达后，利用扫描设备读取货物标签的物流条码，并与先前收到的货物运输数据进行核对确认，开具收货发票，货物入库。同时通过 EDI 向承运人和货主发送收货确认信息。

7.1.3 物流信息追踪技术

在物流运输行业中，如果车辆等动态信息的实时监控得不到很好的解决，信息反馈不及时、不准确等都将导致运力的大量浪费、运作成本的居高不下，因此物流运输企业必须采用物流信息追踪技术武装自己，从而提高自身的服务质量和服务水平。常见的物流信息追踪技术有全球定位系统、地理信息系统等。

1. 全球定位系统

全球定位系统（Global Positioning System，GPS），是由美国军方在 20 世纪 70 年代初研制的"子午仪卫星导航定位"技术发展起来的，是一种具有全球性、全能性（海陆空）、全天候性优势的导航定位、定时、测速系统。

（1）GPS 系统的构成

GPS 系统由空间卫星系统、地面监控系统和用户设备三部分构成。

1）空间卫星系统

空间卫星系统是由高度为 2 万千米、周期为 12 小时的 12 颗工作卫星和 3 颗备份卫星组成，主要任务是播发导航信息。卫星分布在 6 个升交点相隔 60° 的轨道面上，轨道倾角为 55°。每条轨道上分布 4 颗卫星，相邻两轨道上的卫星相隔 40°。这样，地球上的任何地方都可以同时看到 4 颗卫星，从而保证了良好的定位效果。

2) 地面监控系统

地面监控系统由 1 个主控站、3 个信息注入站和 5 个卫星监测站组成。5 个卫星监控站分别位于全球 5 个不同位置。地面监控系统的主要作用是对空间卫星系统进行监测、控制,并向每个卫星的数据存储器注入卫星导航数据。

3) 用户设备

用户设备是用户组织系统并根据要求安装的相应设备,其中心设备是 GPS 接收机。GPS 接收机是一种特制的无线电接收机,其主要功能是接收卫星发布的信号,并以此计算出定位数据。

(2) GPS 系统的特点

①全球、全天候范围内连续覆盖。GPS 卫星数量较多,其空间分布和运行周期经过了精心设计,因此使得地球上(包括水面和空中)任何地点在任何时候都能观测到至少 4 颗卫星,从而保证全球范围内连续三维定位。此外,GPS 可以在一天 24 小时内的任何时间进行观测,不受阴天黑夜、起雾刮风、下雪等气候的影响,可以实现全天候连续定位。

②定位精度高。利用 GPS 定位系统可以获得动态目标的高精度坐标、速度和时间信息,在较大空间尺度上对静态目标获得 $10^{-7} \sim 10^{-6}$ 的相对定位精度。定位精度还在不断提升。

③实现实时定位。GPS 系统可以实时确定运动载体的三维坐标和速度矢量,从而实时地监控和修正载体的运动方向和位置,避开各种不利环境,选择最佳路线。

④静态定位观测效率高。根据精度要求的不同,GPS 静态观测时间从数分钟到数十天不等,从数据采集到数据处理都自动完成。

⑤抗干扰性能好、保密性强。GPS 采用扩频技术和伪码技术,用户不发射信号,因而 GPS 卫星所发送的信号具有很强的抗干扰性和保密性。

⑥操作简单。随着 GPS 接收机的不断改进,自动化程度也越来越高,有的已经达到"傻瓜化"程度;接收机的体积和重量越来越小,极大地减轻测量工作者的工作强度。

2. 地理信息系统

地理信息系统(Geographic Information System,GIS),是结合地理学与地图学以及遥感和计算机科学等多学科交叉的产物,是一种特定的十分重要的空间信息系统。它以地理空间数据为基础,采用地理模型分析方法,适时地提供多种空间和动态的地理信息,是一种为地理研究和地理决策服务的计算机技术系统。地理信息系统作为获取、存储、分析和管理地理空间数据的重要工具、技术和学科,近年来得到了广泛的关注和迅猛发展。

(1) GIS 的作用

面向具体的应用领域,GIS 可以帮助分析解决以下问题:

①定位:研究的对象位于何处?周围环境如何?研究对象相互之间的地理位置关系如何?

②条件:哪些地方符合某项事务(或业务)发生(或进行)所设定的特定经济地理条件?

③趋势:研究对象或环境从何时起发生了什么样的变化?今后的演变趋势如何?

④模式:研究对象的分布存在哪些空间模式?

⑤模拟:如果发生假定条件,研究对象会发生何种变化?

(2) GIS 在物流中的应用

1) 物流系统监控

通过与 GPS、无线通信技术结合，在 GIS 中可以对车辆、船舶、人员、货物的位置及工作状态进行监测，对运输工具等的在途运输情况进行跟踪，实现运输工具和人员的实时调度。此外，应用 GIS 还可对特种车辆进行安全监控，保证其安全运输。

2) 物流系统规划

应用 GIS 的空间分析功能，可以对物流设施选址、物流网络布局、物流行业趋势、各类运力、线路经营情况等进行分析，实现科学规划。

3) 物流系统模拟与优化

GIS 可以实现各类配送活动中的车辆路线优化，配送时间、数量和路径的优化部署，还可以实现物流园区货物集散流程模拟、集装箱码头作业流程模拟、多式联运方案设计与比较等物流系统模拟与优化功能，为物流管理决策提供科学依据。

4) 物流信息图形化查询、统计分析与报告

在大量数据支撑下，GIS 可以实现物流信息图形化查询、汇总、统计和报告，还可以实现物流企业在不同地域上各网点之间的交流与协作，如在库存管理中，可以实现分布在不同地理位置的仓库的当前库存的图形化查询，从而科学地制定配送方案。

7.1.4 物流信息处理技术

1. 销售时点系统

销售时点（Point Of Sales，POS）系统是指利用自动读取设备（如收银机），在销售商品时直接读取商品信息（如商品名、单价、销售数量、销售时间、销售店铺、购买顾客等），并通过通信网络和计算机系统传送至有关部门进行分析加工，以便于有关部门可以根据各自的目的有效地利用上述信息以提高经营效率的系统。该系统在销售的同时，采集每一种商品的销售信息并传送给计算机，计算机通过对销售、库存、进货和配送等信息的处理和加工，为企业进、销、存提供决策依据。

POS 系统最早应用于零售行业，之后逐渐扩展到金融、旅馆、图书馆等其他服务行业。POS 系统的应用范围也从企业内部扩展到整个供应链，成为信息共享、提高供应链物流效率的重要信息手段。现代 POS 系统不仅局限于收款技术，而且要考虑将计算机网络、电子数据交换技术、条码技术、电子监控技术、电子收款技术、电子信息处理技术、远程通信技术、电子广告技术、自动仓储配送技术、自动售货、备货技术等融为一体，从而形成一个综合性的信息资源管理系统。

在物流领域中，物流中心和店铺可利用 POS 系统来预测销售，掌握消费者购买动向，找出畅销商品和直销商品，并以此为基础进行库存调整、配送管理、商品订货、价格设置，以及商品陈列等作业。在零售上与供应链的上游企业（如批发商、制造商等）结成合作伙伴时，零售商可以将通信网络（VAN 或互联网）和终端设备以在线联结的方式将销售时点信息即时传送给上游企业，这样上游企业便可利用这些销售现场的最及时准确的销售信息制订经营计划和进行决策。此外，利用 POS 系统也能提高仓库管理效率。由于仓库管理是动态的，每卖出一件商品，POS 系统数据库中就会相应减少该商品的库存记录，这样免去了盘

点之苦，节约了大量人力、物力。企业的经营报告、财务报告、销售信息等也可及时提供给经营决策者，辅助其进行决策，使得企业能够快速反应。POS 系统可以使库存商品的销售情况一目了然，这不仅可以避免出现缺货现象，还可以使经营决策者将商品的进货量始终保持在一个合理水平，提高有效库存，优化库存管理。

2. 电子订货系统

电子订货系统（Electronic Ordering System，EOS），是指将批发、零售商场所发生的订货数据输入计算机，在计算机上通过网络系统将资料传送至总公司、批发商、商品供货商或制造商处，完成从订货、接单、处理、供货、结算等全过程在计算机上处理的系统。因此，EOS 能处理从新商品资料的说明直到会计结算等所有商品交易过程中的作业，可以说 EOS 涵盖了整个物流。在寸土寸金的情况下，零售业已没有许多空间用于存放货物，在要求供货商及时补足售出商品的数量且不能有缺货的前提下，更必须采用 EOS 系统。EOS 因包括了许多先进的管理手段，在国际上使用非常广泛，并且越来越受到商业界的青睐。

（1）EOS 的组成

EOS 采用电子手段完成供应链上从零售商到供应商的产品交易过程，因此，一个 EOS 必须有：

①供应商：商品的制造者或供应者（生产商、批发商）。
②零售商：商品的销售者或需求者。
③网络：用于传输订货信息（订单、发货单、收货单、发票等）。
④计算机系统：用于产生和处理订货信息。

（2）EOS 的特点

①商业企业内部计算机网络应用功能完善，能及时产生订货信息。
②POS 与 EOS 高度结合，产生高质量的信息。
③满足零售商和供应商之间的信息传递。
④通过网络传输信息订货。
⑤信息传递及时、准确。
⑥EOS 是许多零售商和供应商之间的整体运作系统，而不是单个零售商和单个供应商之间的系统。EOS 在零售商和供应商之间建立起了一条高速通道，使双方的信息及时得到沟通，订货过程的周期大大缩短，既保障了商品的及时供应，又加速了资金的周转，实现了零库存战略。

7.2 物流信息系统概述

随着物流供应链管理的不断发展以及各种物流信息的复杂化，各企业迫切要求物流信息化。物流信息化不仅可以提高物流效率、降低物流成本，还可以保证物流安全、提升物流服务质量。此外，计算机网络技术、物流信息技术不断盛行，又给物流信息化提供了技术支持。因此，物流信息系统就在企业中扎下了根，并且为企业带来了更高的效益。

7.2.1 物流信息系统的定义

物流信息系统（Logistics Information System，LIS）是指为了实现物流目的而与物流作业系统同步运行的信息管理系统，它是以现代管理理论为指导，以计算机、网络等现代信息技术为基础，由人员、计算机硬件、软件、网络通信设备以及其他办公设备组成的人机交互系统，其主要功能是进行物流信息的收集、存储、传输、加工整理、维护和输出，为物流管理者执行计划、实施、控制等职能提供信息及决策支持，以达到组织的战略竞争优势，提高物流运作的效率和效益。

所谓物流信息系统，实际上是物流管理软件和信息网络结合的产物，小到一个具体的物流管理软件，大到利用覆盖全球的互联网将所有相关的合作伙伴、供应链成员连接在一起提供物流信息服务的系统，都叫作物流信息系统。对一个企业而言，物流信息系统并非独立存在，而是企业信息系统的一个组成部分，或者说是企业信息系统的一个子系统，即使对一个专门从事物流服务的企业也是如此。例如，在一个企业的 ERP 系统中，物流管理信息系统就是其中一个子系统。

7.2.2 物流信息系统应具备的特征

物流活动本身具有时空上的特点，这使得物流信息系统应具有如下特征。

1. 开放性

物流信息系统应具备与企业其他系统如财务、人事等系统相连接的性能，这样才能实现企业管理的一体化和资源共享。而且物流信息系统不仅要与企业内部系统进行整合，还应具备与企业外部供应链各个环节进行数据交换的能力。目前，物流信息系统还应具备与国际通行的标准接轨的开放性特征。

2. 协同性

物流信息系统的协同性表现在四个方面：一是与客户的协同。物流信息系统应能与客户的 ERP 系统、库存管理系统等实现连接，可定期给客户发送库存、货物到达、催款提示等各种物流信息。二是与企业内部各部门之间的协同，如业务人员可将客户、货物等数据输入物流信息系统，并实时供商务制作发票、报表，财务人员可根据业务人员输入的数据进行记账、控制等处理。三是与供应链上其他环节的协同，如与仓储、铁路、公路等企业通过网络实现信息传输等。四是与社会各部门的协同，即通过网络与银行、海关、税务机关等实现信息即时传输。与银行联网实现网上支付和网上结算，还可查询企业的资金信息；与海关、税务机关联网实现网上报关、报税。

3. 动态性

物流信息系统所反映的数据应该是动态的，可随着物流的变化而变化，能实时反映物流的各种状况，支持客户、公司员工等用户的在线动态查询。

4. 快速反应能力

物流信息系统应能对用户、客户的在线查询、修改、输入等操作做出快速反应。物流信息系统是物流企业的数字神经末梢系统，系统的每个神经元渗入到供应链的每个末梢，每个末梢受到刺激都能引起系统的快速、及时的反应。

5. 信息集成能力

物流过程所涉及的环节多，节点分布广，信息随着物流在供应链上的流动而流动，信息在地理空间上往往具有分散性、广泛性、量大等特点，信息的管理应该高度集成，同样的信息只需一次输入，以实现资源共享、减少重复操作、减少差错与冗余。物流信息系统应具备这种信息集成能力。

6. 对环境变化的适应性

物流信息系统应该能够适应环境变化。在物流信息系统建立时就应考虑到企业未来的管理及业务发展需要，以便在原有系统上建立更高层次的模块，以适应企业环境变化。

7. 支持远程处理

物流过程涉及的范围广，涉及不同部门和地域，因此物流信息系统应支持远程业务处理。

8. 检测、预警、纠错能力

为保证数据的准确性和稳定性，物流信息系统应在各功能模块中设置检测功能，以便对输入的数据进行检测。

9. 安全性

安全性是每个信息系统的要求，物流信息系统也不例外。在网络时代，随着网络的接入，物流企业的触角伸得更远、数据更集中，但安全问题也随之而来，因此物流信息系统的建设过程中应重视安全问题。

7.2.3 物流信息系统的分类

1. 按照管理决策的层次分类

一般的企业组织管理均是分层次的，常分为作业管理层、管理控制层和战略管理层。为它们服务的信息系统也相应地分为三层，即面向作业管理的物流信息系统、面向管理控制的物流信息系统和面向战略管理的物流信息系统。

（1）面向作业管理的物流信息系统

这类信息系统主要实现各物流业务环节的基本数据输入、处理和输出。例如，客户向物流企业发出委托信息，物流企业将委托信息输入系统，并通过作业管理系统发出相应的业务指令（如搬运、装货、存储、交货、签发运输单证、打印和传送付款发票），记录作业情况和结果。

（2）面向管理控制的物流信息系统

这类信息系统主要是为企业的中间管理层提供信息服务。例如，收到客户货物入库的操作指令后，系统可根据货主的指令内容、货物属性、仓储要求、货位情况以及当时的设备状态、作业能力、人员情况等，按照一定的优化模型进行货位指定和作业调度，指导整个验收入库业务的进行。

（3）面向战略管理的物流信息系统

这类信息系统主要为企业的高层管理人员提供信息服务，它通过对业务数据进行提炼，综合外部信息，运用多种决策模型对各类物流方案进行分析，设计和评价，从而为管理者提供有效的决策支持。

2. 根据系统的结构分类

按照系统的结构进行分类，物流信息系统可分为单功能系统和多功能系统。

（1）单功能系统

单功能系统只能完成一种职能，如物流财务系统、物资分配系统、库存控制系统等。

（2）多功能系统

多功能系统能够完成一个部门或一个企业所包括的多种物流管理职能，如仓库管理系统，经营管理决策系统等。

3. 根据系统的应用对象分类

供应链上不同的环节、部门所实现的物流功能不尽相同。根据系统的应用对象进行分类，物流信息系统可分为面向生产企业的物流信息系统、面向流通企业的物流信息系统和面向第三方物流企业的物流信息系统。

（1）面向生产企业的物流信息系统

生产企业是供应链中的重要环节，是产品流通的源头。生产型企业从原材料或者半成品生产厂家购买原材料或者半成品，运用技术和设备生产出产品，然后投放市场，获取产品的销售利润。在这个过程中，既包括组织原材料、物料和日常耗用品等的供应物流，也包括产成品供货的销售物流，同时，还包括在生产过程中的包装、搬运和存储等生产物流。当企业的生产管理系统将生成的生产计划、采购计划和销售计划转入物流信息系统后，物流信息系统将采购计划和销售计划分解，设计成物流计划，然后再对物流计划进行执行、监督，直至产品生产、销售完成，这样的过程循环往复、互相衔接。

（2）面向流通企业的物流信息系统

流通型企业本身不生产商品，但他们为客户提供商品，为生产企业提供销售渠道，是客户与生产企业的中介环节。它的主要生产方式是向生产型企业采购产品，通过适当的销售渠道销售给顾客，赚取进销的差价利润。在这种生产过程中，针对销售企业不同的销售模式，可能会存在以下物流过程，即订货采购、仓储与配货（含配送店面及仓库存储）以及销售送货（包括退货、补货，销售送货等）等。面向流通企业的物流信息系统是对不同商品的进、销、存进行管理的物流配送系统。

（3）面向第三方物流企业的物流信息系统

第三方物流企业服务于生产企业与流通企业及消费者，以提供第三方物流服务为主业。这些企业提供的都是无形产品，如仓储、运输等专业服务，以及一些相关的增值服务。由于第三方物流企业的商业模式不同，其物流信息系统也有差别，如有的系统侧重于仓储管理，有的系统侧重于运输管理等。

4. 根据所采用的技术分类

根据所采用的技术和设备不同，物流信息系统可分为单机系统、内部网络系统，以及与合作伙伴和客户互联的系统。

(1) 单机系统

单机系统只使用一台计算机，电脑没有联网，处于单机运行状态。这时，物流信息系统的作用比较有限，内部数据往往难以实现共享，存在大量的重复劳动和信息孤岛。

(2) 内部网络系统

随着计算机技术的发展和应用，物流信息系统常常采用大型数据库技术及网络技术。基于计算机网络（广域网或局域网），将分布在不同地理区域的物流管理部门以及分支机构有机地连接在一起，形成物流管理的企业内部网络系统。物流管理各部门间的信息流动基本实现无纸化，可以比较好地实现内部数据共享。

(3) 与合作伙伴和客户互联的系统

在这种模式中，企业内部网络系统与外部的其他合作伙伴及客户的信息管理系统（如ERP）实现互联，通过专门的通道进行数据互换，充分利用互联网技术，为公司的管理层、协作伙伴及客户提供各种可交换的信息，实现供应链整体竞争能力的提升。

7.2.4 物流信息系统的功能

(1) 数据的收集与录入

物流信息系统首先要做的是通过收集子系统从系统内部或者外部将数据收集到预处理系统中，并整理成为系统要求的格式和形式，然后再通过子系统输入到物流信息系统中。数据的采集和录入离不开 EDI 技术、条码技术和数据库技术。这一过程是其他功能发挥作用的前提和基础，必须保证收集和输入的信息正确，否则在接下来的过程中得到的结果就可能与实际情况完全相左，这将会导致严重的后果。

(2) 信息的存储

数据进入系统之后，经过整理和加工，成为支持物流系统运行的物流信息，这些信息需要暂时存储或永久保存以供使用，管理数据的目的是获得决策的知识。物流信息系统的存储功能就是要保证已得到的物流信息能够不丢失、不走样、不外泄、整理得当、随时可用。无论哪一种物流信息系统，在涉及信息的存储问题时，都要考虑到存储量、信息格式、存储方式、使用方式、存储时间、安全保密等问题。此外，数据管理的目的是获得支持决策的知识。在物流活动中可以得到大量数据，但这些数据本身不能直接转换成决策的依据。因为无论是查询统计还是报表，其处理方式都是对指定的数据进行简单的数字处理，而不能对这些数据所包含的内在信息进行提取。应用数据挖掘技术可以从大量数据中提取可信、新颖、有效并能被人们理解的模式。人们希望通过高效的数据存储得到更高层次的数据分析功能，从而更好地对物流决策或物流管理工作提供支持。

(3) 信息的传输

物流信息来自物流系统内外的有关单元，又为不同的物流职能所使用，因而需要物流信息系统具有克服空间障碍进行信息传输的功能。

(4) 信息的处理

物流信息系统的最基本目的就是将输入的数据加工处理成物流信息。数据与信息不同，数据是得到信息的基础，信息是由数据加工而来的，只有得到了具有实际使用价值的物流信息，物流信息系统的功能才算发挥出来。信息处理能力的强弱是衡量物流信息系统能力的一个重要方面。

(5) 信息的输出

物流信息系统的目的是为各级物流人员提供信息。为了便于人们的理解，系统输出的形式应力求易读、易懂、直观、醒目，这是评价物流信息系统的主要标准之一。目前，物流信息系统正在向数据采集的在线化、数据存储的大型化、信息传输的网络化、信息处理的智能化、信息输出的多媒体化方向发展。

7.2.5 物流信息系统的构成

从系统的观点来看，物流信息系统的主要构成要素有硬件系统、软件系统、数据资源、相关人员、企业管理制度与规范、物流管理思想等。

1. 硬件系统

硬件是指信息系统对信息进行收集、存储、加工、使用和传输等处理过程中所使用的物理设备和装置，一般有输入设备、处理设备、输出设备、通信设备和存储设备五种类型。它是物流信息系统的物理设备、硬件资源，是实现物流信息的基础，构成系统运行的硬件平台。

2. 软件系统

软件是物流信息系统应用的核心，与物流活动相对应，各个活动都有软件的支持。物流信息系统依靠软件资源帮助终端用户使用计算机硬件，将数据转换成各类信息产品，软件用于完成数据的输入、处理、输出、存储及控制信息系统的活动。物流信息系统的软件一般包括系统软件、实用软件和应用软件。

系统软件是指计算机执行各类信息处理任务，使用的管理与支持计算机系统资源及操作的程序，如操作系统、网络系统等，是物流信息系统必不可少的软件。实用软件主要有数据库管理系统、计算机语言、各种开发工具、国际互联网上的浏览器、电子邮件等，主要用于开发应用软件、管理数据资源和实现通信等。应用软件是指那些用于综合用户信息处理需求的直接处理特定应用的程序。应用软件与物流企业业务运作相关，主要实现辅助企业管理的功能。

3. 数据资源

数据资源是物流信息系统的核心内容，是系统运行的物质基础。数据是信息的载体，在计算机的表示方法中，数据同信息本质上是一致的。物流信息系统依据用户的需求将需要处理的数据集中存放，从而形成物流信息系统的数据资源。在物流信息系统中，如何有效地组织和使用这些数据是个十分关键的问题。数据库与数据仓库是目前比较流行的数据资源管理技术，数据库与数据仓库存放着与应用相关的大量数据，是实现辅助企业管理和支持决策的数据基础。

4. 相关人员

物流信息系统是为管理决策服务的人机交互系统。在信息系统开发、实施、使用、维护和评价各阶段，人的参与是必不可少的。与信息系统相关的有系统分析员、系统设计员、程序员、数据库管理员、计算机操作员（普通用户）和系统管理员。其中，系统分析员、系统设计员和程序员可划归为系统开发人员；而数据库管理员和系统管理员可划归为系统维护人员；计算机操作员则是系统的使用人员（包括各层管理者）。不同的人员在物流信息系统开发与使用过程中起着不同的作用。物流信息系统要能够应用得比较完善就必须重视各类人员在其中的作用。

5. 企业管理制度与规范、物流管理理念与思想

物流企业管理制度与规范通常包括组织机构、部门职责、业务规范和流程、岗位制度等，它是物流信息系统成功开发和运行的管理基础和保障，它是构造物流信息系统的主要参考依据，制约着系统硬件平台的结构、系统计算模式、应用软件的功能等。此外，随着企业的发展和环境的变化，物流行业会不断地产生新物流管理理念与思想，物流信息系统应更好地实现这些先进的管理理念与思想，从而促进企业物流管理效率的提升。

7.2.6 几种典型的物流信息系统

1. 仓储管理信息系统

仓储是物流系统的核心组成部分，仓库作为物流环节的重要枢纽，需要专业的信息系统来进行管理，避免出现无效或冗余物流。

仓储管理信息系统（Warehouse Management System，WMS）是用来管理仓库内部的人员、库存、工作时间、订单和设备的应用软件。它能够按照运作的业务规则和运算法则，对信息、资源、行为、存货和分销运作进行更完美的管理，使其最大化满足有效产出和精确性的要求。

仓储管理系统主要包括仓库资源管理、物品属性管理、入库管理、出库管理、库存管理、统计分析、费用结算等子系统。

2. 运输管理系统

运输是物流成本中最大的单项成本，是物流系统设计和管理的关键环节。运输企业要为货主提供合理的运输方式、低廉的运输成本和高度的运输安全保障。

运输管理信息系统（Transportation Management System，TMS）是基于运输作业流的管理系统，它利用计算机网络等现代信息技术，对运输计划、运输工具、运送人员及运输过程进行跟踪、调度、指挥。它能通过多种方法和其他相关的操作一起提高物流的管理能力。

运输管理系统包括运输业务接单、运输资源管理、运输任务计划、运输过程的监控、费用管理等。运输任务计划涉及运输方式选择、配载等。运输过程的监控涉及运输任务状态监控与分析、实时调度等。

3. 配送管理信息系统

配送是较短距离、较高频次、较小规模的运输形式，一般以汽车为交通工具；而运输通常指干线运输，运输批量较大但频次较低，运输路线也比较单一。配送由于其最终节点多，配送路线多而复杂，因此配送中的车辆配装、路径优化、装车顺序等成为重点关注的问题。此外，理货、配货也是配送中的重要环节，是区别于运输的另一显著特点，因此也将上游货运到物流中心的过程称为运输，将物流中心向下游客户的过程称为配送。

配送管理信息系统（Distribution Management System，DMS）是以计算机和通信技术为基础，为企业各级管理人员提供配送辅助决策的信息系统。它是处理企业的现行配送业务，控制企业的物流管理活动，预测企业的购销趋势，为制定企业物流配送决策提供信息，为决策者提供一个分析问题、构造模型和模拟决策过程及其效果的人机系统的集成。

配送管理信息系统包括集货、储存、分拣、配货、配装、配送和流通加工等子系统。

7.3 物流信息系统开发

建设开发一个物流信息系统有很多方法可供选择，若依照结构化系统开发方法，物流信息系统的开发过程大致分为五个阶段，即系统规划、系统分析、系统设计、系统实施、系统运行与维护。

7.3.1 物流信息系统规划

1. 物流信息系统规划的原则

物流信息系统规划的目标就是制定与企业物流发展战略目标相一致的物流信息系统发展战略目标。企业发展的战略目标是物流信息系统规划目标制定的依据和参考标准，因此在进行物流信息系统规划时应遵循以下原则。

（1）战略性原则

企业的物流战略目标是系统规划的出发点，信息系统的建设是为企业物流战略服务的。从企业物流系统建设目标出发，分析物流活动的信息需求，逐步导出信息系统的战略目标和总体结构。企业物流战略目标发生变化，物流信息系统也要随之进行重新规划。

（2）一致性原则

物流信息系统涵盖了由物流操作层面到管理决策层面的各项业务活动，最终是要为企业物流活动服务，从而对企业物流系统运行进行全局性优化，以提高企业整体管理水平。物流信息系统应着眼于整个供应链管理，提高对物流各环节的节点信息的一致性支持。

（3）独立性原则

随着越来越多的企业实行扁平化管理，传统依赖于企业组织结构进行的物流信息系统规划显然不能适应不断变化的业务流程。进行物流信息系统规划应从最基本的物流活动出发，不依赖于现行组织结构和业务流程，必要时还需进行物流业务流程重组。

（4）整体性原则

物流信息系统的规划和实现是一个"自顶向下规划，自底向上实现"的过程。采用自上而下的规划方法，可以保证系统结构的完整性和信息的一致性。一个企业或组织由不同部门构成，部门之间存在着信息交叉和共享。此外，企业还需与外部进行信息沟通，一个企业的物流信息系统需要与其他企业进行对接，如生产企业的物流信息系统需要与供应商的物流信息系统进行对接，因此信息系统规划应从整体角度出发，从而有效避免数据冗余和系统间不同通信的问题。

2. 物流信息系统规划的内容

物流信息系统规划一般包括三年或更长期的计划，也包括一年的短期计划。规划的内容包括：

(1) 信息系统的目标、约束及总体结构

信息系统的目标确定了物流信息系统应实现的功能；信息系统的约束包括物流信息系统实现的环境、条件（如管理的规章制度、人力物力等）；信息系统的总体结构指明了信息的主要类型和主要的子系统。

(2) 组织（企业、部门）的现状

组织的现状包括计算机软硬件情况、产业人员的配备情况以及开发费用的投入情况等。

(3) 业务流程的现状、存在的问题和不足，以及流程在新技术条件下的重组

企业流程重组实际上是根据信息技术的特点，对手工方式下形成的业务流程进行根本性的再思考、再设计。

(4) 对影响规划的信息技术发展的预测

这里涉及的信息技术主要包括计算机硬件技术、网络技术及数据处理技术等。这些技术的推陈出新将在相当程度上给物流信息系统的开发带来影响（如处理效率、响应时间等），并决定将来物流信息系统性能的优劣，因此，及时吸取相关的新技术有可能使开发出的物流信息系统具有更强的生命力。

3. 物流信息系统规划的步骤

(1) 确定问题

确定规划的基本问题，包括物流信息系统规划的年限、具体的方法，以及规划要求等。

(2) 收集相关信息

从企业内外部收集需要的各种相关信息。

(3) 进行战略分析

对物流信息系统的目标、开发方法、功能结构、计划活动、信息部门的情况、财务情况、风险度和政策等进行分析。

(4) 定义约束条件

根据单位（企业）部门的财务资源、人力及物力等方面的限制定义物流信息系统的约束条件和政策。

(5) 明确战略目标

根据(3)、(4)步骤的结果，确定物流信息系统的开发目标，明确物流信息系统应具有的功能、服务范围和质量等。

(6) 提出未来的略图

给出物流信息系统的初步框架（包括各子系统的划分等）。

(7) 选择开发方案

选定优先开发的项目，确定总体开发顺序、开发策略和开发方法。

(8) 提出实施进度

估计项目成本和人员需求，并列出开发进度表。

(9) 通过战略规划

将系统战略规划形成文档，经单位领导批准后生效。

4. 物流信息系统规划的常用方法

用于物流信息系统规划的方法很多，常用的方法有关键成功因素法、战略目标集转化法和企业系统规划法。

（1）关键成功因素法（Critical Success Factors，CSF）

在现行系统中，总存在着多个变量影响系统目标的实现，其中若干个因素是关键的和主要的（即成功变量）。通过对关键成功因素的识别，找出实现目标所需的关键信息集合，从而确定系统开发的优先次序。关键成功因素指的是对企业成功起关键作用的因素。关键成功因素法就是通过分析找出使得企业成功的关键因素，然后再围绕这些关键因素来确定系统的需求，并进行规划。

（2）战略目标集转化法（Strategy Set Transformation，SST）

该方法是 William King 于 1978 年提出的，他把整个战略目标看成"信息集合"，由使命、目标、战略和其他战略变量，如管理的复杂性、组织发展趋向、变革习惯，以及重要的环境约束因素等组成。MIS 的战略规划过程是把组织的战略目标转变为 MIS 战略目标的过程。

（3）企业系统规划法（Business System Planning，BSP）

该方法是 IBM 在 20 世纪 70 年代提出的，旨在帮助企业制定信息系统的规划，以满足企业近期和长期的信息需求。它较早运用面向过程的管理思想，是现阶段影响最广的方法。企业系统规划法是从企业目标入手，逐步将企业目标转化为管理信息系统的目标和结构，从而更好地支持企业目标的实现。

7.3.2 物流信息系统分析

物流信息系统分析的主要任务是根据信息系统规划阶段确定的系统总体建设方案和计划，对现行系统进行详细调查，描述现行系统的业务流程，指出现行系统的局限性和不足之处，确定新系统的基本目标和逻辑功能要求，提出新系统的逻辑模型。

物流信息系统的规模越大，其系统分析过程越复杂，通常，物流信息系统分析包括以下内容。

1. 需求分析

需求分析是物流信息系统开发的前提，实事求是地全面调查是分析与设计的基础。物流活动涉及范围广、信息量大、实时性强，因此系统分析的工作量较大，涉及的业务、数据、信息、管理部门也较多。需求分析是通过详细了解企业的组织结构、组织目标、组织的业务流程及数据流程，分析和理解用户与管理业务对系统开发的实际需求，包括对系统功能、性能等方面的需求，对开发周期、开发方式及软硬件配置等方面的意向及打算。通常情况下，先由用户提出初步的要求，然后经由系统分析人员对系统进行详细调查，进一步完善用户对系统的要求，最终以系统需求说明书的形式将系统需求定义下来。

2. 组织结构和功能分析

调查和了解组织内部各级机构、业务功能和组织机构与物流之间的关系，有利于系统分析人员对组织的全面、系统和正确的了解，有利于系统分析人员进行下一步的工作。

组织结构与功能分析主要有三部分内容：组织结构分析、业务过程与组织结构之间的联系分析、业务功能一览表。其中，组织结构分析，通常是通过组织结构图来实现的，是将调查中所了解的组织结构用图的形式具体地描绘出来，作为后续分析和设计的参考；业务过程与组织结构联系分析，通常是通过业务与组织关系图来实现的，是利用系统调查中所掌握的资料着重反映管理业务过程与组织结构之间的关系，它是后续分析和设计新系统的基础；业务功能一览表是把组织内部各项管理业务功能都用一张表的方式罗列出来，它是今后进行功能/数据分析、确定新系统拟实现的管理功能和分析建立管理数据指标体系的基础。

3. 业务流程分析

在对物流企业的组织结构和功能进行分析时，已经得知各个职能部门及其相应的业务，为了更好地弄清这些业务之间的关系，需从一个实际业务流程的角度将系统调查中有关该业务的资料都串起来做进一步的分析。业务流程分析可以帮助我们了解该业务的具体处理过程，同时帮助系统分析员发现和处理系统调查工作中的错误和疏漏，修改和删除原系统的不合理部分，在新系统基础上优化业务处理流程。

在组织结构和功能分析过程中，已经将业务功能一一理出，而业务流程分析则是在业务功能的基础上将其细化，利用系统调查的资料将业务处理过程中的每一个步骤用一个完整的图形将其串起来，这个图形工具就是业务流程图。在绘制业务流程图的过程中发现问题，分析不足，优化企业业务流程。可见绘制业务流程图是业务流程分析的重要步骤。

4. 数据流程分析

数据流程分析就是把数据在现行系统内部的流动情况抽象出来，舍去了具体组织机构、信息载体、处理工作等物理组成，单纯从数据流动过程来考察实际业务的数据处理模式。数据流程分析主要包括对信息的流动、变换、存贮等的分析。其目的是要发现和解决数据流动中的问题。现有的数据流程分析多是通过分层的数据流程图（Data Flow Diagram，DFD）来实现的。

5. 数据字典

数据流程图仅仅描述了数据的流向，没有具体地描述清楚数据本身的情况，因此在数据流程图的基础上，还需要编写数据字典。数据字典是指对数据的数据项、数据结构、数据流、数据存储、处理逻辑等进行定义和描述，其目的是对数据流程图中的各个元素做出详细的说明，使用数据字典为简单的建模项目。简而言之，数据字典是描述数据的信息集合，是对系统中使用的所有数据元素的定义的集合。

7.3.3 物流信息系统设计

物流信息系统设计是物流信息系统开发的另一个重要阶段。系统设计的目的就是赋予物流信息系统在系统分析阶段所确定的信息系统的功能一种具体的实现方法和技术，是为下一个阶段的系统实现制定蓝图。

1. 物流信息系统设计应遵循的原则

（1）简单性

在达到预定的目标、具备所需要功能的前提下，系统应尽量简单，这样可减少处理费用,提高系统效益,便于实现和管理。

(2) 灵活性和适应性

一个可变性好的系统,各个部分独立性强,容易进行变动,从而可提高系统的性能,不断满足对系统目标的变化要求。

(3) 一致性和完整性

一致性是指系统中信息编码、采集、信息通信要具备一致性设计规范标准;完整性是指系统作为一个统一的整体而存在,系统功能应尽量完整。

(4) 可靠性

可靠性是指系统硬件和软件在运行过程中抵抗异常情况的干扰及保证系统正常工作的能力。只有可靠的系统,才能保证系统的质量并得到用户的信任,否则就没有使用价值。

2. 物流信息系统设计的主要工作

(1) 总体设计

将系统划分成模块,决定每个模块的功能,明确模块的调用关系以及确定模块的界面,即模块间信息的传递。总体设计是系统开发过程中关键的一步,系统的质量及一些整体特性基本上是由这一步决定的。

(2) 详细设计

在总体设计的基础上,第二步进行的是详细设计,主要有处理过程设计以确定每个模块内部的详细执行过程,包括局部数据组织、控制流、每一步的具体加工要求等。也就是说,为各个具体任务选择适当的技术手段和处理方法,包括代码设计、数据库设计、输入设计、输出设计、图形用户界面设计和模块详细设计等。另外,在进行详细设计时,还要进行计算机物理系统的具体配置方案的设计,要解决计算机软硬件系统的配置、通信网络系统的配置、机房设备的配置等问题。

(3) 编写系统设计说明书

系统设计阶段的结果是系统设计说明书,它主要包括模块结构图、代码设计、数据库设计等总体设计和详细设计内容,以及相应的实施方案说明。俗话说"条条大路通罗马"。通过系统设计阶段,可以提出多个系统设计方案或结果,而且不同人员设计出来的也不尽相同。

7.3.4 物流信息系统实施与维护

物流信息系统实施是物流信息系统开发的最后一个阶段。这个阶段的任务是实现系统设计阶段提出的物理模型,按实施方案完成一个可以实际运行的信息系统,交付用户使用。系统设计说明书详细规定了系统的结构,规定了各个模块的功能、输入和输出,规定了数据库的物理结构。这是系统实施的出发点。也就是说,在系统实施阶段,工作重点从分析、设计和创造性思考转入实践阶段。系统实施阶段既是成功地实现新系统的关键阶段,又是取得用户对新系统信任的关键阶段。在此期间,将投入大量的人力、物力及占用较长的时间进行程序设计、程序和系统调试、人员培训、系统转换、系统管理等一系列工作。

一般来说,系统实施与维护的主要工作包括如下几个部分。

1. 物理系统的建立

首先，要根据计算机物理的系统配置方案来购买和安装计算机硬、软件系统和通信网络系统（如果购买的时间太早会带来经济上的损失），还包括计算机机房的准备和设备安装调试等一系列活动，要熟悉计算机物理系统的性能和使用方法。

2. 程序设计

除了系统软件、数据库管理系统以及一些应用程序购买之外，其他软件都需要组织人力编写，这也需要相当多的人力、物力和时间。这时候，程序设计人员必须严格按照系统设计说明书的要求，采用某种程序设计语言来实现每个功能模块的程序编制工作。

3. 系统测试

编写完程序之后，要进行细致的调试工作，这是整个系统能够正常运行的必要条件。

4. 新旧系统切换

这主要包括数据和文档的准备工作、人员培训以及系统切换。

5. 系统运行与维护

这主要包括系统运行管理和系统维护管理两方面的工作，系统运行管理在系统切换后可开始投入运行，系统运行包括系统的日常操作、管理等。系统维护是指在管理信息系统交付使用后，为了改正错误或满足新的需要而对系统进行修改。

6. 系统评价

对于一个管理信息系统来说，大致可以从系统的技术、获得的效益等方面对系统进行评价。而且通过从技术评价、经济效益评价、综合评价等方面评价系统，为系统的下一次升级换代提供依据。

总之，与系统分析和设计阶段相比，系统实施阶段的特点是工作量大，投入的人力、物力多。因此，这一阶段的组织管理工作也很繁重。对于这样一个多工种、多任务的综合项目，合理的调度安排就十分重要。

本章小结

信息技术（Information Technology，IT）是指获取、传递、处理、再生和利用信息的技术，包括信息传递过程中的各个方面，即信息的产生、收集、交换、存储、传输、显示、识别、提取、控制、加工和利用等技术。

物流信息技术主要由基础技术、物流信息自动识别与采集技术、物流信息存储与交换技术、物流信息追踪技术、物流信息处理技术等组成。目前，广泛应用的物流信息技术主要包括计算机技术、网络技术、数据库技术、电子数据交换技术、条形码和扫描技术、射频识别技术、全球定位系统（GPS）、地理信息系统（GIS）、电子订货系统（EOS）、销售时点信息系统（POS）等。

物流信息系统（Logistics Information System，LIS）是指为了实现物流目的而与物流作业系统同步运行的信息管理系统。它是以现代管理理论为指导，以计算机、网络等现代信息技术为基础,由人员、计算机硬件、软件、网络通信设备以及其他办公设备组成的人机交互系统。其主要功能是进行物流信息的收集、存储、传输、加工整理、维护和输出,为物流管理者执行计划、实施、控制等职能提供信息及决策支持,以达到组织的战略竞争优势,提高物流运作的效率和效益。

物流信息系统具有开放性、协同性、动态性、快速反应能力、信息集成能力、对环境变化的适应性、支持远程处理、检测、预警、纠错能力、安全性等特点。按照不同的分类标准,物流信息系统可以分成不同类型。

物流信息系统的主要功能包括:数据的收集与录入,信息的存储,信息的传输,信息的处理,信息的输出。

从系统的观点来看,物流信息系统的主要构成要素有硬件系统、软件系统、数据资源、相关人员、企业管理制度与规范、物流管理思想等。

建设开发一个物流信息系统有很多方法可供选择,若依照结构化系统开发方法,物流信息系统的开发过程大致分为5个阶段,即系统规划、系统分析、系统设计、系统实施、系统运行与维护。

复习思考题

1. 什么是物流信息技术?常见的物流信息技术有哪些?
2. 常见的条形码有哪些?条形码在物流信息系统中的作用如何?
3. 简述射频识别系统的工作流程。
4. 简述EDI的优点及工作原理。
5. 什么是GPS和GIS?
6. 简述GIS在物流中的应用。
7. 什么是POS和EOS?
8. 简述物流信息系统的含义、特征和功能。
9. 简述物流信息系统的分类。
10. 简述物流信息系统的构成。
11. 物流信息系统开发共包括哪些阶段?简述每个阶段的主要工作内容。

第三篇

物流企业运营管理篇

第八章

第三方物流

主要内容

本章主要内容有第三方物流的定义、第三方物流的兴起与发展、第三方物流的特征和优势、第三方物流企业的类型、第四方物流的定义和特征、第三方物流运作模式、第三方物流决策模型、第三方物流选择的影响因素及选择流程。

教学目标

1. 掌握第三方物流的定义、特征，第三方物流企业的类型，第三方物流企业的运作模式、决策模型和选择流程；
2. 熟悉第三方物流的兴起与发展阶段；
3. 理解第三方物流的优势、运作条件、选择的影响因素，以及第四方物流的定义和特征。

案例导读

从宝马到戴姆勒，汽车品牌商为何争相联手这家第三方物流企业

普洛斯是中国最大的现代产业园的提供商和服务商，也是中国市场最早启动智慧物流及相关产业生态系统的打造者和促进者。普洛斯及旗下品牌环普，在42个战略性的区域市场投资、开发并管理着336个物流园、工业园及科创园，物业总面积达3 740万平方米。同时，普洛斯还基于支持物流、新能源及科技产业的发展，通过股权投资、金融服务及数据科技平台领域，积极打造领先的产业发展生态体系。

在世界互联网大会前后，现代物流设施巨头普洛斯默默地与戴姆勒签订了近5万平方米的定制仓储设施协议，再次展示了其为汽车行业高端客户打造定制化物流仓储设施的能力。

一、普洛斯的汽车行业"朋友圈"

汽车业界流行一种说法,即每一元钱汽车消费,就会带来0.65元汽车售后服务。随着汽车保有量的增长,汽车用户、经销商等对汽车厂商售后零部件配送服务提出了更高的要求。因为,汽车售后零件物流往往要求覆盖范围广,但零件品类繁多,大小形状各异,操作起来难度大,对物流设施要求非常高。

第三方数据显示,2016年我国汽车产销量分别达到2 811.88万辆和2 802.82万辆,同比增长14.46%和13.65%。到了2017年3月底,全国机动车保有量已经超过了3亿辆,其中汽车达到2亿辆。汽车保有量的持续增长,必然带来汽车后市场的快速扩容,未来年均增速将超过30%。不仅如此,伴随着汽车智能化水平的提升,汽车上电子部件也越来越多,同样带来更多维修、服务等方面的需求。

在这样的大环境下,汽车售后零件的高效配送对售后服务满意度有着直接影响,汽车企业必然要加大对物流配送基础设施的投入,以提升汽车售后服务的水平。

1. 普洛斯与戴姆勒合作再拓展

最近,普洛斯与德国著名汽车制造商戴姆勒集团旗下的戴姆勒东北亚零部件服务贸易公司(DPTS)签订合作协议,为其打造大规模定制级售后零部件配送中心,采用大面积单体仓库设计,净高达10.5米,并按照零部件功能、规格等进行分区管理,打造高效运转的汽车零部件配送枢纽。

其实,双方合作由来已久。2016年9月,普洛斯官网发布新闻称,已经与两大国际整车制造商签订租赁协议,总租赁面积多达66 000平方米。其中一家整车制造商就是戴姆勒,当时租赁的是普洛斯在济南地区的物流设施。

此次为戴姆勒打造的汽车售后零部件配送中心位于杭州湾区,面积接近5万平方米,是双方在中国合作的第四个项目,也是普洛斯为戴姆勒打造的第三个定制级配送中心。

2. 普洛斯与宝马

普洛斯凭借强大的定制仓储设施开发能力,不断扩充自己在汽车行业的"朋友圈"。普洛斯在新闻中称,其与国际知名汽车品牌在全球范围内密切合作,在整车和零部件配送的主要市场为他们提供高质量的、地理位置优越的物流设施,重要客户包括宝马、克莱斯勒、福特、通用汽车、本田和大众汽车。

以宝马为例,2015年4月,普洛斯为华晨宝马量身定制的宝马上海新零件配送中心投入使用,建成后的总面积达到75 000平方米,相当于十个专业足球场的面积总和。

该零部件配送中心位于普洛斯临港国际物流园,遵循宝马全球统一建设标准,是宝马在亚太地区最大的零件配送中心,既能满足上海、浙江、江苏等东部经销商的需求,也能承接来自全国其他区域经销商的紧急订单,可以快速实现零配件货物送达,运营效率提升了20%左右。

此次双方合作的最大不同在于,在此次合作之前,华晨宝马通常是通过第三方物流提供商来组建仓库,以满足经销商对于汽车零配件配送服务的需要;此次直接与普洛斯合作,除了配送中心所在的优越地理位置,普洛斯强大的物流设施网络和高标准定制仓储设施的开发能力也是重要原因。

普洛斯精心打造的零配件配送中心也没有辜负客户的期待。公开信息显示,定制化仓储空间为大面积单体库房，层高经过特别设计，可提供充足的存储空间和扩展空间。

而且，考虑到宝马零配件种类繁多，库区内设计了可上人阁楼式货架，方便对零配件进行分门别类的摆放、拣取，提高内部经营管理的效率。除此之外，普洛斯在装卸货平台、地坪甚至道路等方面均进行高标准化建设，满足客户对于零部件管理、配送的需要。

尝到"甜头"的宝马，继上海新零件配送中心后，与普洛斯又先后在佛山、沈阳拓展合作。2016年9月，宝马集团中国研发中心也宣布落户普洛斯旗下的北京顺义普洛斯环普北京产业园，进一步体现了双方深入的合作伙伴关系。

二、定制化仓储设施缘何备受汽车行业推崇

近年来，随着汽车行业的快速发展，汽车零部件物流体系越来越复杂。与零部件采购物流、生产物流等相比，售后零部件物流具有消费市场分布广泛的特点，对物流配送中心响应市场需求的速度提出了更高的要求，并且由于零配件库存量大、层次繁多以及结构复杂，给库存管理带来了挑战。

而众多汽车行业客户之所以青睐普洛斯，应该是看中了普洛斯的两大优势或者说核心竞争力。因为，这契合了汽车行业客户对售后零部件的高品质物流服务的需求。

1. 全国性网络规模。这一优势可以满足汽车企业对零部件配送中心的选址需求。

进入中国十多年，普洛斯已经在全国建立起庞大的现代物流设施网络，截至2017年9月30日，普洛斯在全国的物业总面积为2 960万平方米，已完工的物业面积为1 880万平方米，覆盖华北东部、华南西部等各大区域的38个主要市场，物流园区数量多达257个。

这些遍布全国的物流园区，大多地理位置优越，为汽车企业进行零部件配送中心选址提供了弹性的选择空间，也有利于其后期配送网络的扩展。前面提及的宝马，就是通过与普洛斯在多点的合作，不断扩展售后零部件的配送网络。

2. 物流设施可定制。普洛斯可以根据不同客户的个性化需求，定制设计、开发高标准物流仓储设施。

在设计、开发定制化物流设施的过程中，普洛斯和客户详细沟通需求的细节，提供方案设计与优化、选址协商、设施设计与开发建设、物业管理等各种服务。

例如宝马上海新零件配送中心，就遵循宝马全球统一标准和国际领先的物流技术，收货区配有欧洲先进的可调节伸缩式升降平台，适合不同车体宽度。库区内还有三层可上人阁楼式货架，适合各种小型汽车零部件的分类存放和分拣。

普洛斯高标准建设的现代物流设施，一方面为汽车厂商存储、分拣、管理大量零部件创造了良好的环境；另一方面，通过仓储选址、空间设计等方面的定制化开发，能够更好地满足客户的个性化需要，帮助汽车厂商快速响应市场需要，提高经销商、最终消费者的满意度，有助于汽车品牌建设。

（资料来源：中国物流与采购网 http://www.chinawuliu.com.cn/xsyj/201712/08/326929.shtml；2017年12月）

8.1　第三方物流概述

进入21世纪，随着现代物流业的迅猛发展，国内的物流公司如雨后春笋般涌现，进而形成了第三方物流产业。相比传统的物流公司，第三方物流更专业化，综合成本更低，配送效率更高，已经成为国际物流业发展的趋势、社会化分工和现代物流发展的方向。

8.1.1 第三方物流的定义

1. 国外对于第三方物流的定义

第三方物流的概念来源于国外。在 1988 年美国物流管理委员会的一项顾客服务调查中，首次提出了"第三方服务提供者"的说法，在 1989 年发表的后续研究成果中，对用户服务活动进行了新的探讨，这一说法得到了重视和普遍应用。但至今为止，国外对"第三方"这一术语也并未给出明确的统一定义。

有的学者从服务提供者的角度将第三方物流定义为"拥有一定技术和专业知识，提供如交通、运输管理、承运人管理、仓储、配送等物流活动中部分或者全部环节的服务，以满足客户需求的第三方公司"。有的学者认为第三方物流是一种关系，认为第三方物流是"货主和第三方公司之间的一种关系，与传统的基础服务相比，提供更加广泛的、为客户定制的服务，其特点表现为一种长期的，互利的关系"。

美国的有关专业著作将第三方物流提供者定义为"通过合同的方式确定回报，承担货主企业全部或一部分物流活动的企业"。所提供的物流形态可以分为与运营相关的服务，与管理相关的服务以及两者兼而有之的服务三种类型。无论哪种形态都必须高于过去的公共运输业者和契约运输业者所提供的服务。

日本的一些著作对第三方物流有两种解释：一种解释是，第三方物流是指为第一方生产企业和第二方消费企业提供物流服务的中间服务商组织的物流运作；另一种解释是，第三方物流是指为客户提供包括物流系统设计规划、解决方案以及具体物流业务运作等全部物流服务的专业物流企业运作的物流业务。

美国物流管理协会于 2002 年 10 月 1 日公布的《物流术语词条 2002 升级版》的解释是：第三方物流是将企业的全部或部分物流运作任务外包给专业公司管理经营，而这些能为顾客提供多元化物流服务的专业公司称为第三方物流提供商。它们的存在加速原材料和零部件从供应商向制造商的顺畅流动，更为产成品从制造商向零售商的转移搭建了良好的平台。它们所提供的集成服务涵盖了诸多业务，如运输、仓储、码头装卸、库存管理、包装、货运代理等。

2. 国内对第三方物流的定义

"第三方物流"这一术语于 20 世纪 90 年代中期传到我国。目前，国内学术界和实务界对这一概念的理解也不尽相同。

国内一些学者从对外委托的角度来分析第三方物流，进而明确分析第三方物流的概念，认为第三方物流形态与目前我们所了解的物流形态是有区别的，而且区别的关键点在于以什么方式提供物流服务，提供什么样的物流服务。"第三方物流"取决于企业物流的对外委托形态，即由货主企业以外的专业企业代替其进行物流系统设计并对系统运行承担责任的物流形态才是真正意义上的"第三方物流"。这种观点认为，第三方物流与传统的对外委托有着重要的不同之处。传统的对外委托形态只是将企业物流活动的一部分，如货物运输、货物保管交由外部的物流企业去做,而库存管理、物流系统设计等物流管理活动以及一部分企业内物流活动仍然保留在本企业。同时,物流企业是站在自己物流业务经营的角度,接受货主企业的业务委托,以费用加利润的方式定价,收取服务费。那些能够提供系统业务的物流企业,也是以使用本企业的物流设施、推销本企业的经营业务为前提,而并非是以货主企业物流合理化为目的设计的物流系统。而第三方物流则是站在货主的立场上,以货主企业的物流合理化为设计物流系统和系统运营管理的目标,而且,第三方物流企业不一定要确保有物流作业能力,也就是说可以没有物流设施和运输工具,不直接从事运输、保管等物流作业活动,只是负责物流系统设计并对物流系统运营承担责任。具体的物流作业活动可以采取对外委托的方式由专业的运输、仓储企业等去完成。第三方物流企业的经营效益是直接同货主企业的物流效率、物流服务水平以及物流系统效果紧密联系在一起的。

国内也有学者将第三方物流分为广义的第三方物流概念和狭义的第三方物流概念。广义的第三方物流是指为商品买卖双方之外的第三方提供物流服务的形式。按照这种理解,无论是买方承担的物流还是卖方承担的物流都不是第三方物流,除此之外的任何一方承担的物流都是第三方物流。实际上,广义的第三方物流是相对于自营物流而言的。狭义的第三方物流是以物流服务或物流交易为参照,主要有两种表述。一种是指物流的实际需求方(假定为第一方)和仓储运输等基础物流服务的供给方(假定为第二方)之外的第三方向第一方提供部分或全部物流服务的物流运作模式。另一种是指由物流劳务的供方、需方之外的第三方去提供物流交易双方的部分或全部物流功能的物流运作模式。虽然不同学者对于狭义的第三方物流的认定标准基本一致,但在概念解释理论和实际运作方面还存在着一些差异。

2001年4月17日由国家质量技术监督局发布,并于2001年8月1日实施的国家标准《物流术语》对第三方物流给出的定义是:第三方物流是由供方与需方以外的物流企业提供物流服务的业务模式。《物流术语》国家标准于2006年12月获国家标准化管理委员会批准发布,并于2007年5月起正式实施。《物流术语》对第三方物流给出的定义是:独立于供需双方以外为客户提供专项或全面的物流系统设计或系统运营的物流服务模式。这主要是指在物流渠道中,由中间商以合同的形式在一定期限内向供需企业提供所需要的全部或部分物流服务。第三方物流企业在货物的实际供应链中并不是一个独立的参与者,而是代表发货人或收货人,通过提供一整套物流活动来服务于供应链。第三方物流企业本身不拥有货物,而是为其外部客户的物流作业提供管理、控制和专业化服务的企业。由此可见,这两个国家标准给出的是广义的第三方物流定义,是以商品交易为参照的。

8.1.2 第三方物流的兴起与发展

1. 第三方物流兴起的原因

第三方物流是随着物流发展而产生的一种物流专业化的管理方式,是企业物流业务外包的重要形式,它的兴起源于以下几方面的原因。

(1) 企业竞争环境不断变化

20世纪90年代以来,科学技术不断进步,全球经济不断发展,全球信息网络和全球化市场逐步形成,技术变革速度不断增快,消费者需求越来越多样化,这使得企业竞争环境越来越复杂。围绕新产品的市场竞争日益激烈。技术进步和需求多样化使产品生命周期不断缩短,企业面临着缩短交货期、提高产品质量、降低成本和改进服务的压力,所有的这些都要求企业对不断变化的全球化市场做出快速反应,源源不断地开发出满足用户需求的定制的"个性化产品"去占领更大的市场,但也可能因为竞争失利而被市场淘汰,企业面临着日益激烈、日益残酷的市场竞争。

(2)企业越来越关注核心竞争力

随着市场竞争的日益加剧,各生产企业为了在严峻的市场竞争环境中生存发展,必须提高资源配置效率,以赢得竞争优势。由于任何企业所拥有的资源都是有限的,不可能在所有业务中都存在竞争优势,因此必须将企业有限的资金、人力、物力等都投入到其核心业务中,寻找企业化分工协作带来的效率和效益的最大化。专业化分工的结果导致许多非核心业务从企业的生产经营活动中分离出来,委托给其他企业完成,物流业务便是其中一项。生产企业将物流业务委托给第三方专业公司负责,这样既可以集中精力发展自身核心竞争力,又能利用物流服务商的优势来降低物流成本。

(3)管理理念的不断创新

20世纪90年代以来,信息技术不断发展,社会分工日益细化,这推动了管理思想理念和技术的不断更新,由此产生了供应链、虚拟企业等一系列新型管理理念和思想,既增加了物流活动的复杂性,又对物流活动提出了零库存、准时制、快速反应等一系列更高的要求,使一般企业难以承担此类业务,因而对专业化物流服务的需求越来越强烈。在这种环境下,第三方物流的思想产生。该思想不仅满足了企业对物流个性化服务的需求,也实现了进出物流的整合,提高了物流服务质量,加强了对供应链的全面控制和协调,促使供应链达到整体最优。

(4)信息技术的不断发展

信息技术是第三方物流产生和发展的基础,第三方物流服务是建立在现代电子信息技术基础上的电子物流。第三方物流企业利用电子化的手段,尤其是利用互联网技术来完成物流全过程的协调、控制和管理,实现从供应链网络最前端到终端客户的所有中间过程服务,最显著的特点是各种软件技术与物流服务的融合应用。物流服务过程中,信息技术的发展实现数据的快速、准确的传递,提高了仓库管理、装卸运输、采购、订货、配送发运、订单处理的自动化水平,使订货、包装、保管、运输、流通、加工实现了一体化,供应链节点企业可以更方便地使用信息技术与第三方物流企业进行交流与协作,企业间的协调和合作有可能在短时间内迅速完成,这就使得客户企业可以随时了解自身物流情况,因而放心地把自身物流业务交由第三方管理。

(5)综合物流业务的需求

随着经济自由化和贸易全球化的发展,越来越多的企业基于成本和服务水平的考虑,倾向于将其大部分物流业务委托给专业的物流服务提供商。此外,物流企业间的竞争日益激烈,这促使其不断扩展物流服务内涵和外延,物流也越来越呈现出一种高度专业化、综合化的趋势。这是自用物流无法达到的,因此发展第三方物流成为必然趋势。

2. 第三方物流的发展历史

Chrisoula和Douglas(1998)按照第三方物流所提供的服务类型、实时控制的水平以及在企业战略重要性等方面所扮演的角色,将第三方物流的发展分为五个阶段,分别为导入期、知晓期、需求期、整合期和差别化期。

（1）导入期

20世纪初到50年代晚期为第三方物流的导入期。在导入期，第三方物流的观念刚刚萌芽，只有当第三方物流公司具有显著成本优势或运输紧张时，企业才考虑采用第三方物流服务，且在该时期，第三方物流企业所提供的物流服务比较单一。

（2）知晓期

20世纪50年代晚期到60年代中期为第三方物流发展的知晓期。在知晓期，第三方物流观念得以流行，企业开始考虑采用第三方物流公司作为存货控制和成本削减的替代选择，以提高企业竞争力，增加企业利润。但是第三方物流仍未引起企业界对缺乏物流控制权的担忧。该时期，第三方物流公司提供独立服务。

（3）需求期

20世纪60年代中期到70年代晚期是第三方物流发展的需求期。在需求期，重要市场和法律的变更增加了产品配销的复杂度，导致有配销专长的第三方物流公司的协助成了企业的必需。第三方物流的观念开始得到企业界的认可和采纳。在该时期，第三方物流企业提供集成服务。

（4）整合期

20世纪70年代晚期到80年代晚期为第三方物流发展的整合期。在整合期，第三方物流的观念吸引了越来越多的公司，国际化以及分销渠道的复杂性增加等因素使企业转向第三方物流。在该时期，第三方物流公司提供综合服务。

（5）差别化期

20世纪80年代晚期到90年代晚期为第三方物流的差别化期。在差别化期，第三方物流的观念被认为是企业核心竞争力方向的一个区分器，国际化的趋势以及日益重要的伙伴和联盟关系，使得企业将第三方物流作为增加竞争力的必需功能，以支持企业使命。在该时期，第三方物流提供组合服务。

8.1.3 第三方物流的特征

1. 关系契约化

第三方物流是通过契约形式来规范物流经营者与物流消费者之间关系的。物流经营者根据契约的要求，提供多功能直至全方位一体化物流服务，并以契约来管理所有提供的物流服务活动及其过程。其次，第三方物流发展物流联盟也是通过契约的形式来明确各物流联盟参加者之间权责利关系的。第三方物流服务的用户与经营者间的战略联盟要求打破传统业务束缚，彼此之间信息更加透明，从"业务关系"转变为"伙伴关系"。这种关系可以帮助参与各方实现共赢，是提高系统可靠性、改善服务质量、提高工作效率的保证。

2. 服务个性化

现代第三方物流企业一般都是站在货主的立场上，以货主企业的物流合理化为目标来设计和运行物流系统。不同行业、不同企业的物流服务需求方的业务流程各不相同，这就要求第三方物流根据不同物流服务需求方在企业形象、业务流程、产品特征、顾客需求特征、竞争需要等方面的不同要求，提供针对性强的个性化物流服务和增值服务。其次，从事第三方物流的物流经营者也因为市场竞争、物流资源、物流能力的影响需要形成核心业务，不断强化所提供物流服务的个性化和特色化，以增强物流市场竞争能力。因此，从服务的内容上看，个性化的物流服务是指物流企业从客户的具体需求出发，选择和整合仓储、运输、包装、配送、信息处理、流通加工等物流基本活动和增值活动；从技术层面上看，物流服务的个性化体现在根据物品在价值、密度、形状、易腐性、危险性等方面的性状，选择适宜的运输工具、运输路线、堆放方式和包装方法等。个性化物流服务的实质是物流企业在合理的利润水平条件下，实现客户"满意度"最大化。与传统物流活动相比，现代物流的最大革新不在于服务内容的拓展，而在于物流管理理念的确立以及物流运作方式的变化。

3. 功能专业化

第三方物流所提供的是专业的物流服务。从物流设计、物流操作过程、物流技术工具、物流设施到物流管理必须体现专门化和专业水平，这既是物流消费者的需要，也是第三方物流自身发展的基本要求。第三方物流功能专业化主要体现在：建立门对门的服务方式；以市场需求为导向提供专业化物流服务；建立先进的物流信息系统和运作网络；建立高素质的专业人才队伍等。

4. 信息网络化

现代第三方物流的一个最大特点是依托信息化网络技术，对国内外物流资源进行组合，以最少的投入取得最佳的经济效益。信息技术是第三方物流发展的基础和必要条件，具体表现为物流信息的商品化、物流信息收集的数据化和代码化、物流信息处理的电子化和自动化、物流信息传递的标准化和实时化、物流信息储存的数字化等。信息化能更好地协调生产与销售、运输、储存等各环节的关系。

5. 管理系统化

第三方物流应具有系统的物流功能，这是第三方物流产生和发展的基本要求，第三方物流需要建立现代管理系统才能满足运行和发展的基本要求。从系统的角度看，物流系统的组成要素包括软件要素、硬件要素、人员要素以及信息技术要素等。

8.1.4 第三方物流的优势

第三方物流是经济发展和社会分工的产物，自产生以来便以其独特魅力受到了企业青睐，很多企业将自身物流业务外包给第三方，从而节省物流成本，提高物流效率及物流服务水平。第三方物流之所以受到各方面高度关注，也是因为其本身具有一定优势。第三方物流的优势主要表现在以下几个方面。

1. 规模效益优势

第三方物流企业引入多客户运作，集中多家客户的物流业务于一身，也就是在多客户间共享资源，这样便可以充分利用企业的物流设施、人力、物力、财力等多种资源，采用专用设备、设施等，形成规模效用，降低成本，提高运作效率。

2. 专业化优势

第三方物流企业一般都是专业化物流企业，其具有高水平运作技能，由于其业务量大，物流作业可以实现专业化，从而降低成本，提高物流服务水平。

3. 信息优势

第三方物流，尤其是非资产性第三方物流，其运作主要依靠信息优势，具备了信息优势，才能比货主（外包物流服务人和收货人）更了解市场行情、物资资源的分布和流向、相关制度和政策等。第三方物流的信息优势还来自由它组织运作的物流系统，这种优势主要针对客户变化的需求，客户不可能就每一次临时的需求变化都建立自己的信息优势，因此，这时就需要依靠第三方物流。

4. 系统协调优势

系统协调是指第三方物流企业在其占有的供应商群及其各自的客户群中进行的协调活动，这样的系统协调可以提高运作效率，降低运作成本。

5. 服务优势

第三方物流不仅可以为企业节约成本，还能提高客户服务水平，使得企业获得竞争性战略优势。因为第三方物流能够根据客户特点和需求提供定制化物流服务。第三方物流与客户之间的关系是合作共赢关系，这种共赢观念，是服务伙伴建立的前提，也是形成服务优势的重要条件。现在，企业越来越关注客户服务水平，客户服务是推动第三方物流成长的驱动力，优质的客户服务水平也是第三方物流具备的优势。

8.1.5 第三方物流企业的类型

1. 根据第三方物流的客户数量和服务内容的集成度分类

根据第三方物流的客户数量和服务内容的集成度分类，可以将第三方物流企业分为以下四种类型。

（1）针对少数客户提供低集成度物流服务的第三方物流企业

针对少数客户提供低集成度物流服务的第三方物流企业可能存在两种情况。一种是成长阶段的物流企业。该阶段企业正处于发展初期，服务能力还不完善，能够提供的物流服务集成度有限。另一种情况是服务商的市场定位就是第一类的第三方物流企业。这些第三方物流企业的能力有限，只能为有限客户提供物流服务。

（2）同时为较多客户提供低集成度物流服务的第三方物流企业

目前很多第三方物流企业属于这一类型，如宝供物流、虹鑫物流等。这些物流企业同时为较多客户提供服务，但服务集成度较低。从国内物流业的发展和国外实践来看，这类物流企业将成为未来物流市场的主流。

（3）针对少数客户提供高集成度物流服务的第三方物流企业

这是西方物流服务的典型形式。值得注意的是，在操作具体客户时，采用同客户共同投资新物流公司的形式，全面管理客户的物流业务，就这个新公司而言，就是专门为特定客户提供高集成度的物流服务的典型。这种高集成度的物流服务个性化很强，物流企业参与客户的运营程度很深，一般不适合大规模运作，即一家物流企业很难为多个客户提供高集成度的物流服务。

(4) 同时为较多客户提供高集成度的物流服务的第三方物流企业

高集成性物流服务不适合大规模运作，具有很强的排他性，且市场需求不多，这使得同时为多家企业提供高集成性物流服务的第三方物流企业即使在西方发达国家也很少见。

2. 根据第三方物流企业提供的主要服务不同分类

按照国家《物流企业分类与评价标准》的规定，以及提供的主要服务功能的不同，可以将物流企业划分为以下三种类型。

(1) 运输型物流企业

运输型物流企业拥有一定数量的运输设备，并具备网络化信息服务功能，可以利用信息系统对运输货物进行状态查询、监控。这类企业可以为客户提供门到门运输、门到站运输、站到门运输、站到站运输等一体化运输服务，以实现货物运输为主的一体化物流服务。

(2) 仓储型物流企业

仓储型物流企业拥有一定规模的仓储设施、设备、运输车辆、飞机等，拥有网络化信息服务功能，可以利用信息系统对货物进行状态查询、监控等。这类企业可以为客户提供货物存储、保管、中转等仓储服务，为客户提供配送服务为主，为客户提供商品经销、流通加工等增值服务。

(3) 综合服务型物流企业

综合服务型物流企业自有或租用必要的运输设备、仓库等设施，具有一定运营范围的货物集散和分拨网络，拥有网络化信息服务能力，应用信息系统对物流服务整个过程的信息进行状态查询和有效监控等。这类企业能够为客户提供运输、货运代理、配送等多种服务，并能为客户提供一类或几类产品契约性一体化物流服务，为客户制定整合物流资源的解决方案。

3. 根据第三方物流企业的核心能力和历史因素分类

根据第三方物流企业的核心能力和历史因素的不同，第三方物流企业可以分为资产型物流企业和非资产型物流企业。

(1) 资产型物流企业

资产型第三方物流的资产有两种类型：第一种类型的资产是指从事实物物流活动，具有实物物流功能的资产，如机械设备、运输工具、仓库、港口、车站等；第二种类型的资产是指信息资产，包括信息系统硬件、软件、网络及相关人才等。根据第三方物流所拥有的资产不同，又分为以提供运输服务为主的物流企业、以提供仓储服务为主的物流企业。

以提供运输服务为主的物流企业大都是大型运输公司的分公司，其主要的优势是利用母公司的运输资产（其资产包括车队、船队、飞机、仓库、装卸搬运机械等）提供综合性的物流服务。

以提供仓储服务为主的物流企业主要是过去从事公共或合同仓库与配送物流的供应商，它们以传统的业务为基础，进一步开展存货管理、仓储与配送等物流活动。对于拥有物流设施的公司来讲，它们转为综合物流服务更为容易。

(2) 非资产型物流企业

这类企业不拥有（或租赁）物流资产，一般通过系统数据库和咨询服务来提供物流管理服务。它们提供人力资源和系统、专业管理顾客的各种物流功能。非资产型物流企业可分为：以提供货物代理为主的物流公司、以提供信息和系统服务为主的物流公司、提供物流增值服务为主的物流公司、第四方物流公司。

8.1.6　第四方物流

随着科学技术的不断进步，以及市场的逐渐统一，供应链中的很多供应商和大企业将物流业务外包给第三方物流服务商，以降低物流成本，提高物流效率。但价值全球化趋势使得供应链的网络范围不断扩展，而大部分第三方物流自身能力有限，在物流信息和技术等方面不能满足系统全面整合的需要，这使得第三方物流企业与咨询机构、技术开发商展开合作，以提高企业竞争力，由此，第四方物流产生。

1. 第四方物流的定义

第四方物流（Fourth Party Logistics，4PL）是1998年美国埃森哲咨询公司率先提出的，指专门为第一方、第二方和第三方提供物流规划、咨询、物流信息系统、供应链管理等活动的物流服务。第四方并不实际承担具体的物流运作活动，它是一个供应链的集成商，是供需双方及第三方物流的领导力量。它不是物流的利益方，而是通过拥有的信息技术、整合能力以及其他资源提供一套完整的供应链解决方案，以此获取一定的利润。它可以帮助企业降低成本和有效整合资源，并且依靠优秀的第三方物流供应商、技术供应商、管理咨询以及其他增值服务商，为客户提供独特的和广泛的供应链解决方案。

2. 第四方物流的特征

（1）第四方物流提供一套完整的供应链解决方案

第四方物流有能力提供一整套完善的供应链解决方案，能够有效适应需方多样化和复杂化的需求，集成所有资源为客户提供完善的解决方案，是集成管理咨询和第三方物流服务的集成商。第四方物流和第三方物流不同，不是简单地为企业客户的物流活动提供管理服务，而是通过对企业客户所处供应链的整个系统或行业物流的整个系统进行详细分析后提出具有指导意义的解决方案。第四方物流服务供应商本身并不能单独地完成这个方案，而是要通过物流公司、技术公司等多类公司的协助才能将方案得以实施。

第三方物流服务供应商能够为企业客户提供相对于企业的全局最优，却不能提供相对于行业或供应链的全局最优，因此第四方物流服务供应商就需要先对现有资源和物流运作流程进行整合和再造，从而达到解决方案所预期的目标。

①供应链再建。通过供应链的参与者将供应链规划与实施同步进行，或利用独立的供应链参与者之间的合作提高规模和总量。供应链再建改变了供应链管理的传统模式，将商贸战略与供应链战略连成一线，创造性地重新设计了参与者之间的供应链，使之达到一体化标准。

②功能转化。第四方物流的功能主要有销售和操作规划、配送管理、物资采购、客户响应以及供应链管理等。通过战略调整、流程再造、整体性改变管理和技术，使客户间的供应链运作一体化。

③业务流程再造。第四方物流将客户与供应商信息和技术系统一体化，把人的因素和业

务规范有机结合起来,使整个供应链规划和业务流程能够有效地贯彻实施。

④开展多功能、多流程的供应链业务。第四方物流的范围远远超出传统外包运输管理和仓储运作的物流服务。企业可以把整条供应链全权交给第四方物流运作,第四方物流可为企业提供完整的服务。

(2) 第四方物流通过对整个供应链产生影响来增加价值

第四方物流是通过对整个供应链产生影响的能力来增加价值的。第四方物流服务供应商可以通过物流运作的流程再造,使得整个物流系统的流程更合理、提高运作效率,从而使得整个供应链利益增加,之后第四方物流将产生的利益在供应链的各个环节之间进行平衡,使每个环节的企业客户都可以受益。

①利润增长。第四方物流的利润增长将取决于服务质量的提高、实用性的增加和物流成本的降低。由于第四方物流关注的是整条供应链,而非仓储或运输单方面的效益,因此其为客户及自身带来的综合效益会大幅增加。

②运营成本降低。第四方物流可以通过提高运作效率、增加流程和降低采购成本,即通过整条供应链外包达到节约的目的。流程一体化、供应链规划的改善和实施将使运营成本和产品销售成本降低。

③工作成本降低。第四方物流采用现代信息技术、科学的管理流程和标准化管理,使存货和现金流转次数减少,从而可望实现工作成本的大幅降低。

④资产利用率提高。客户通过第四方物流减少了固定资产占用,提高了资产利用率,使客户通过投资研究设计、产品开发、销售与市场拓展等获得经济效益的提高。

3. 第四方物流与第三方物流的比较

第四方物流是在第三方物流不能满足客户日益增长的高质量要求、多方位物流需求的情况下产生的,它是现代物流管理运营模式的新发展,与第三方物流存在很大不同,主要表现在以下几个方面。

(1) 服务目的不同

第三方物流的服务目的主要是降低单个企业的物流运作成本,而第四方物流则要降低整个供应链的物流运作成本,提高整个供应链的物流服务能力。

(2) 服务范围不同

第三方物流主要针对单个企业的采购物流或销售物流的全部或部分物流提供服务,而第四方物流为客户提供一整套完善的供应链解决方案。

(3) 服务内容不同

第三方物流主要负责单个企业的采购或销售物流系统的设计、运作,比如物流信息系统、运输管理、仓储管理,以及其他增值服务等。而第四方物流着眼于企业的战略分析、业务流程重组、物流战略规划、衔接上下游企业的综合一体化物流方案。

(4) 与客户的合作关系不同

第三方物流主要是一般合同关系、契约关系,而第四方物流与企业则是长期的战略合作关系,一般有较长期的合作协议。

(5) 运作特点不同

第三方物流功能单一,专业化程度高,但集成化低。而第四方物流则是多功能、集成化高，物流单一功能运作的专业化低。

（6）服务对象不同

第三方物流的服务对象是各类型企业。而第四方物流的服务对象主要是大中型物流企业。

（7）服务支持不同

第三方物流主要提供运输、仓储、配送、加工、信息传递等增值服务。而第四方物流则侧重于企业物流系统的设计、管理、企业信息系统的搭建、综合物流业务运作技能，以及企业管理方式变革等。

8.2 第三方物流的运作模式

运作模式是影响企业经营成败的重要因素，成功的运作模式不仅是企业盈利的基础，也是企业核心竞争力的体现。所谓第三方物流运作模式是指第三方物流企业为实现物流服务定位而建立的一整套运作体系，具体来说，就是其在实现物流服务的全过程中所涉及的软、硬件等一系列环节和手段的集合。

8.2.1 第三方物流企业运作的基本条件

（1）在供应链中至少拥有一个关键环节

第三方物流存在的必要条件是其在供应链中至少拥有一个关键环节，即在采购制造、装配或配送等某一个或多个领域具有核心能力。这表明企业有超越其他物流企业、为客户增值的能力。

（2）客户规模

第三方物流的客户在一定的地理范围内形成规模，具有规模经济效用。

（3）信息处理能力

要想帮助客户管理供应链上的许多业务，第三方物流必须在相关的信息处理方面拥有较强大的能力，尤其是随着企业和供应链全球化的发展，第三方物流的客户在开发全球市场的销售和采购渠道时，更加需要第三方物流的支持。

（4）物流联盟

即第三方物流与其客户之间建立亲密、长期的合作关系。在物流联盟中，如果合作双方基于理解客户物流需求而进行合作，共同设计和研究物流解决方案，同时这种合作是建立在规范化的合作约束基础上，那么这样的关系会导致合作双方交易成本的大大减少，最终实现共赢。

（5）品牌建设

在市场经济条件下，品牌是第三方物流企业发展的基石，因为合约的不完备性容易导致交易成本较高，所以需求方往往选择信誉和服务质量好的第三方物流企业，以此降低交易成本。

8.2.2 第三方物流企业运作模式分类

根据第三方物流企业的核心能力和历史因素分类，第三方物流企业可以分为资产型物流企业和非资产型物流企业。这两类物流企业的运作模式有所不同，下面将分别予以介绍。

1. 资产型物流企业的运作模式

资产型物流企业的运作模式主要有三种，即传统外包型物流运作模式、战略联盟型物流运作模式和综合型物流运作模式。

（1）传统外包型物流运作模式

传统外包型物流运作模式是比较低级的第三方物流企业运作模式，它是指生产制造业和商贸流通业分别以契约形式把自己部分或者全部物流业务外包给一家或多家第三方物流企业，第三方物流独立承包一家或多家企业的部分或全部物流业务。

这种模式以客户为中心，第三方物流企业通过契约承包物流业务，而物流流程及方案设计都由客户自己完成。目前，我国大多数物流业务就是采用这种模式，实际上这种模式与传统的运输、仓储并没有太大区别。该模式最大的缺点就是生产企业、销售企业与第三方物流企业之间缺少沟通的信息平台，会造成生产的盲目和运力的浪费或不足，以及库存结构的不合理。这种结构已不能满足需求多变的物流客户的要求，将逐渐被淘汰。

（2）战略联盟型物流运作模式

战略联盟型物流运作模式是指由运输、仓储和信息经营者等以契约形式结成战略联盟。联盟内部可以信息共享，相互协作，优化资源，形成第三方物流网络系统。战略联盟中可以包括多家同地和异地的各类运输企业、场站、仓储经营者等。从理论上讲，联盟规模越大，可获得的总体效益就会越大。这种合作联盟的基础包括三点，分别是信息共享、技术共享和业务能力共享。通过共享可以实现资源的高效利用，降低整体运营成本，而且在联盟中有了从事信息服务的成员加入，可以更合理调度资源，减少运作的盲目性。

虽然战略联盟物流运作模式相较于第一种模式来说有了一定改善，但也存在一定缺陷，例如，成员大多从自身利益出发，实行独立核算，存在"效益悖反"，在彼此利益不一致时，很难实现资源更大范围的优化。

（3）综合型物流运作模式

综合型物流运作模式是第三方物流发展的一种高级形式，是指组建综合物流公司或集团。综合物流公司将仓储、运输、配送、信息处理和其他一些物流的辅助功能集中在一起，大大扩展了物流服务范围，对上游的供应商可提供产品代理、管理服务和原材料供应等，对下游的经销商可全权代理为其配货和送货等业务。同时，综合型物流运作模式可以完成商流、信息流、资金流和物流的有效传递。

综合型物流项目必须进行整体网络设计，即确定每一种设施的数量、地理位置以及各自承担的工作。其中，信息中心的系统设计和功能设计以及配送中心的选址流程设计都是非常重要的工作。配送中心是综合物流的体现，它衔接物流运输、仓储等各环节，地位非常重要。现在综合型物流公司或集团的网络结构主要有两种：一是大物流中心加小配送网点的模式。该模式适合商家用户比较集中的小地域，选取一个合适地点建立综合物流中心，在各用户集中区建立若干小配送点或营业部，采取统一集货、逐层配送的方式。二是连锁经营的模式。在业务涉及的主要城市建立连锁企业，负责该城市和周围地区的物流业务，地区间各连锁店实行协作。该模式适合地域性物流或全国性物流。

2. 非资产型物流企业运作模式

非资产型物流企业的运作模式主要有两种,即综合物流代理运作模式、软件技术及信息服务型运作模式。

(1) 综合物流代理运作模式

综合物流代理是第三方物流服务的高级运作模式,即由一家在物流管理经验、人才理念上均有一定优势的第三方物流企业,对供应链中的所有物流活动进行全权代理的业务活动。这种模式以物流过程管理为强项,不进行大的固定资产投入,将主要的成本部门及产品服务生产部门的大部分工作委托他人代理,注重自己的物流管理网络,实行特许代理制,将协作单位纳入自己的业务轨道,借助传统运力和资源,通过自己的组织和管理,整合优化资源,提高物流服务质量。

(2) 软件技术及信息服务型运作模式

这类企业主要是为客户提供个性化的物流系统流程设计及管理方案,或者为其定制物流管理软件,或者通过发达的信息网络系统,为客户及其他资产型物流企业提供及时、有效的物流信息。

8.3 第三方物流的决策与选择

8.3.1 第三方物流的决策

1. 第三方物流决策的必要性

经济及信息技术的不断发展造就了第三方物流,第三方物流对供应链各环节都带来了极大的便利和好处,但同时也伴随着一些风险。同自营物流相比,第三方物流具有一定优势,但这种优势也是相对的,不是任何情况下都能体现出来。在现实中,物流运作模式有多种,并不是任何企业都适合采用第三方物流。第三方物流与自营物流都存在各自的优缺点。

(1) 自营物流

所谓自营物流模式就是企业自身经营物流业务,建设全资或是控股物流子公司,完成企业物流配送业务,即企业自己建立一套物流体系。自营物流主要是一些大型制造企业依据发展的需要,引进JIT、ERP等管理技术,整合企业的物流供应链,为提高企业的配送能力、市场反应速度及售后服务水平而构建的物流系统;另外还有一些资金雄厚和业务规模较大的商业企业及电子商务企业,为实现控制物流供应链、降低成本和满足顾客多变的需求而投资组建的物流配送体系。

自营物流的优点主要包括:一是安全性高,即企业自营物流可以控制从采购、生产到销售的全过程,有效协调物流活动各环节,所有环节信息由自己掌握,不会有第三方物流企业触及,能够有效保护企业的商业机密。二是有效性强,即自营物流可以有效利用企业原来的资源,为企业开阔更多利润空间。但自营物流也存在很多缺点,如投资多、风险大、增加企业管理难度等。

（2）第三方物流

第三方物流服务可以使企业集中力量培养其核心能力，且有利于企业运营的柔化。物流外包有部分外包和第三方物流两种模式。部分物流外包是企业决策的短期行为，即在特定时期企业需借助外部物流能力，因而是临时性的购买第三方物流服务，以弥补企业自身不足的物流系统，其必然趋势是与合适的第三方物流进行长期的战略联盟型的合作。

使用第三方物流能够为企业带来一定利益，主要包括：一是企业可以集中精力于核心业务；二是企业可以减少固定资产投资，加速资本周转；三是企业可以获得更加专业、良好的物流服务，为顾客创造更多价值；四是第三方物流企业可以灵活运用新技术，实现以信息换库存，降低成本。但如果第三方物流选择不当，则同样会给企业带来一些弊端，如生产企业对物流的控制能力降低，客户关系管理风险，连带经营风险等。

可见，企业应该结合自身的经营特点进行第三方物流决策，即确定是否使用第三方物流，以及多大程度上使用第三方物流。

2. 第三方物流决策模型

第三方物流决策模型大体经历了三个阶段，即传统决策模型、现代二维决策模型和基于"战略－能力"思路的综合决策模型，其中，后一个决策模型都是对前一个决策模型的修正或改进。

（1）传统决策模型

传统决策模型依据的是企业是否有能力自营物流。如果企业有设备设施、资金、技术，那就可以自营物流。如果某项物流功能自营有一定困难就可以外包。传统决策模型如图 8.1 所示。

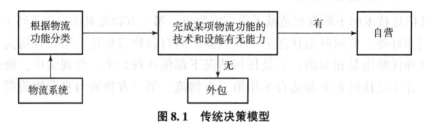

图 8.1 传统决策模型

企业在进行这种自营与外包决策时，物流的总成本与顾客服务水平是次要考虑的，而首要考虑的因素是自身的能力。而且，通常的物流外包是企业向运输公司购买运输服务或向仓储企业购买仓储服务。这些服务都只限于一次或一系列分散的物流功能，而且需求是临时性的。物流公司不必按照企业独特的业务流程提供独特的物流服务，也就是说物流服务与企业价值链是松散的联系。

企业采用这种模型来进行第三方物流决策的主要原因包括：

① 企业各职能部门的本位作风。企业各部门从局部利益出发，从本位出发，不希望物流外包给自身带来不必要的麻烦。如库存管理部门为了避免缺货、方便管理，希望拥有自己的仓库；采购运输部门为了方便提货、配送，倾向于拥有运输设备；财务部门讨厌物流外包所导致的频繁的财务手续，因而偏向于企业自营物流；人事部门考虑到员工稳定与和谐关系更愿意企业不要把物流业务外包；生产部门为了方便生产、安排调度计划，不愿仓库地理位置

不固定等。由于求人不自由，企业总是尽量采用自营物流的方式，然而这却削弱了企业的竞争力。

②企业缺乏对物流战略意义的认识。企业总是倾向于自营物流，是因为管理人员在对外购物流的理解上，缺乏对物流战略意义的认识，不清楚哪些物流功能的自营会对本企业的发展有战略影响。管理人员面对的是未知的技术、不可控的经济环境、服务提供方的易变性等一系列未能确定的因素，而这些不确定因素导致了管理人员对决策的偏见。管理人员不清楚哪些是核心物流功能，缺乏对物流做战略分析的打算和信心。

（2）现代二维决策模型

随着信息技术的飞速发展，非物流企业与物流企业之间的关系也在发生变化。物流企业从提供传统的公共物流服务转向提供第三方物流服务，非物流企业则强调供应链管理、各职能部门的高度集成，非物流企业与物流企业更倾向于优势互补、结成联盟关系，企业间的欺诈背叛行为将会受到制约。因此，第三方物流决策模型也随着这种服务关系的转变而发生了改变。美国物流专家 Ballow 注意到了传统决策模型的局限性，提出了二维决策模型，如图 8.2 所示。

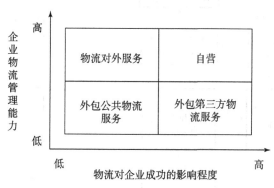

图 8.2　现代二维决策模型

Ballow 认为，自营还是外包物流服务主要基于两个基本因素，即物流对企业成功的影响程度和企业对物流的管理能力。如果物流对企业成功的重要度较高，企业处理物流的能力相对较低，则采用第三方物流；如果物流对企业成功的重要度较低，同时企业处理物流的能力也低，则外购公共物流服务；如果物流对企业成功的重要度很高，且企业处理物流的能力也高时，则采用自营物流。现代二维决策模型的最大特点是围绕企业战略目标，寻求物流子系统自身的战略平衡。但该决策模型没有考虑成本的影响。

通常，每一个特定的物流系统都包括仓库数目、区位、规模、运输政策、存货政策，以及顾客服务水平构成的一组决策。因此，每一个可行的物流方案都隐含着一套总成本，可用数学公式表示如下：$D = T + S + L + F_W + V_W + P + C$。其中，$D$ 为物流系统总成本；T 为系统的总运输成本；S 为库存维持费用，包括库存管理费用、包装费用以及返工费用；L 为批量成本，包括物料加工费和采购费；F_W 为该系统的总固定仓储费用；V_W 为该系统的总变动仓储费用；P 为订单处理和信息费用；C 为顾客服务费用，包括缺货损失费用、降价损失费用和丧失潜在顾客的机会成本。这些成本之间存在着二律背反的现象，如在考虑减少仓库数量时，虽然是为了降低保管费用，但是在减少仓库数量的同时就会带来运输距离变长、运输次数增加等后果，从而导致运输费用增大。如果运输费用的增加部分超过了保管费用的减少部分，总的物流成本反而增大了，这样减少仓库数量的措施就没有了意义。在设计和选择物流系统时，要对系统的总成本加以检验，最后选择成本最小的物流系统。因此，不考虑成本的决策模型是不完全的。

（3）基于"战略－能力"思路的综合决策模型

针对现代二维决策模型没有考虑成本的问题，国内学者提出了基于"战略－能力"思路的综合决策模型。在进行第三方物流决策时，应从物流在企业的战略地位出发，在考虑企业物流能力的基础上，进行综合成本评价。基于"战略－能力"思路的综合决策模型如图8.3所示。

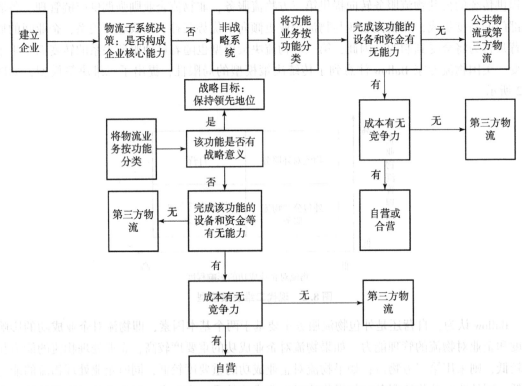

图8.3 基于"战略－能力"思路的综合决策模型

对第三方物流进行决策时，首先要考虑物流子系统的战略重要性。决定物流子系统是否构成企业核心能力，一般可从以下几个方面进行判明：它们是否高度影响企业业务流程？它们是否需要相对先进的技术，采用此种技术能使企业在行业中领先吗？它们在短期内是否不能为其他企业所模仿？如能得到肯定回答，那么就可断定物流子系统在战略上处于重要地位。

由于物流系统是多功能的集合，各功能的重要性和相对能力水平在系统中是不平衡的，因此还要对各功能进行分析。某项功能是否具有战略意义，关键要看它的替代性。如果其替代性很弱，很少有物流公司能完成或物流公司很难完成，几乎只有本企业才具备此项能力，那么企业就应保护好、发展好该项功能，使其保持旺盛的竞争力。反之，若物流企业也能完成该项功能或物流子系统对企业而言并非很重要，那就需要从企业物流能力的角度决定外包还是自营。企业物流能力在这里指的是顾客服务水平，顾客是个泛指的概念，它既可以是消费者，也可以是下道工序。如企业不具备满足一定顾客服务水平的能力，就要进行外包，在外包时采用何种服务，是租赁公共物流服务还是组建物流联盟，这就要由物流子系统对企业成功的重要性来决定。在物流子系统构成企业战略子系统的情况下，为保证物流的连续性，就应该与物流公司签订长期合同，由物流公司根据企业流程提供定制服务，也就是实施第三方物流。如果物流子系统不构成企业战略子系统，那么采用何种服务方式就要在顾客服务水平与成本之间寻找平衡点了。

企业具备了物流能力，并不意味着一定要自营物流，还要与物流公司比较在满足一定顾客服务水平的情况下，谁的成本最低。只有在企业的相对成本较低的情况下，选择自营物流才有利；否则，企业应把该项功能分化出去，实行物流外包。如果物流子系统是企业的非战略系统，企业还应寻找合作伙伴，向其出售物流服务，以免资源浪费。当然这种物流服务收入不是企业的主营收入。

8.3.2 第三方物流服务的选择

1. 影响第三方物流服务选择的因素

（1）企业产品所具有的物流特点

不同的产品表现出不同的特性，这就需要根据不同产品所具有的物流特点来选用不同的物流方式。

（2）第三方物流企业的核心竞争力

第三方物流公司想要生存则需要在供应链中至少拥有一个关键环节，并且在该环节上具有强大的核心竞争力。它表明这家公司有超越其他公司为客户提供增值服务的能力。

（3）第三方物流企业服务的地理范围

根据服务的地理范围的不同，第三方物流企业可分为全球性、国际性、地区性和地方性四种。企业在选择第三方物流企业时，要考虑本企业的业务范围，选择服务地理范围与企业的业务范围相一致的第三方物流企业，以减少转移成本。

（4）第三方物流企业是资产型物流企业还是非资产型物流企业

资产型物流企业拥有自己的设备、运输工具、仓库等，从事实实在在的物流操作。它们有较大的规模、丰富的人力资源、先进的系统、雄厚的客户基础和较高的专业化水平。但是其灵活性有限，它们的工作倾向于自己决定，存在官僚作风，决策周期较长。非资产型物流企业不拥有硬件设施或只租赁运输工具等少量资产，它们主要从事物流系统设计、库存管理和物流信息管理等职能，而将货物运输和仓储保管等具体作业活动交由其他的物流企业承担，但对系统运营承担责任。这类公司运作灵活，对于企业所提出的服务内容可以自由组合，调配供应商。但是因为其资源有限，物流服务价格较高。企业应根据自己的需求选择合适的第三方物流企业。

（5）第三方物流企业的客户服务能力

选择第三方物流服务时要重点考虑第三方物流为本企业及企业客户提供服务的能力。

2. 第三方物流服务选择的流程

当企业决定使用第三方物流服务时，将面临如何正确选择第三方物流提供商的问题。如果第三方物流服务提供商选择不当,不仅不会为企业降低物流成本,提高运作效率,反而可能导致大量的资源浪费。因此,企业需要选择合适的第三方物流服务提供商,这样才能真正使物流服务成为企业的竞争优势。企业可以按照下列过程来正确选择物流服务提供商。

(1) 组建跨职能选择团队

在进行第三方物流供应商选择决策时,企业物流部门一般明显地参与其中,除此之外,企业其他部门,例如财务、制造、营销、信息系统、人力资源等也常常参与其中,如表 8.1 所示。另外,公司总裁参与选择决策也是常见的。美国田纳西大学对谁是外包的主要支持者或促进者的调查结果表明,物流与运输经理占 64%,财务部占 58%,总裁占 50%,制造部占 24%,销售部占 20%,所以,企业应该从其财务、营销、制造、质量控制、信息系统以及物流等部门抽调人员组成跨职能选择团队,并使每个人都能参与整个选择过程。

表 8.1 其他参与第三方物流服务选择决策的部门

职能部门	西欧/%	美国/%
财务	64	70
管理信息系统	32	35
人力资源	28	22
生产	24	48
营销	34	39

(2) 设定物流外包目标

第三方物流服务选择团队组建之后,团队就应设定物流外包的目标。设定的物流外包目标就是选择第三方物流服务供应商的指南,也将作为后来的第三方物流服务供应商绩效评价的重要依据。

(3) 确定物流需求

第三方物流服务选择团队应对企业内部和外部环境进行调查,从而确定当前物流的优势和存在的问题,明确企业自身的物流需求,并把它们明确地表达出来,成为对潜在第三方物流服务供应商的服务需求。由于大多数第三方物流决策对实现企业的目标关系重大,所以通常对物流的需求分析需要花费较长时间。

(4) 制定第三方物流服务选择准则

在选择第三方物流服务提供商时,首先要制定科学、合理的选择准则,选择准则应与企业的物流外包目标和企业自身的物流需求相联系。目前,企业在进行第三方物流服务提供商选择时主要考虑其物流服务质量、成本、效率、可靠性等方面。McGinnis 和 Kohn(1993)认为,在选择第三方物流企业时,除了受到企业竞争敏感度、环境对立及环境变动的影响外,还需要考虑价格、管理能力、错误率、应变能力、配送能力、附加值活动、任务达成能力、良好的计算机系统、发货中心个数等因素。

(5) 列出候选企业名单

候选者应具有与企业相似的业务方向,并能提供必需的地理覆盖范围的服务。为了选出合适的潜在的合作伙伴,第三方物流服务选择团队可以与专业组织联系,与供应商和顾客交流,甚至在互联网上查找等。从欧美 500 家最大的工业企业的经验来看,寻找候选企业的途径主要有两种:一种是与其他物流同行的交流,另一种是对第三方物流服务供应商的销售拜访。此外,专业刊物上的广告、物流会议、咨询项目等也是一些获取信息的渠道。如表 8.2 所示。

表 8.2 获取第三方物流服务供应商信息的渠道

信息源	西欧/%	美国/%
与其他物流同行的交流	77	46
第三方物流服务供应商的销售拜访	69	54
国内物流会议	19	19
专业广告	19	11
当地物流会议	15	14
直邮广告	15	11

(6) 候选企业征询

确定了候选企业名单后,第三方物流服务选择团队应向候选者发出征询信,询问对方有无兴趣投标。信中应包含企业的信息、物流外包项目的信息,同时要求候选企业提供其企业及服务能力的基本信息。

(7) 发出招标书及收回投标书

企业向有资格的且对该项目感兴趣的第三方物流服务供应商发出招标书。招标书应详细说明企业的物流外包目标及物流需求,且对各个潜在卖方一视同仁。当然,为了便于竞标者编制预算,还要说明工作范围、产品流程、交易信息、最终客户需求、信息技术需求、场所和专门设备需求、附加价值服务需求、服务成本等基本的专业信息。应选者的投标书中应包括一些特定信息,例如组织结构、能力、现有顾客、报价模式和选择等。

(8) 初评及现场考察

在初步评审投标书的基础上,将候选者范围缩至 4~5 家,现场考察其作业情况。通过考察让团队了解候选者的管理设施、程序和职员情况。在考察时应依据标准的检查表,并派相同的团队成员对候选者的能力进行一对一的比较。

(9) 候选企业资格评审

第三方物流服务选择团队应研究有关资料和投标书细节,使用检查单和现场考察完成的调查表,评审候选企业的财务状况、信息技术能力、服务柔性和企业战略等的符合程度及经营理念。

(10) 对第三方物流服务供应商进行综合评价和选择

在此过程中,选择团队应选择合理的评价方法来进行第三方物流服务选择。合理、有效的评价方法是正确选择第三方物流服务的前提。目前科学、有效的评价方法较多,如层次分析法、仿真方法、模糊综合评判法等。通过这些评价方法可以确定 2~3 家第三方物流服务供应商,之后对物流服务提供商进行实地考察,最后对供应商所提出来的物流方案进行权衡,选出最终的第三方物流服务供应商。

本章小结

美国物流管理协会于 2002 年 10 月 1 日公布的《物流术语词条 2002 升级版》中对第三方物流的解释是：第三方物流是将企业的全部或部分物流运作任务外包给专业公司管理经营，而这些能为顾客提供多元化物流服务的专业公司称为第三方物流提供商。《物流术语》对第三方物流给出的定义是：独立于供需双方以外为客户提供专项或全面的物流系统设计或系统运营的物流服务模式。这主要是指在物流渠道中，由中间商以合同的形式在一定期限内向供需企业提供所需要的全部或部分物流服务。

第三方物流的兴起原因包括：企业竞争环境不断变化；企业越来越关注核心竞争力；管理理念的不断创新；信息技术的不断发展；综合物流业务的需求。

Chrisoula 和 Douglas（1998）按照第三方物流所提供的服务类型、实时控制的水平以及在企业战略重要性等方面所扮演的角色，将第三方物流的发展分为五个阶段，分别为导入期、知晓期、需求期、整合期和差别化期。

现代第三方物流具有的特征包括：关系契约化、服务个性化、功能专业化、信息网络化、管理系统化。

第三方物流的优势主要有：规模效益优势、专业化优势、信息优势、系统协调优势、服务优势。

根据不同的划分标准，通常可以将第三方物流企业分为不同类型。

第四方物流（Fourth Party Logistics，4PL）是 1998 年由美国埃森哲咨询公司率先提出的，指专门为第一方、第二方和第三方提供物流规划、咨询、物流信息系统、供应链管理等活动的物流服务。第四方并不实际承担具体的物流运作活动，它是一个供应链的集成商，是供需双方及第三方物流的领导力量。它不是物流的利益方，而是通过拥有的信息技术、整合能力以及其他资源提供一套完整的供应链解决方案，以此获取一定的利润。它可以帮助企业降低成本和有效整合资源，并且依靠优秀的第三方物流供应商、技术供应商、管理咨询以及其他增值服务商，为客户提供独特和广泛的供应链解决方案。

第四方物流具有如下特征：第四方物流提供一套完整的供应链解决方案；第四方物流通过对整个供应链产生影响来增加价值。

第三方物流企业运作的基本条件包括：在供应链中至少拥有一个关键环节；客户规模；信息处理能力；物流联盟；品牌建设。

资产型物流企业的运作模式主要有三种，即传统外包型物流运作模式、战略联盟型物流运作模式和综合型物流运作模式。

非资产型物流企业的运作模式主要有两种，即综合物流代理运作模式、软件技术及信息服务型运作模式。

第三方物流决策模型大体经历了三个阶段，即传统决策模型、现代二维决策模型和基于"战略 – 能力"思路的综合决策模型，其中，后一个决策模型都是对前一个决策模型的修正或改进。

影响第三方物流服务选择的因素包括：企业产品所具有的物流特点、第三方物流企业的核心竞争力、第三方物流企业服务的地理范围、第三方物流企业是资产型物流企业还是非资产型物流企业，以及第三方物流企业的客户服务能力。

企业正确选择第三方物流服务提供商的流程为：组建跨职能选择团队，设定物流外包目标，确定物流需求，制定第三方物流服务选择准则，列出候选企业名单，候选企业征询，发出招标书及收回投标书，初评及现场考察，候选企业资格评审，对第三方物流服务供应商进行综合评价和选择。

复习思考题

1. 什么是第三方物流？什么是第四方物流？
2. 简述第三方物流的兴起原因及发展阶段。
3. 简述第三方物流的特征。
4. 简述第三方物流企业的类型。
5. 简述第三方物流的优势。
6. 简述第四方物流的特征。
7. 分析第三方物流企业运作的基本条件。
8. 分析第三方物流企业的运作模式。
9. 对比分析第三方物流与第四方物流的不同。
10. 简述第三方物流决策模型。
11. 分析影响第三方物流选择的因素。
12. 简述第三方物流选择的基本流程。

第九章

企业物流战略规划

主要内容

本章主要内容有企业物流战略的概念、目标及特征、层次与框架，企业物流战略规划的概念、指导思想、内容和层次，顾客服务战略的概念和类型，顾客服务战略的分析与制定，企业物流组织结构的演变、类型、设计内容和过程，企业物流网络的内涵，企业物流网络设计的对象和要素，物流节点的概念、类型、功能和选址因素，物流网络结构类型，物流网络设计的驱动因素和设计过程，物流网络设计的分析工具和建模方法。

教学目标

1. 理解企业物流战略的框架；
2. 理解顾客服务战略的概念和类型；
3. 熟悉企业物流战略规划的内容和层次；
4. 熟悉企业物流网络设计的工具和方法；
5. 掌握企业物流战略规划分析的内容和制定步骤；
6. 掌握企业物流网络的内涵和类型。

案例导读

未来 3 年中国物流大生态发展趋势——从京东物流的战略布局说起

可以大胆地预测，未来 3 年中国物流大生态会发生巨大的变革，关键因素就是互联网。

2007—2017 年，过去 10 年中国物流的快速发展，得益于中国电商的快速发展，倒逼着中国物流的发展。如果没有电子商务的发展，中国物流还是处于 B2B 的合同物流时代，B2C 和 B2B2C 对物流服务的要求，加速了中国物流在过去 10 年的转型升级，成就了一大帮快递企业在 2016—2017 年上市。

2017—2027年，这10年的中国物流将是怎么样的呢？在这里，必须抛开物流，从商业的变革去看物流的发展。因为，我们今天看到那些日落西山的合同物流、传统的仓配企业之所以被干掉，根本原因就在于当时没有看清楚商流的变迁。合同物流时期是B2B的时代；电商物流时期是B2C+B2B2C的时代；对于未来的商业而言，目前已经呈现出S2B2C的新商业时代，即供应链模式（Supply Chain Platform）-小型商业（Mini Business）-顾客（Customer），当然也有的提出了F2B2C观点，即工厂或农场（Factory or Farm）-小型商业（Mini Business）-顾客（Customer）的商业模式。从无界零售的发展势头来看，未来的供应链模式将远远超越传统电商时代的"云仓+快递物流"模式。

1. 未来三年，供应链的新变革模式

要分析未来3年中国物流发展的趋势，可以从京东2017年12月11日的《2017全球新一代物流峰会》说起。为什么要从京东角度去分析呢，因为物流是服务于商流的，未来3年商流的控制权在谁手上，谁就将定义这个产业链规则，谁就将是这个供应链的"链主"。未来的中国商业一定是互联网商业主导的中国新经济，京东作为互联网新商业自建物流体系的代表，有着重要的行业标杆价值。

《2017全球新一代物流峰会》提出两个关键词：智慧无界、产业升级。用三个词来定义了未来的物流业态：短链（Short-Chain）、智慧（Smartness）、共生（Symbiosis），即3S新物流理论。

京东物流CEO王振辉指出：在消费、产业升级和技术变革的作用之下，物流将迈入新的时代，并呈现出短链、智慧和共生的特征，未来物流的产业角色将被重新定义。

（1）短链

过去，一个商品从生产到消费者手中，需要经过诸多环节，平均至少被搬运5次以上。整个链条非常长、环节繁多，以至于很难进行灵活的调整。过程中任何一个环节出现问题，都会造成效率的大大降低和成本大幅增加。新一代物流将通过短链，实现高效、精准、敏捷的服务，这主要体现在三个方面：

首先，减少搬运，快速交付。减少商品搬运次数，通过仓配一体化服务模式，缩短中间链条；同时，优化仓储网络布局，把商品放到离消费者最近的地方，快速交付。

其次，洞察消费，精准触达。洞察消费者需求，设计个性化的物流服务；还可将消费分析反向输出给品牌商，促使精准供应/营销/服务，推动整个供应链优化。

最后，个性响应，随需应变。业务可以随意搭配，满足客户不同需求，各参与方直接高效对接，应对需求的不确定性和风险。

（2）智慧

过去，在仓储、分拣等环节使用自动化设备来提升运营效率，但这仅仅是对体力的一种放大。而随着人工智能、大数据和机器人等技术的创新与应用，物流将在智能化方面产生根本性的变化。整个物流体系都将实现操作的无人化、运营的智能化和决策的智慧化。

在操作层面，机器人、人工智能技术促使物流各环节上的无人化正在实现，推动物流行业第一次真正脱离人力的约束。在运营层面，大数据、人工智能将驱动仓运配全链路的智能化，使得庞大的物流网络得以有序、高效地运转。在网络协同层面，智能技术让整个社会化的协同变得更有可能，我们有能力从整个供应链条做到全局化优化，实现资源配置最优化和商品流通效率的飞跃发展。

(3) 共生

过去，物流企业更多的是通过纵行一体的深化发展，追求规模经济，实现部分物流节点上的体验、效率、成本的最佳。当前正重新定义物流的产业角色，从供应链和价值网络全局去重新规划行业间、物流企业间的分工和协同化发展。同时，新一代物流应秉持绿色、共享的发展理念，以满足人民日益增长的对美好生活的需要。

2. 从京东的物流新战略放眼未来中国物流

京东的无界零售背后的物流变革，将向以3S理论为核心的新一代物流方向发展。

(1) 产业供应链重构

京东定义的"短链"核心就是产业供应链的重构。在2018年"双11"前，刘强东约见各大家电品牌总裁，这就是密谋整合家电供应链体系，与京东无界零售模式融合；同时改造全新的供应链模式；拉开与对手阿里的竞争模式，毕竟3C和家电是京东的强品类。就此可见，电商的竞争已经进入品牌站队模式、平台驱动的新型供应链整合模式了。

家电仅仅是代表一类商品，未来每一类的商品的供应链都在面临重构。重构过后的供应链结构将越来越扁平化，京东的大的供应链服务将赋能与各大末端小B，最终的供应链将延伸到"S2B2C"的无界零售新型的供应链生态。关于供应链重构的解释如下：

①商流：全渠道无界交易，一切场景皆有消费；

②物流供应链：短链重构，从产品到用户流通过程越来越短，交付的效率大幅度提高；

③信息流：越来越扁平化，消费者可以参与产品设计，消费者可以随时可视化整个供应链；

④人工智能+大数据：用户需求的把握将越来越精准，产能过剩将逐步降低到最小，供应链越来越敏捷、高效、协同。

(2) 供应链的开放与共享

未来的供应链将越来越开放，未来的重资产的物流设备将陆续被共享。资产是谁的不重要，重要的是谁能发挥出最大价值。

从京东对外公布的信息看：在未来的3~5年，非京东物流的收入能占到50%，也就是一半的是为社会服务的物流服务，整体规模希望能达到千亿规模的收入水平。这暗示作为中国电商自建物流的标杆企业，京东物流全面的社会化开放。

中国供应链的开放分为三步走的逻辑：

1) "链主"企业为中心时代

早期的供应链是以"链主"企业为中心、"链主"企业的利益为大驱动的供应链。

2) "去中心化"的战略协同时代

互联网时代的来临，各种物流平台的开放和互联网化，打通了信息的孤岛，传统的商业模式发生了巨变，去中心化越来越明显。单条供应链上，协同能力越来越强；信息平台方面呈现出无车承运人、"滴滴"模式的各大货运平台、G7、运满满等物流大数据平台，形成了去中心化的战略协同模式，这就是当下的供应链业态。

3) "共生"的产业生态

未来的物流供应链生态，将是在前面两种基础上升级的"共生"的产业生态。这种生态之间的关系越来越紧密，而且是深度的协同和数据共享。更深层次的还有资本的交叉渗透。从京东物流的发展步伐来看：

①京东物流开放前：早期的京东物流

提供 B2C 电商仓配一体化服务，推动 211 限时达（当日达）、2 小时极速达等快物流服务。

②京东物流开放后：京东物流角色升级为提供的综合供应链服务商，三级仓储网络，大数据预测末端的库存计划，实现高效的供应链协同；收编达达，推动共享经济的物流新服务。京东物流提供基于协同共享供应链资源，包括仓储、IT 系统、大数据、人工智能等的应用，推动操作无人化、运营智能化和决策智慧化的全面智慧物流体系发展。

一个企业，越开放越可怕，也越有价值。开放不仅仅是业务的开放，还有系统的开放、资源的开放、资本开放、数据开放，等等。

(3) 共生，未来产业链生态的必然趋势

所谓物流生态的"共生"，从如下几个方面看：

1) 与上游品牌方共生

以格力和京东的战略合作为例：通过精细化运营和及时响应，京东物流将格力入仓平均时长缩短了 50% 以上，大大提升了其供应链效率。京东物流实现预约、卸货全网协同，物流不再是痛点，100% 保证了货入仓直接形成销售，开启了京东平台无忧供应链里程碑。

2) 与线下零售渠道共生

京东物流整合了各大品牌商、门店等社会化资源，实现了商家线上线下库存共享，从门店就近发货，大大提升了配送效率。

据悉，截至 2017 年 10 月，全国已有近 20 个城市的 146 家沃尔玛门店入驻京东到家平台，借由京东解决"最后一公里"配送痛点。双方还实现了三大"互通"模式：用户互通、门店互通、库存互通。实现了线上线下用户和流量的相互转化，双方商品品类互补，以及库存信息共享、商品存量打通。在给消费者带来实惠和便利的同时，进一步在营销、服务与供应链方面升级双方合作模式。

3) 与海外供应链合作伙伴共生

2017 年 7 月 11 日，京东集团宣布与日本最大的物流企业之一雅玛多控股集团有限公司正式签署战略合作协议，双方在生鲜冷链、跨境物流、全球贸易、物流技术等领域展开全面合作。雅玛多将为京东提供符合国际标准的生鲜冷链技术与服务咨询，双方将共同推动中国生鲜冷链物流水平与国际标准接轨。同时，京东与雅玛多将充分利用各自物流网络的优势，实现共赢发展。雅玛多的专业物流能力将帮助京东在生鲜冷链领域引入国际化标准，这将有利于打通世界各国与中国的生鲜冷链运输，同时，双方在优势物流网络资源上的共享，将促成商流物流融合的新格局。

4) 与同行快递企业共生

京东的优势是供应链管理，京东在"最后一公里"上与顺丰旗下的丰巢在 2016 年就开始了业务对接，并在 2017 年 5 月底正式开始全面合作。双方计划在 2017 年年底之前将合作范围扩展至全国 26 个城市，接入一万台的丰巢智能快递自提柜。目前，丰巢已与京东实现了信息的打通，而且双方均采用了严格的数据加密手段对信息进行了高强度的保护。更重要的是，京东与顺丰在客户服务的价值观上高度一致。

共生，不仅仅是业务共享，更多的是深度的战略协同，长远看是企业价值观的协同，这样才能走得更长远。京东在这个方面为中国物流企业树立了前瞻性的典范。

（资料来源：http://www.ceconline.com/strategy/ma/8800091315/01/，世界经理人网站－物流指闻专栏，编者改编）

9.1 企业物流战略

9.1.1 企业物流战略相关概念

战略（Strategy）是企业为实现长期经营目标，适应经营环境变化而制定的一种具有指导性的经营规划。

企业物流战略（Enterprise Logistics Strategy）是企业为实现其经营目标，通过对企业外部环境和内部资源的分析，针对企业物流目标而制定的长远性、全局性物流规划与谋略，是企业指导物流活动更为具体、可操作性更强的行动指南。

企业物流战略和企业的营销战略、财务战略以及生产运作战略等一样同属职能级战略，它们共同支持着企业整体战略的实现。企业物流战略作为企业战略的组成部分，必须服从于企业总体战略的要求，与之相一致。

9.1.2 企业物流战略的目标及特征

1. 企业物流战略的目标

战略目标是企业战略管理的指导思想，也是企业在战略管理过程中处理问题所应遵循的原则。企业物流战略目标主要有三个：降低运作成本、减少资本投入和改进服务质量。不同的企业根据自身的特点选择不同的战略目标，或者兼顾三个目标，但是赋予三个目标不同的权重。

（1）降低运作成本

企业是盈利性的，现代企业经营的核心目标就是获取利润。在企业收益不变的情况下，如果企业能够降低成本支出就可以实现企业利润的增加。同时，物流是企业的"第三利润源泉"，物流成本是企业总成本的重要组成部分，所以物流成本的降低就可以带来利润的大幅增加。降低运作成本是企业实施物流战略的目标之一，主要集中在降低物流中的流动性成本——与运输和库存有关的费用。

（2）减少资本投入

减少资本投入同样是以企业的利润为核心。减少资本投入指的就是在保证企业利润不变的情况下，减少企业对物流基础设施设备的投资，使投资回报率最大化，投资量最小化。比如，随着企业业务的扩大，仓库不足以满足企业的存储需求时，企业要在租用仓库或建造仓库之间进行决策选择。建造仓库意味着企业增加了对固定物流设施的投资，而且企业经营的灵活性也会下降；租用仓库在短期可以带来成本的节约，但可能会使企业的经营风险增加。

再如,现在许多传统的制造企业开始选择第三方物流公司为自身提供物流服务,第三方物流也成为物流行业未来发展的大趋势,其主要原因就在于第三方物流公司可以为客户企业减少大量物流基础设施设备的投资,并且能够提供更高效和专业化的物流服务。

(3) 改进服务质量

随着人们生活水平的日益提高,人们的消费观念也在逐渐发生变化,从以前只重视价格开始转向关注产品或服务的质量。随着电商的兴起和发展,很多消费者开始进行线上购物,随之而来的对于线下物流服务质量的要求也越来越高。虽然企业服务水平的改进和企业总成本的降低往往不能兼顾,但是越来越多的企业为了吸引、留住顾客,开始不断追求"低成本"和"高服务"之间的均衡。只要成本增加的幅度小于收益增加的幅度,企业改进服务的物流战略就有实施的可能性与必要性。

2. 企业物流战略的特征

企业物流战略是企业物流管理决策层的一项重要工作。选择好的物流战略和制定好的企业战略一样,需要很多创造性过程,创新思维往往可以为企业带来独特的竞争优势。一般而言,企业物流战略具有四大特征。

(1) 目的性

现代企业物流战略制定与实施都服务于一个明确的目的,那就是引导现代企业在不断变化的竞争环境里谋求生存和发展。

(2) 长期性

战略的长期性就是在环境分析和科学预测的基础上展望未来,为现代企业谋求长期发展的目标与对策。

(3) 竞争性

战略规划的关键就是要使企业获得竞争优势。现代企业物流战略必须面对未来进行全局性设计和谋划,所以应设计现代企业的竞争战略以保持企业竞争优势,从而使战略具有对抗性、战斗性。

(4) 系统性

任何战略都有一个系统的模式,既要有一定的战略目标,又要有实现这一目标的途径和方针,还要制定政策和规划,企业物流发展战略构成了一个战略网络体系。

9.1.3 企业物流战略的层次

企业物流战略可分为公司物流战略、物流经营战略、物流职能支持战略和物流运营战略。

(1) 公司物流战略

公司物流战略是企业最高层级的战略规划,涉及企业所有经营活动。它的主要任务是:制定企业各种经营范围及其组合的规划,以便改进公司实绩;协调各种不同的经营活动;确定投资重点,分配公司各种经营活动的资源等。

(2) 物流经营战略

物流经营战略在于指导一个经营单位的管理行动。在事业部组织结构中,物流经营战略又叫事业部战略。它着重考虑:企业如何在特定的经营中获得竞争优势;在建立优势的过程中，每个关键领域将发挥什么作用；对行业和竞争条件的变化做出的反应；控制经营单位内的资源配置。

(3) 物流职能支持战略

企业物流工作的进行需要其他包括生产、营销、财务、研究与开发、人力资源等部门的支持和配合，物流职能支持战略指的就是与这些支持部门相关的战略。职能支持战略的作用是落实经营战略，表明有关的职能领域对整个经营战略的贡献。各个职能战略的协调一致将会增加整个经营战略的力量。

(4) 物流运营战略

物流运营战略是部门经理或职能领域实施职能支持战略的行动规划。它是根据企业战略要求，为了有计划地完成具体职能活动而由各职能部门主管制定的。

9.1.4 企业物流战略框架

根据企业物流战略的内容和目标，专家提出了企业物流战略的框架，并把企业物流战略划分为四个层次。

1. 全局性战略

物流管理的最终目标是满足顾客需求，因此，顾客服务应该成为物流管理的最终目标，即属于第一层次的全局性战略目标。良好的顾客服务可以提高企业的信誉，使企业获得第一手市场信息和用户需求信息，增加企业和用户的合力并留住顾客，从而使企业获得更大的利润。良好的顾客服务在激烈的市场竞争中显得尤为重要。

要实现顾客服务的战略目标，必须建立顾客服务的评价指标体系，关于顾客服务的相关内容，将在本章9.2节中进行具体介绍。虽然目前对于顾客服务的指标还没有统一的规范，对顾客服务的定义也不同，但企业可以根据自己的实际情况建立提高顾客满意度的管理体系，通过实施顾客满意工程，全面提高用户服务水平。

2. 结构性战略

物流管理战略的第二层次是结构性战略，其内容包括渠道设计和网络分析。渠道设计是供应链设计的一个重要内容，包括重构物流系统、优化物流渠道等。通过优化渠道，企业能够提高物流系统的敏捷性和响应性，使供应链的物流成本降到最低。网络分析是物流管理中另一项重要的战略工作，它为物流系统的优化设计提供参考依据。网络分析主要包括以下内容。

(1) 库存状况的分析

库存状况的分析是指通过对物流系统不同环节的库存状态进行分析，找出降低库存成本的改进目标。

(2) 顾客服务的调查分析

顾客服务的调查分析是指通过调查和分析，发现用户需求和获得市场信息反馈，找出服务水平与服务成本的关系。

(3) 运输方式和交货状况的分析

运输方式和交货状况的分析是指通过分析，使运输渠道更加合理化。

(4) 物流信息传递及信息系统的状态分析

物流信息传递及信息系统的状态分析是指通过分析，提高物流信息传递速度，增加信息反馈，提高信息的透明度。

(5) 合作伙伴业绩的评估和考核

用于网络分析的方法主要有标杆法、调查分析法、多目标综合评价法等。

3. 功能性战略

物流管理第三层次的战略为功能性战略，其内容包括物料管理、仓库管理和运输管理三个方面。物料管理与运输管理是物流管理的主要内容，必须不断地改进管理方法，使物流管理向零库存这个极限目标努力。应降低库存成本和运输费用，优化运输路线，保证准时交货，从而实现物流过程适时、适量、适地地高效运作。

4. 基础性战略

物流管理第四层次的战略是基础性战略，其主要目的是为物流系统正常运行提供基础性的保障，包括如下四个方面：

①组织系统管理。
②信息系统管理。
③政策与策略。
④基础设施管理。

信息系统是物流系统中传递物流信息的桥梁。库存管理信息系统、配送分销系统、用户信息系统、EDI/Internet 数据交换与传输系统、电子资金转账系统（EFT）、零售销售点终端（POS）信息系统等都对提高物流系统的运行起着关键的作用。因此，必须从战略的高度进行规划与管理，才能保证物流系统高效运行。在"互联网+"背景下，如何利用大数据、云计算等先进的信息技术实现企业智慧物流的建设和发展，应该是新时代企业研究的重要方向之一。

9.1.5 企业物流战略规划

1. 物流战略规划的相关概念

(1) 规划

规划（Planning）是一个含义广泛的词，不同的行业和不同的层次，规划的内涵有所不同，因此，要给规划一个准确的定义是很困难的。一般可以这样理解，规划是组织为未来一定时期内的行动目标和方式在时间和空间上所做的安排，是为实现战略目标而对各有关行动所做出的构思。

物流规划体系结构主要包括物流战略规划、物流空间布局规划、物流信息平台规划、物流运营管理体系规划四大方面。

(2) 物流战略规划

物流战略规划是通过提高流程价值和顾客服务而实现竞争优势的统一、综合和集成的计划过程，通过对物流服务的未来需求进行预测和对整个供应链的资源进行管理，从而提高顾客的满意度。

对于各级政府而言，物流发展战略规划是在国家或区域国民经济和社会发展战略规划的基础上所进行的专门行业规划；对于企业而言，物流战略规划属于企业战略规划下属的二级规划，不得违背上一层面规划所制定的战略目标。

(3) 企业物流战略规划

企业物流战略规划是指企业高层管理机构根据企业长期经营、发展的总目标，结合企业内部条件和所处的外部环境，制定出能够使企业达到总目标所需要遵循的管理方针和管理政策，做出现有资源优化配置的决策，提出实现总目标的经营途径和手段。

2. 企业物流战略规划的指导思想

(1) 物流系统论

物流是由各功能要素相互联系、相互制约所共同组成的一个有机整体。物流系统的整体功能并非各功能要素的简单叠加，而是通过系统要素间的契合，产生出新的功能即系统整体最优化，以达到物流系统总成本最低。

(2) 物流战略论

从单纯的职能或技术角度认识物流影响了物流作用的发挥，从战略意义上看待物流可为企业带来实质性的利益。

(3) 供应链（需求链）的观点

供应链管理能够较好地满足企业加强内部管理，优化外部联系。企业从原材料和零部件采购、运输、加工制造、分销，直至最终送到顾客手中的这一过程，被看成一个环环相扣的链条，即供应链。它包括产品到达顾客手中之前所有参与供应、生产、分配和销售的公司和企业。其实质就是在供应商和购买者之间形成一种有效衔接，对市场需求做出快速反应。供应链管理就是对整个供应链系统进行的管理活动及其过程，其目标是要将顾客所需的正确的产品能够在正确的时间，按照正确的数量、正确的质量、正确的状态，送达正确的地点，并最终提高顾客的满意程度，降低企业经营的总成本。未来的商业竞争模式不再是企业与企业之间的竞争，而是供应链与供应链之间的竞争。在供应链中，由上下游各个环节的企业组成的"扩展的企业"不仅考虑的是如何向最终的消费市场提供适宜的产品，还要考虑产品被需求拉向市场这一过程的适宜性，即产品选择什么样的供应链。需求链是一种新型的供应链。

(4) 物流优势论

物流已经成为企业的核心能力或差别化竞争优势的重要来源。有效的物流管理能够在极大程度上降低成本、吸引并留住顾客，并实现顾客满意。

(5) 物流价值论

物流在企业的价值链中占据重要地位，站在顾客角度，物流能够创造买方价值，站在企业角度，物流能够创造战略价值。当今，物流服务的最大特点就是物流服务具有增值性。

(6) 物流营销协同论

可以从两个层面来理解：一方面，企业的营销战略与物流战略必须密切配合；另一方面，企业物流活动过程本身是服务的过程，物流服务需要相应的营销手段。

(7) 绿色物流论

在全球经济日益强调可持续发展的前提下，物流活动对环境影响问题越发受到重视，企业的物流行为应考虑这种要求，实现正向物流和逆向物流的绿色物流化。

3. 企业物流战略规划的内容

企业物流战略规划作为企业总体战略的重要组成部分，要服从企业总体战略目标并达到一定的顾客服务水平。

企业在规划其总体战略时，可能会有一个比较宽泛的战略考虑。例如，克里斯曼（Chaisman）、霍弗（Hofes）和博尔顿（Boalton）提出，投资力度、经营范围、成长向量、独特能力或资源配置、竞争武器的类型、市场细分的差异、协同等都可成为战略的组成部分。迈克尔·波特的竞争战略理论提出了三种常见的通用战略，即成本领先、差异化和集中化战略。波特认为，通用战略主张的竞争优势是所有战略的核心。因此，企业必须决策其战略是强调低成本还是差异化，因为在保持高度差异化的同时实现成本领先往往是不现实的。波特认为一个企业除非选择了特殊的战略取向，否则它将死于"棍棒的夹缝之间"，并只能自食不良绩效的后果。再进一步，企业还需决策的是在一个宽泛的行业领域去追求竞争优势，还是专注于一个集中的领域。专一化战略追求的是在一个特定行业内部或特定目标客户群体内的低成本或差异化。

在物流运营的理论与实践中，长期以来争论的焦点仍是成本与服务之间的平衡。服务在企业经营中是至关重要的，但在实现服务价值最大化的同时实施成本最小化几乎是不可能的，也就是说，高服务水平和低成本两个目标往往是相互矛盾的。因此，确定一个适合的顾客服务水平是企业战略规划的重要内容之一。

具体地说，企业物流战略规划要解决四个方面的问题，即客户服务目标、节点选址战略规划、库存决策战略规划和运输战略规划。

（1）客户服务目标设定

企业提供的客户服务水平对物流系统设计的影响比其他因素都大。例如，服务水平较低，可以在较少的存储地点集中存货，使用较廉价的运输方式；而服务水平高，决策则恰恰相反。但当服务水平接近上限时，物流成本的上升比服务水平上升更快，那么最终就会导致企业成本的提高。因此，企业物流战略规划的首要任务是确定最佳的企业客户服务水平。

（2）节点选址战略规划

物流节点（储存点及供货点）的地理分布将形成物流网络，并构成物流战略规划的基本框架。物流节点选址战略规划的内容主要包括：确定物流节点的数量、地理位置、规模，并分配各设施所服务的市场范围，这样就确定了产品到市场之间的线路。好的物流节点选址应考虑所有的产品移动过程及相关成本，包括从工厂、供货商或港口经中途储存点最后到达客户所在地的产品移动过程及成本，通过不同的渠道来满足客户需求。如直接由工厂供货，供货商或港口供货，或经过选定的储存点供货等，均会影响总的配送成本。寻求成本最低的需求分配方案或利润最高的需求分配方案是物流节点选址战略的核心所在。

（3）库存决策战略规划

库存决策战略规划指管理库存的方式规划。将库存分配推动到储存点与通过补货自行拉动库存，代表着两种不同的库存战略，分别是推动式和拉动式的库存战略。其他方面决策内容还包括，产品系列中的不同品种分别选在工厂、地区性仓库，甚至基层仓库存放，以及运用各种方法来管理永久性存货的库存水平。由于企业所采用的具体政策将影响仓库的选址决策,所以必须在物流战略规划中予以考虑。

(4) 运输战略规划

运输战略规划主要包括运输方式、运输批量和运输时间以及路线的选择方面的问题。这些决策受仓库与客户以及仓库与工厂之间距离的影响,反过来又会影响仓库选址决策。库存水平也会通过影响运输批量从而影响运输决策。

4. 企业物流战略规划的层次

企业物流战略规划涉及三个层次:战略层次、战术层次和运作层次。企业物流战略规划各层次自上而下,在时间跨度上是有明显区别的。战略层次(Strategic Planning)是长期的、指导性的,是时间跨度通常超过1年的决策;战术层次(Tactical Plannnig)是中期的,是一般短于1年的决策;运作层次(Operational Planning)是短期的,是每天或者每个小时都要频繁进行的决策,决策的重点在于如何利用战略规划的物流渠道快速、有效地进行物流作业。表9.1说明了企业不同层次的物流规划期中涉及的若干典型问题。

表9.1 企业物流战略规划的层次

决策类型	决策层次		
	战略层次	战术层次	运作层次
选址决策	仓库、工厂、中转站的数量、规模和位置	—	—
库存决策	存货点和库存控制方法	安全库存水平	补货数量和时间
运输决策	运输方式的选择	临时租用运输设备	运输线路,发货安排
订单处理决策	订单录入、传输和订单处理系统的设计	—	—
客户服务	设定服务标准	决定客户订单的处理顺序	加急送货
	选择搬运设备,设计仓库布局	季节性存储空间选择,充分利用自有存储空间	拣货和再存储
采购决策	发展与供应商的关系	洽谈合同,选择供应商,先期购买	发出订单,加急供货

9.2 顾客服务战略

9.2.1 顾客服务战略的相关概念

1. 顾客服务

顾客服务的概念源于市场营销概念,是主张商业战略要以客户为中心的商业理念。企业要想实现其商业目标,取得成功,就必须要比竞争者更清楚地认识到客户的具体需求,集中各种资源及运作来满足客户的需求。然而,对客户服务的定义,不同的人有不同的说法。

从狭义上讲,顾客服务即为售后服务或技术服务。从当前市场竞争日趋复杂激烈的趋势看,越来越多的企业认为这样定义"顾客服务"概念是片面的,顾客服务的范围要比售后服务或技术服务的范围广泛得多。

从广义上讲,顾客服务包括所有与顾客有关的工作,如增加送货次数,缩短顾客从订货到收货的时间,调整库存控制水平,及时处理顾客意见,增加技术服务,以及做好一系列其他工作。

本书认为,顾客服务又称客户服务,可以定义为发生在购买方、销售方和第三方之间的一个过程。这个过程导致交易的产品服务的价值增值。它体现了物流在市场营销中的作用。

产品的价值包括产品本身的价值及服务所提供的附加价值,通过提高顾客服务水平可以增加产品的附加价值,进而增加产品或企业的价值。可以从以下四个方面来理解顾客服务:

①与产品和服务相比,客户的需求才是更为重要的东西。
②不同的客户有不同的需求。
③只有从客户的角度来考虑产品或服务的定位和可得性才有意义。
④对企业而言,盈利水平比销售量更重要。

2. 物流顾客服务战略

物流客户服务战略是指物流企业为了寻求和维持持久竞争优势,取得对最终客户价值最大化,以为客户提供竞争优势、增加供应链利益为手段,通过分析企业内外环境而制定的总体性和长远性的谋划。物流顾客服务战略的概念可以从以下三方面理解:

①从目的性来讲,物流客户服务战略是为了维护企业长期的竞争优势,以保持企业可持续发展。
②从手段上来讲,物流客户服务战略主要通过为客户提供更好的供应链服务,降低客户经营成本来获得客户长期、持久的合作。
③从性质上来讲,物流客户服务战略具有全局性、重要性和长期性,关系到企业生死存亡。

3. 物流客户服务

物流客户服务是指物流企业为促进其产品或服务的销售,与客户之间的互动过程。概括来讲,满足承诺交付日期的能力,履行订单的准确性,运输延误的提前通知,对客户服务投诉采取的行动,有关发货日期的信息,在库产品的承诺提前期的长度,相对于价格的总体质量,价格的竞争力,销售人员快速的后续行动等是物流客户服务重要的几个变量。

9.2.2 顾客服务的要素

与顾客服务相关的要素有很多,不同学者的总结也不尽相同。本书采纳了伯纳德和保罗的观点,将客户服务要素划分为交易前、交易、交易后三组。物流系统运作的目标是可得性、降低总成本及创造物流价值,这个目标分布在交易前、交易、交易后三个阶段中,如图9.1所示。

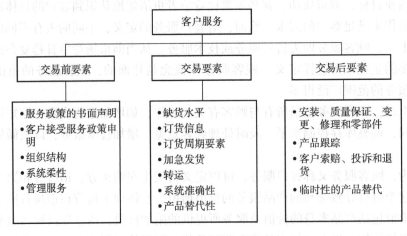

图 9.1 顾客服务要素

（资料来源：耿会君，董维忠. 物流系统规划与设计［M］. 北京：电子工业出版社，2017）

1. 交易前要素

客户服务的交易前要素倾向于非日常性且与政策相关的内容。尽管这些没有明确地涉及物流系统，但是它们对产品的销售具有十分重大的影响。交易前的要素主要包括客户服务政策的书面声明、客户接受服务政策的声明、组织结构、系统柔性以及管理服务。

2. 交易要素

交易要素是指那些与客户服务相关的活动，表现为作业表现和可得性，如缺货水平、订货周期要素、转运、加急发货、产品的替代性等。客户服务的交易要素作用最明显，对销售具有直接的作用。

3. 交易后要素

客户服务的交易后要素支持产品的售后服务，包括安装、质量保证、变更、修理零部件，产品跟踪，客户索赔、投诉和退货，临时性的产品替代等内容。

9.2.3 顾客服务战略的类型

每个物流企业需要根据自己的目标、资源、环境和在目标市场中的地位，以满足不同客户需求为中心，制定不同的发展战略。企业可以根据自身特点选择一种战略，或者进行多种战略的组合，也可在不同发展阶段实施战略转换。

1. 从总体战略上的划分

（1）紧缩战略

企业在原有经营领域处于不利地位，又无法改变境遇，选择从原有领域收缩或退出或收回和聚集资源而另寻出路。

（2）稳固战略

企业在原有经营领域处于有利地位，在企业内外条件没有重大变化时，巩固现有市场，维持现状。

（3）竞争战略

企业与对手展开竞争，争夺市场份额，集中企业资源投入在主导产品、主要市场上，直至达到相对稳定的市场占有率。

（4）扩张战略

企业在现有经营领域占有优势，且企业内外部提供了良好条件和机会，可以积极扩大经营规模或进行多元化、一体化等方面的拓展。

2. 从企业战略的定位划分

（1）成本领先战略

成本领先战略以向客户提供标准化物流服务为基本定位，尽量保证成本最低。标准化的服务一般要满足物流服务品种的相对稳定性、物流客户服务水平的认同性和服务水平的简洁规范。

（2）差异化战略

差异化战略以为不同的客户提供差异性服务为基本定位，追求成本和服务的均衡。差异化服务一般要求服务种类、服务手段、服务水平的不断创新，并为满足客户的特殊需求而向客户提供定制化的物流服务。

（3）集中化战略

集中化战略以为特定的客户提供专门的物流服务或为特定的货种提供特殊的物流服务为基本定位。集中化战略要建立在企业的顾客细分和市场细分的基础之上，针对特定的顾客群或特定的市场提供不同水平的物流服务。

9.2.4 物流顾客服务战略分析

1. 物流顾客服务战略分析的定义及内容

物流顾客服务战略分析是指根据客户的特征和物流企业内部条件，充分考虑客户服务活动的外部环境，确定客户服务目标，了解客户服务所处的环境和相对竞争地位，选择适合企业的客户服务战略类型的过程。物流顾客服务战略分析的内容主要包括：

①客户服务目标分析：通过分析确定企业客户服务目标。

②内部条件分析：通过分析了解企业自身优势和劣势。

③外部环境分析：通过分析了解企业面临的机遇和挑战，以及相对的竞争地位。

2. 物流顾客服务战略分析的要素

（1）客户选择

客户选择就是确定企业为哪些客户提供服务。尤其是对于第三方物流企业而言，其面对的客户往往不仅是供应链的直接上游，还有可能是客户的客户，其服务对象大多数是分散的或不固定的，这些客户对物流的需求在数量上、时间上、方式上更是千变万化，所以企业要充分了解客户及客户的需求就显得更为重要了。

（2）价值获取

企业在为客户创造价值的同时，哪些是企业能取得利润的部分是应该非常明确的。在现在激烈的物流市场竞争环境下，物流企业为客户提供基础的物流服务，往往获得的利润是有限的。物流企业要想生存并发展，就一定要发掘物流增值服务来获取利润，赢得客户。对于一个第三方物流企业，增值服务往往指在完成物流基本功能的基础上，根据客户需求提供的各种延伸业务活动，如为顾客提供存货查询、第四方物流咨询、仓单质押服务、仓配一体化服务等。

(3) 战略控制

企业如何能保持竞争优势，保护其取得的利润流，除了好的事先规划外，还要对运作过程中的战略控制方面进行规划。战略控制的主要内容包括质量控制、时间控制和成本控制。

(4) 业务范围

企业将为客户提供的服务，包括产品、方案设计和服务，特别注重其核心竞争业务的确定。针对一个第三方物流企业，一定要在做好基于运输和仓储的基础性服务的同时，根据客户的需求提供定制服务和增值服务，从而在保有大量客户的基础上能够留住客户并吸引更多的客户，从而不断提高企业自身在整个行业的竞争力。

以上物流顾客服务的四个要素是互相关联的，在不同的发展阶段企业的侧重点也是不一样的。

3. 物流顾客服务环境分析的内容

以客户为中心，对客户进行服务和关怀，使客户完全满意，成为企业的忠诚客户，是物流企业客户管理的核心理念。但是现在的客户变得越来越精明，要求越来越多，服务重心从运送过程转移到送达的时间、数量、质量上；同时企业的服务要适应客户的需要，而不是让客户来指导实际操作者的操作时间和操作方式，物流过程必须由物流服务提供者控制，并随之不断改进。这就需要企业分析物流顾客的服务环境。

(1) 理解客户需求

竞争的加剧、客户要求的不断变化和不断提高质量的压力意味着客户需求在不断地改进，供应商必须预期这些改变，并对此做出积极反应，不断地改变业务目标。随着需求的改变，物流过程必须适应这种改变以保持顾客满意。

当制定一项以客户为导向的物流战略时，物流配送人员必须确切了解客户对于配送的需求和期望。不同的客户有不同的需求和期望。例如，客户对于配送每个环节的要求可能包括适时和可靠的送货、良好的沟通、准时送货、高频率送货、订单状态信息的可得性、高效的反馈过程、紧急情况的即时处理、货物的完好率、精确和适时的结账、对咨询的回复等。

定义客户需求的过程很复杂，许多公司对此并不熟悉，物流企业就必须学会了解和着眼于客观的客户需求。确定客户需求的步骤主要有：

①理解客户的业务、买方和用户。

提供价值就是提供产品和服务，供应商必须了解客户所代表的业务，这样，当把客户的需求转化成公司业务标准时就简单多了。了解订单的多样化就是一个很好的例子。

在多数较大的公司，购买部门不是最终用户，因此可能存在不同的满意标准。购买部门如果作为生产产品公司的一部分（采购部门），可能会受到别的部门的影响，如生产、质量控制、物流、产品开发和财务等。买方可能更关心价格和送货期限，而其他部门可能对质量更感兴趣。用户（产品线）可能觉得产品的效力和特性更为重要。了解购买部门和用户在购买过程中所扮演的不同角色，有助于供应商确定需求和满足期望。

②鉴明客户的需求和期望。

必须同客户一起探讨哪种服务的特性更为关键，并提出一些定性的、开放式的问题，这类问题给客户很大的灵活性来表达他们真正的需求。从供应商的角度来看，给客户列一张需求清单可以是一个良好的开始，但还不很充分，它可以引起内部的关注，但不能揭露所有的重要问题，也不能探索出需求的基本原理。

在创造价值和满意的过程中，传统的商业惯例和服务模式可能不再适合，评估服务满意度的指标也会发生变化。例如，是由销售代表根据客户的要求确定运送日期，还是根据公司何时能办理运送来确定？零部件销售商往往会报有99.9%的准时送货率，难道真是这样吗？衡量的标准应该是送货期与顾客要求是否一致。某一客户要求星期二送货，但经常到星期四才能够送到，协调的结果是客户同意星期四收货，虽说他很不情愿。通过与客户讨论送货要求，物流配送员发现销售人员和配送系统并不是顾客导向的，因此不能促进顾客满意的进程。

对多数顾客来说，确定什么才是最重要问题的方法是个别会谈和以小组的方式向买方或用户提出开放式的问题。

通过下面四条途径可以决定哪种产品能为顾客提供超值服务：直接的客户投入、客户陈述、客户的抱怨、与同行的比较。

③与客户探讨需求和期望的变更性，测定客户对支付服务的愿望。

一旦明确客户的最低需求和期望，物流企业应探索每一项目的相对重要性。他们可以与客户讨论哪一个行为标准是重要的、不变的及其原因。该信息将帮助区分基础服务和增值服务。如果提供增值服务，而基本的需求却不满足，则达不到顾客满意的要求。

另外要讨论的是客户对当前服务水平的看法，它提供了哪种服务对竞争优势有利的评判标准。因为在客户情愿支付的价位上要满足所有的客户需求是不可行的，因此理解哪一种服务是最低需求，哪一种服务能超出期望值，是很重要的。提供增值服务需花费金钱，并且客户情愿购买的仅是他们认为有价值的服务。物流企业应该同客户讨论他们情愿为此所付出的代价。当他们意识到提供服务所支付的费用时，有些客户可能会重新评估这项服务的必要性。

(2) 评价当前的服务和能力

一旦理解了客户的想法，物流企业必须找出他们当前的服务能力和实际要求之间的差距，这包括采取什么步骤来满足专门的服务目标和鉴别当前由竞争对手所提供的服务。这有助于决定哪种服务是每个客户都能预期得到的。如假设EDI是一项增值的客户服务，并且仅由一家供应商提供，该公司就拥有一项竞争优势。

(3) 解释当前做法与顾客要求之间的差距

一旦物流企业明白客户的需要正好与其提供者相反，两者之间的差距便可以分析出来。许多企业都以为客户需求与他们提供的服务之间差距很小，这是很多物流企业不进行客户需求调查的原因。然而，调查之后，企业通常会发现自己曲解了客户需求。

如当被问及需要和期望时，一般超市表示，及时送货及无货损送货是评价配送服务的两个最重要的标准。当物流配送企业检查其提供的服务与客户所需之间的对比情况时，它通常会在及时送货方面找到差距，但在无货损送货方面却找不到差距。企业还会注意到这些方面的竞争评价，它意识到客户已表明竞争会加速带来更高质量的及时和无货损送货服务。有了这个信息，物流配送企业确定消除及时送货方面的差距对其成功尤为重要，而且当无货损送货的质量提高超过客户的期望时，就会带来新的竞争优势。接着，物流配送企业下一步的行动是识别消除差距、赢取优势的多种选择。为改善及时送货，超市可以继续与原来的承运人合作，提高服务质量或者可以启用新的承运人，监督送货日期的执行，提高跟踪货物的能力。改善无货损送货的步骤包括改变包装、改善装卸技术、加强在产品处理过程中的员工培训等。

一旦改善的选择已确定，物流企业必须分析消除差距有关的均衡点、利益、成本以及风险。消除差距的某些利益包括提高服务水准的利益，但有一种途径是在改进过程中定期进行调整，以了解客户满意评价。另一些利益可能包括收入增加、客户忠诚、竞争优势。避免由于服务质量差而失去的业务也是利益之一。在这些分析的基础上，公司必须确定使利益超过成本。当然，这些标准随着客户或市场划分的不同而不同，而且在每个特定情况下都需要详细地分析。

(4) 满足客户特定需要的针对性服务

不同的客户群需要不同的服务及服务水准。为了让尽可能多的客户满意，公司应该按需求期望的相似性对客户进行分类。许多企业按产业、产品类型、销售量和利润来细分客户群。但现在通行的标准是需求的相近性。例如，一些客户希望收到的产品以纸盒包装，另一些却喜欢以薄纸夹衬，通过调查这些自然而分的客户群，可以更好地提供针对性物流服务。

无论什么产业，不同的服务必须要与相应的费用相比较。如果一项服务对客户有足够的价值，客户可能愿意为此付出额外费用，除非其竞争对手不会以更低的价格提供同样的产品。区分愿意与不愿意为服务付出额外费用的客户很重要。提高价格，增加服务，可能把一部分客户推向其竞争对手，但同时又满足了另一部分客户的需求。

(5) 在客户要求的基础上创造服务

为了满足客户需求，并超出他们的期望值，物流企业不仅必须满足客户的需要，而且应提供增值服务。当竞争者开始把客户满意作为竞争优势时，物流企业必须着眼于客户对价值的认识，企业要把致力于满足顾客最低的要求作为顾客满意的开端，如果无法满足将得到客户的否定评价；如果满足了，也不一定会得到客户们称赞，因为这是客户所希望的。只有当物流企业的服务超出客户最低要求时才会让客户满足，达到增加价值的目的，这些增值的特征恰恰是创造竞争优势的区别因素，即"满足最低要求是保证物流企业处于竞争之中，但无法帮助它取得成功"。

(6) 评估与跟踪执行和改进情况

评估满意过程对于激励员工相当重要。定量情况评估在改进工作中占有重要地位，但是，客户的反馈是真正满意的唯一正确指标，因为这是企业在满足客户需求方面的成功。客户满意指数是定量评估整个满意水平的一种方式，因为满意是以客户的整个经历为基础解释的，客户满意指数用以评估企业在客户心目中的地位。

企业使用顾客满意指数时，必须全面理解客户的要求和希望，继而这些要求和期望会扩展成为一个标准。然后通过达到或者超过这个标准来满足客户的需求或超出客户的预期。例如，很多顾客在网购时，都想让商家提供包邮服务，似乎包邮成了一个最基本的选购条件。

一个商品包邮不会使客户满意，且如果货物邮寄在时间和质量等方面存在问题时还会引起客户投诉。所以，只有提供优质的包邮服务才会达到客户满意。客户满意指数应该在监控之下用以评估供应商在有关满意标准方面的表现，也可评估一段时间内的执行和改进情况。客户满意指数有助于识别问题和明确什么是客户价值，接着用这些信息来进行客户服务的改进。

(7) 保持持续的改进过程

客户满意必须是一个不断进行的过程，因为客户要求随生产过程、产品和客户基础的变化而变化。为了保持客户满意的水准，物流企业必须跟上这一变化的要求。一般认为，频繁的接触是必要的。与客户接触的方式各有不同，总体可以分为三类，即原始信息收集、周期性调整和持续性接触。

①原始信息收集是对客户需要和满意程度的第一次正式接触。这种接触可以分为面谈、集中小组会淡、信件或电话调查等。这些活动的目的是衡量客户对供应商在各种不同因素、不同细分客户群基础上的行动进行评价，以及决定初步改进。

②周期性调整是一旦物流企业明白客户最初的要求和期望，就必须周期性地检查满足客户要求的能力，以及初次接触后客户要求的变化。由于客户对服务的认识是客户满意的最重要因素，所以只有客户才能辨明服务是否改进。周期性接触为物流企业提供了其在满足客户要求方面的表现信息。通常调查结果中的下降趋势表明客户需要正在变化，新的需要没有被满足。客户需要的变化由众多原因引起，包括新产品、新分销渠道、新竞争对手、新客户的需求等。通过信件和电话调查、面谈，甚至小组会议等方式与客户进行的周期性接触有助于物流企业满足客户需要，避免在客户服务方面落后。

③持续的、专门的客户交流对重要客户很重要。关于满意程度、客户拜访及其他交流方式的讨论为评估客户满意提供了迅速的反馈信息，使物流企业预先觉察到发生的变化及面临的问题，以保证客户的要求不断被调整和满足。客户和物流企业通过设计执行的改进计划都能受益。

9.2.5 物流顾客服务战略制定

1. 物流顾客服务战略制定原则

不同的客户对物流服务具有不同的要求，企业希望以最低的成本留住老客户和吸引新客户，因此，物流企业应适当采取不同的措施来满足不同客户的需求，制定不同的物流顾客服务战略。物流顾客服务战略的制定原则主要有五点。

(1) 细分客户群

企业利润的80%很可能是由20%的客户带来的，这就是80/20理论的基本思想在顾客细分中的体现。而且不同的客户对服务水平和服务类型也有着不同的要求，这是实行顾客细分和提供差别化服务的依据。通过细分客户群，重新进行目标市场的定位，了解不同客户的需求情况和目前的满足情况，发现哪些客户服务需要进行较大的改进。对相对稳定、业务量大的客户群提供更及时、优质和多样化的服务，有利于提升企业的服务水平，为物流企业带来稳定的利润源，同时增加其客户价值。

(2) 信息化服务

信息网络技术是构成现代物流体系的重要组成部分，是提高物流服务效率的重要技术保障,是提升客户服务质量的重要内容。实现物流各环节的实时跟踪、有效控制和全程管理,进而保证供应链快捷顺畅地运作,就需要一个完善的信息收集、整理、发布、跟踪、查询系统。信息集成使系统地管理物流成为可能,从而有效地缩短供应渠道,减少备货时间,加快企业的反应速度,提高客户满意度和客户服务质量。在"互联网+"和大数据的背景下,物流企业也要充分应用大数据、云计算等先进的信息技术提升企业的物流服务水平和物流效率,使智慧物流在企业开花结果,变成物流企业的核心竞争力。

(3) 忠诚的客户关系

物流企业只追求客户满意是不够的,必须提升客户的忠诚度。客户满意并不意味着客户忠诚。企业大部分的销售来自老客户,而发展一个新客户的费用平均比保留一个老客户所需费用高得多。因此,建立忠诚的客户关系是物流企业减少总成本、获取竞争优势的重要途径。

(4) 发展潜在客户

物流企业在处理客户服务时,不应因暂时的利益得失而失去潜在客户,因此,有必要根据客户对企业长远的合作关系进行权衡,以获取客户满意,提高客户服务水平。

(5) 诚信原则

物流业是诚信敏感度很高的行业,由于物流业务常常会深入客户企业的核心层面,选择物流外包的客户企业会非常谨慎。而且,由于承担了商业运作的某一个或多个环节,一旦这些环节处于不确定或多变的状态,客户企业的正常运作就会受到重大影响。因此,物流企业要做大,必须要有足够的诚信。保密作为诚信的基本内容是物流企业应该遵守的基本职业准则。

2. 制定物流顾客服务战略的步骤

(1) 确定物流服务的要素

一般来讲,明确进货、接受订货的截止时间,进货期,订货单位等要素是物流顾客服务战略制定的第一步。只有清晰把握这些物流服务的要素,才能使以后的决策得以顺利进行,并加以控制。

(2) 收集有关物流服务的信息

制定物流顾客服务战略需要收集的信息主要包括客户对物流服务重要性的认识、客户的满意度,以及企业与竞争企业的物流服务相比是否具有优势等。

这种信息资源的收集可以通过问卷调查、座谈、访问以及委托专业调查公司来进行。

调查的信息主要包括物流服务的重要性、满意度,以及企业与竞争企业的物流服务相比是否具有优势等问题。物流客户服务信息收集、分析的具体方法主要有三种。

1) 客户服务流程分析

这种分析方法是为了正确测定企业与客户接触时的满意度,即明确企业与客户之间究竟有哪些节点,以及这些节点在时间上的排序。

2) 客户需求分析

这种方法主要着眼于探明客户需求、期望与本企业所实施的物流客户服务水平之间有什么差距,据此,明确本企业需要改善或提高的物流客户服务。这种方法的关键是所提出的问题要尽可能具体、全面,否则无法真正全面掌握客户的真实需求和对企业物流服务的愿望。

此外，还应当注意的是，客户需求、期望有先后顺序，一般位于优先位置的是企业物流客户服务的核心要素，而且不同细分市场，客户服务要素的先后顺序也不尽一致。

3）定点超越分析

定点超越（Benchmarking）是 20 世纪 90 年代由西方管理学发展起来的一个新理论。它是指企业将产品、服务和其他的业务活动与自己最强的竞争对手或某一方面的领先者进行连续对比衡量的过程。对比衡量的目的是发现自己的优势和不足，或寻找行业领先者之所以会领先的内在原因，为企业制订适当的战略计划提供依据。

定点超越是一种模仿，但又不是一般意义上的模仿，它是一种创造性的模仿。它以别的成功经验或实践为基础，通过定点超越获得最有价值的观念，并将其付诸自己企业的实践。它是一种"站在巨人的肩膀上再向上走一步"的创造性活动。

物流客户服务的定点超越也是通过与竞争企业或优良企业的服务水准相比较分析，找出本企业物流客户服务的不足之处，并加以改善。具体方法主要有客户服务流程的定点超越和客户满意度的定点超越两种形式。定点超越的主要步骤为：

①明确目的和目标。

②确定量化方法和信息来源。

③选定定点超越的对象，具体可以是国内竞争者、国际竞争者、国内领先者或国际领先者。

④测量和描述本企业。

⑤测量和描述定点超越对象。为了取得竞争对手的合作，一定要使竞争者认识到定点超越对他们也是有利的。其中，有两项承诺是至关重要的，一个是信息共享，另一个是信息的对外保密。

⑥对比。

⑦建议与策划。

⑧计划的执行与控制。

（3）整理物流服务的信息

分析整理信息的目的：一是要明确企业现有的物流服务水平与客户需求之间有什么差距。据此明确企业需要改善或提高的物流服务。需要注意的是，客户需求是有先后顺序的，一般位于优先地位的是企业物流服务的核心要素，而对于不同的细分市场，服务要素的先后顺序也不尽一致。二是明确企业现有的物流服务水平与竞争对手或其他优良企业的服务水平有什么差距。要找出企业物流服务的不足可以运用定点超越的方法。

（4）划分客户群

由于客户需求受到客户思维方式、行动模式以及地区差异等多种因素影响，企业应充分考虑不同客户群体对本企业的贡献度以及客户的潜在能力，对客户需求进行分类，即针对重要的客户群体，在资源配置、服务等方面予以优先安排。因此以什么样的特性为基础来区分客户群成为制定物流服务战略的重要问题。同时，在划分客户群的过程中，应当充分考虑不同客户对企业的贡献度以及客户的潜在能力。

（5）制定物流服务组合

在对客户群进行了划分后，企业就要针对不同的客户群体制定相应的物流服务组合。首先,要做的就是针对不同的客户群制定相应的物流服务基本方针,确保将企业资源优先配置给重点客户群。其次,进入物流客户服务水准设定的预算分析,特别是商品单位、进货时间、在库服务率、特别附加服务等重要服务要素的变更会对成本产生什么样或多大的影响。这样既保证企业实现最大程度的物流服务,又能将费用成本控制在企业所能承受或确保竞争优势的范围之内。最后,在对企业物流服务水平预算分析和对主要竞争对手物流服务水平分析的基础上,为不同的客户群制定相应的物流服务组合。这里应当重视在物流服务水准变更的状况下,企业应事先预测这种变更会对客户带来什么样的利益,从而确保核心服务要素水准不会下降。

(6) 物流服务组合的管理

物流服务组合的确定不是一个静态行为,而是一种动态过程,也就是说,最初客户群体物流服务组合一经确定,并不是以后就一成不变,而是要经常定期进行核查、变更,以保证物流服务的效率化。从物流服务管理决策的全过程来看,物流客户服务战略制定流程可以分为五个步骤,即客户服务现状把握、客户服务评价、服务组合确定、物流系统再造、客户满意度的定期评价。各步骤相互之间不断循环往复,从而推动物流客户服务不断深入发展,提高效率和效果。

总之,物流顾客服务战略的制定是一项系统的工作,应当按照上述步骤综合考虑企业外部和内部的影响因素有序进行,只有这样才能使制定的战略成为企业朝正确方向前进的有力保障。

9.3 物流组织结构的设计和建立

任何企业的存在都要有组织结构作为基础。企业组织结构(Corporate Organization Structure)本身并不能创造优良的业绩,但如果企业没有好的组织结构,无论多么优秀的企业管理者,都不可能创造出优秀的经营业绩。因此,企业组织结构的优化和改善是提高管理绩效的重要手段和措施。

9.3.1 组织结构的内涵

组织结构是一个组织的结构框架,是组织的重要组成部分。要理解组织结构的概念,首先要明白什么是组织。所谓组织是指这样一个社会实体,它具有明确的目标导向、精心设计的结构和有意识协调的活动系统,同时又同外部环境保持密切的联系。组织结构的内涵有以下几点。

1. 组织结构是企业的基础

组织结构是构成企业的基本形式,对完成企业目标起着至关重要的作用。组织结构将企业的目标分解到具体的职位上,并将相关性较高的职位组成部门,共同负责一部分工作,最后各部门按照一定的垂直权利制度和水平协作系统组合,形成一个有机的整体。这个整体的主要内容就是职、权、责的分配体系。组织结构支撑和保证企业战略的实施,也体现出企业宗旨和战略目标之间的相互关系,有着非常关键的作用,企业中一些大的变革都必须涉及组织结构。

2. 组织结构的目的是建立和维持一个适宜的职务结构

组织结构保证企业的员工有一个有序合理的工作环境，通过设计和维持确定的职权关系和职务结构，使员工了解每个人的工作范围，以及自己应该负的责任，尽量不要因为不明确的权责关系给工作造成不好的影响。组织结构是实现组织目标的手段，组织结构必须与组织目标相契合，而不是与组织目标相悖。

良好的组织结构明确地将每个员工应该担当的职责规定下来，并且赋予员工完成工作所必需的职权，使员工了解自己在组织中的隶属关系，从而使每个人都可以完成各自所承担的任务。相反，如果组织工作混乱，员工不仅无法完成自己的工作，而且造成对公司的怨言，挫伤员工的工作积极性。良好的组织结构必须契合企业自身的实际情况，对某一个企业或某一个部门能产生良好作用的组织结构，未必就适合自己的企业。

有很多因素影响和制约着组织结构的设计和建立，如信息沟通、技术特点、经营战略、管理体制、企业规模和环境变化等。而且，由于各种内外部因素总是处于不断变动之中，组织结构不可能一经建立便十分完善或是一直适合组织的发展，一劳永逸的组织结构是不存在的，当发现组织结构出现问题不能很好地适应环境时，就要采取相应的措施，实施组织结构的局部或整体调整，维持组织良好地运转。

3. 组织结构是企业资源和权力分配的载体

组织结构就是以有效、合理的方式将企业组织内部各个有机构成要素组合起来，以实现组织目标。它是企业信息交流、业务完成的基础，推动或者阻碍企业发展的进程。组织结构反映了企业各个管理层次、各个部门和各项业务之间的综合关系，它的优劣，直接影响着整个企业的工作效率和对环境的反应能力。

4. 组织结构既表现为静态的组织结构，又体现在动态的组织活动中

组织结构模式是由组织的目标任务以及环境情况决定的，其中包含组织内部的指挥系统和沟通网络，又包含着组织成员在不同层次的责权系统中的地位和相互关系。

9.3.2 物流组织的演变过程

20 世纪 60 年代，艾尔弗雷德·D. 钱德勒出版了《战略与结构》一书，提出环境决定战略、组织结构要服从企业战略的思想。根据西方国家物流发展的历史和实践，企业物流组织的演进经历了四个阶段，分别是职能分离阶段、职能聚合阶段、过程整合阶段和供应链联盟阶段。

1. 职能分离阶段

在 20 世纪 50 年代以前，物流观念还处于萌芽阶段，各个物流活动分散于企业不同的职能部门，物流作为一种辅助性和支持性的工作不被企业所重视。此时企业物流组织结构处于职能分离阶段。

这个阶段，由于物流的组织职能常常被分割到整个公司，即各个物流职能分别分布在财务、生产、销售和采购等部门中，这种分割局面意味着在执行物流各方面的工作时缺乏职能部门之间的协调，从而导致重复和浪费。并且由于各职能部门之间的权力和责任界限是模糊的，所以信息经常会失真或者延迟。同时，各部门有限的职责使得管理者往往只追求本部门效率的提高，不可能顾及整个组织范围内的成本降低，从而导致企业成本居高不下。

2. 职能聚合阶段

20世纪60年代以后，物流得到了快速的发展。这个时期很多企业为了进行有效的成本集中管理，将物流管理分为物资管理和配送管理两个功能。这个阶段本身又有两个时期。第一个时期表现为物资配送和物料管理单位已完全被分离出去，企业里有一个或两个物流运作集中点的出现，这是最初的一种功能分离。第二个时期最早出现在20世纪60年代晚期和20世纪70年代早期，这一时期"物流"被单独提出来，并提升到一个更高的组织层次。

职能聚合阶段的优势主要体现在以下三个方面：

①将物流定位在一个更高、更可见的组织层次上，增强了其战略影响力。

②物流部门下面又有各分部门的职能划分，既保证了整个部门的命令和指挥的统一性，又保证了各分部门的权力和责任的明确性。

③由于物流活动可以在整合的基础上进行计划和协调，因此可以开发地区之间小的协同运作。

3. 过程整合阶段

20世纪80年代以来是物流的过程整合阶段。知识经济和现代信息技术特别是网络技术的发展为物流发展提供了强有力的支撑，物流向信息化、网络化、智能化方向发展。物流管理的重点开始由职能转换到过程上，并关注物流能力在创造客户价值的整个过程中所发挥的作用。过程整合的优势主要体现在以下三点：

①可以针对不同的物流绩效目标组成不同的过程整合工作小组，其组织结构和组织成员是根据需求变动的，具有灵活性和多样性。

②基于过程整合的运作贯通了整个物流流程，各部门衔接紧密，加快了物流和信息流的流动速度，减少了信息失真和延误，从而最终降低物流成本。

③由于职能聚集有建立权力集团的嫌疑而遭到众多反对，所以把重点转化到过程上来，从而减少了将职能转换到无所不包的组织单位中的压力。

4. 供应链联盟阶段

如今，随着供应链思想的逐步发展，企业物流组织结构也正在转变为供应链联盟结构，即组织开始从总公司占支配地位的结构转变为联盟、共享服务以及业务外包等实体的网络结构，其实质是从原来单个企业内部的物流过程整合扩展到企业外部多个企业间的物流过程整合。

供应链组织的发展大致经历了四个发展阶段，即内部供应链阶段、供应链管理阶段、链式结构供应链阶段、网状结构供应链阶段。内部供应链阶段，强调企业内部各部门之间的协调；供应链管理阶段，强调企业与供应商之间的供需关系；链式结构供应链阶段，强调企业之间的双向协调；网状结构供应链阶段，强调核心企业在供应链构建中的作用。

综上所述，对企业物流组织结构的演变规律总结如表9.2所示。

第九章 企业物流战略规划

表9.2 企业物流组织结构的演变规律

时期	物流组织结构	物流发展	企业管理技术	信息技术
20世纪50年代以前	职能分离	物流观念萌芽	小规模，强调责任和分工管理	独立大型主机
20世纪50年代至20世纪80年代	职能聚合	物流管理战略化	大规模、垂直一体化、强调命令和控制管理	集中微型机（PC机）
20世纪80年代至21世纪初期	过程整合	物流管理过程化	小规模、分解、强调过程效率和核心竞争力管理	局域网/互联网（Intranet/Internet）
21世纪初之后	供应链管理	供应链管理	全球化、系统一体化、强调协同和战略管理	局域网/互联网（Intranet/Internet）

（资料来源：孔继利. 企业物流管理［M］. 北京：北京大学出版社，2012）

9.3.3 物流组织结构类型

企业物流组织结构（Corporate Logistics Organization Structure）处在不同的发展阶段时，每个企业都需要根据自身的规模、战略、技术和生产方式来选择切实可行的组织结构形式。下面结合企业的具体实践，介绍一些常见的企业物流组织结构类型。

1．物流组织结构的传统类型

（1）直线型物流组织

直线型物流组织形式是一种简单的组织形式，它的特点是不存在职能分工，管理的指挥和监督职能基本上由行政负责人独自执行。各种物流部门的职位均按直线排列，一个下属只接受一个上级领导的指挥，物流部门对所有的物流活动具有管理权和指挥权。在这种结构中，物流管理的各要素不再作为其他的职能部门，如财务、市场、制造部门的从属职能而存在，而处于并列地位。物流经理对所有的物流活动负责，对企业物流总成本的控制负责。在解决企业的职能部门之间的冲突时，物流经理可以和其他各部门经理平等磋商，共同为企业的总体目标服务。当物流活动对企业的经营较为重要时，企业一般会采用这种模式。直线型物流组织形式如图9.2所示。

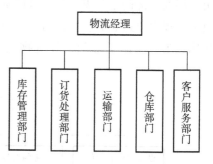

图9.2 直线型物流组织形式
（资料来源：孔继利. 企业物流管理［M］. 北京：北京大学出版社，2012）

直线型物流组织形式具有以下特点：

①优点：机构简单、权力集中、命令统一、决策迅速，有利于集中领导和统一指挥，物流经理全权负责所有的物流活动，互相牵连、相互推诿的现象不会存在，效率高，职权明晰。

②缺点：所有管理职能都集中在一个人身上，需要全能型的管理者，决策风险比较大。

(2) 参谋型物流组织

参谋型物流组织形式是一种按照职能来进行规划的组织形式，这种组织结构只把有关物流活动的参谋组织单独抽取出来，基本的物流活动还在原来的部门进行。物流经理在这种结构中只是起到参谋作用，负责与其他职能部门的协调合作，而没有最终的决策权。这种组织结构适合刚开始实施综合物流管理的企业采用。参谋型物流组织形式如图9.3所示。

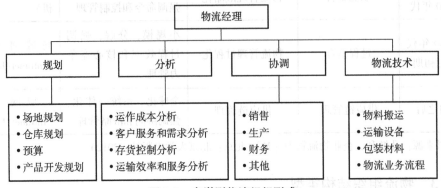

图 9.3 参谋型物流组织形式

(资料来源：孔继利. 企业物流管理 [M]. 北京：北京大学出版社，2012)

参谋型物流组织形式的好处在于能够在较短的时期内，使企业经营顺利地采用最新的物流管理手段，因此往往作为一种过渡型的组织形式。

(3) 直线参谋型物流组织

直线参谋型物流组织形式是一种物流经理对业务部门和职能部门均实行垂直领导，具有指挥权的组织形式。物流经理全权负责所有的物流活动，对业务运作和整体物流的规划、分析、协调等均实行垂直式领导，具有指挥权和命令权。在直线参谋型物流组织形式中，处于第一层的子部门是参谋部门，其职责是对现有的物流系统进行分析、规划和设计，并向相关负责人提出改进意见，它们对第二层的业务部门没有管理权和指挥权，只起到指导和监督的作用；第二层的子部门，负责物流业务的日常运作。直线参谋型物流组织形式如图9.4所示。

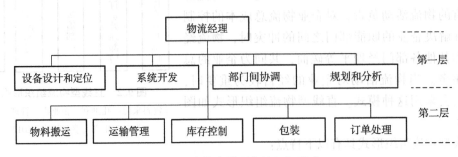

图 9.4 直线参谋型物流组织形式

(资料来源：孔继利. 企业物流管理 [M]. 北京：北京大学出版社，2012)

直线参谋型物流组织形式具有以下特点：

①优点：既保持了直线型物流组织形式集中统一指挥的优点，同时又吸收了参谋物流组织形式发挥专业管理职能作用的长处，从而能够做到指挥权集中、决策迅速、分工细密、责

任明确。在外部环境变化不大的情况下，易于发挥组织的集团效率。

②缺点：不同的直线部门和参谋部门之间的目标不容易统一，增加了高层管理人的协调工作。

2. 物流组织结构的现代类型

(1) 事业部型物流组织

事业部型物流组织形式是根据对内部具有独立功能的对象实行分权管理的一种组织形式，物流活动的管理被分配到各个事业部单独进行。在事业部型物流组织形式中，处于第一层的子部门仍然是参谋部门，起到计划、设计和提出改进意见的作用；而第二层的子部门根据不同的服务对象或者不同的专业特长划分业务部门，这些业务部门实行自治管理、自负盈亏。事业部型物流组织形式如图 9.5 所示。

事业部根据自身从事的具体对象或者活动进行规划和自主活动。事业部型物流组织形式具有以下特点：

①优点：既保持了公司管理的灵活性和适应性，又发挥了各事业部的主动性积极性，有助于不同物流事业部之间进行竞争，克服组织的僵化。

②缺点：各事业部往往只重视眼前的利益，本位主义严重。

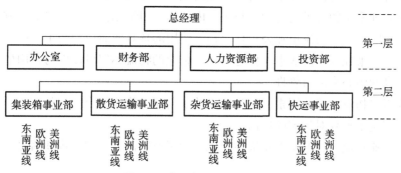

图 9.5 事业部型物流组织形式

(资料来源：孔继利. 企业物流管理 [M]. 北京：北京大学出版社，2012)

(2) 矩阵型物流组织

矩阵型物流组织形式是由纵横两套管理系统组成的组织形式。企业为了完成某项目标，从直线职能制的纵向职能系统中抽调专业人员，组成临时或较长期的专门的小组，由小组进行横向系统联系，协同各有关部门的活动，并有权指挥参与规划的人员。小组成员接受双重领导，但以横向为主，任务完成后便各自回原单位。矩阵型物流组织形式如图 9.6 所示。

矩阵型物流组织形式具有以下特点：

①优点：物流部门作为一个负责中心，允许其基于目标进行管理，可以提高物流运作效率。这种形式比较灵活，适合于任何企业的各种需求；可以允许物流经理对物流进行一体化的规划和设计，提高物流的整合效应。

②缺点：由于采取双轨制管理，职权关系受纵横两个方向的控制，可能会导致某些冲突和不协调。

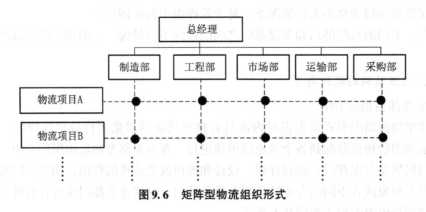

图 9.6 矩阵型物流组织形式

（3）物流子公司型物流组织

企业物流管理组织的设置，有在企业内部或在企业外部的差别，企业除了对内部物流功能进行整合外，还有另一种选择，即在外部设置物流管理组织（物流子公司）。物流子公司（或称物流管理公司）是企业物流管理组织的一种新形式，其特点是物流一部分从原企业中分离出来，作为一个独立公司，专门负责物流工作。物流子公司处于能够代替母体企业物流部门全部或部分组织的地位，把企业物流管理组织"另外公司化"。

企业物流管理采用物流子公司型，与企业内的物流组织相比，具有以下几方面的优点：

①物流费用明确化。物流单独公司化，物流费用的核算便简单而明了，同时，母体企业也容易以交易方式来控制物流成本。更进一步，企业的物流不但可以作为费用控制中心，而且还可以作为利润中心来进行管理。

②能减少阻碍物流改善的因素。作为独立的子公司，物流的合理化就容易通过市场交易的手段完成，回避了外界对物流的冲击。

③能提高企业物流人员的工作积极性，也有利于对物流人员的选拔和培养，还有利于推动物流设备的更新。

④能扩展物流活动的领域。物流子公司是从母体企业独立出来的法人，其工作对象与内部物流部门相比要更加广泛得多。例如，与其他企业的物流共同化、开拓多方物流业务等。

3．物流组织结构的创新发展类型

（1）流程型物流组织

在以流程为中心的企业里，企业的基本组成单位是不同的流程，不存在刚性的部门，每个流程都由专门流程主持人负责控制，由各类专业人员组成的团队负责实施，流程成为一种可以真实观察、控制和调整的过程。流程型物流组织模式围绕着企业的关键业务流程来组织员工、进行指标评估和系统评价，将属于同一企业流程内的物流工作合并为一个整体，使流程内的步骤按自然的顺序进行，工作间断而连续。

这种以流程为基础的物流组织结构，强调把物流活动作为增值链来管理，强调物流作为一个综合系统，强调物流效率，而且，物流组织以"流"定位，更容易实施所需要的物流重组。一般来说，流程型物流组织的创建可以从以下几个方面进行。

1）设置流程经理

所谓流程经理就是管理一个完整物流流程的最高负责人。对流程经理而言，不仅要有激励、协调的作用，而且应有实际的工作安排、人员调动、奖惩的权利。

2）新型职能部门的存在

虽然在同一个流程中，不同领域的人相互沟通与了解可以创造出新的机会，可同一领域的人之间的交流也是很重要的。而新型职能部门正好为同一职能不同流程的人员提供了交流的机会。当然，在新的组织结构中，职能部门的重要性已退位于流程之后，不再占有主导地位，它更多地转变为激励、协调、培训等。

3）注重人力资源的开发

基于流程的企业组织中，在信息技术的支持下，执行人员被授予更多的决策权，并且使多个工作汇总为一个，以提高效率。这对于人员的素质要求更高，因而人力资源的开发和应用更显得重要。

（2）学习型物流组织

在学习型组织中，组织内的每个成员都有责任鉴别和解决问题，使组织能持续不断地改善和增强能力。学习型组织的目标是解决问题，从而区别于以效率为目标的传统型组织。在学习型组织中，员工在基于知识的结构内部能持续地学习，并能鉴别和解决属于其活动领域内的问题。员工能理解客户的需求，并通常以组建团队的方式，联合各个领域的专家，形成自主式、智能型的团队，以迎合客户的需求。

在学习型组织中，结构不再是以往的直线型或是矩阵型，而是趋向于一种扁平化的网络组织结构，人员之间信息和命令的传达也不再是层层下达，而是通过网络，变得非常方便和直接，权力也更有可能分散，甚至形成员工共同决策的新的决策方式。

学习型组织的条件非常苛刻，组织内部必须全面实现信息化管理，组织内部人员素质必须较高，并能有独特的组织文化，还要有英明的处于核心层的领导，并能有紧急决策的能力。

（3）虚拟型物流组织

1）虚拟型组织

虚拟型组织是指两个以上的独立实体，为迅速向市场提供产品和服务而在一定的时间内结成的动态联盟。它不具有法人资格，也没有固定的组织层次和内部命令系统，而是一种开放的组织结构。因此可以在拥有充分信息的条件下，从众多的组织中通过竞争招标或自由选择等方式精选出合作伙伴，迅速形成各专业领域中的独特优势，实现外部资源的整合利用，从而以强大的结构成本优势和机动性完成单个企业难以承担的市场功能。

虚拟型组织是一个以机会为基础的各种核心能力的统一体，是通过整合各成员的资源、技术、市场机会而形成的。因此，合作是其生存的基础。由于虚拟型组织突破了以内部组织制度为基础的传统的管理方法，各成员又保持原有的风格，因此虚拟型组织成员的协调合作必须形成一种强烈的依赖关系，使信任成为分享成功的必要条件。

2）物流组织的虚拟化

随着我国市场经济与物流行业的不断发展，物流需求也随之变得更为复杂化、多样化。在这种形势下，传统意义上的战略联盟等物流组织形式随着合作成员的不断增加以及组织内成员关系的交织复杂化，组织边界的概念逐渐淡化，合作关系逐渐呈现虚拟化的特征趋势。

物流企业之间的合作或联盟通常是基于资源的互补性，而在多式联运等全程化一站式物流需求逐渐旺盛的驱使下，物流企业的合作关系需要进一步扩充，需要更多互补资源完成物流任务。合作成员的不断增加为企业的虚拟化提供了基础，但同时随着企业的个体数量增加，关系复杂性的变化是物流组织虚拟化的更关键因素之一。关系复杂性的增大表现在传统物流活动中组织间的链状关系结构向更为复杂的交互性网络结构演化。这使得组织间维持长期性合作关系的成本不断增加，同时物流需求的多样性也使得合作企业相对动态，因而促使物流组织间的合作关系脱离固定边界并逐渐虚拟化。

关于虚拟物流组织的理解，包含两个层面，即内组织层面和外组织层面，如图9.7所示。

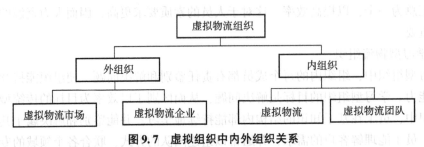

图9.7 虚拟组织中内外组织关系

(4) 面向供应链的物流组织

供应链管理是一种纵横一体化的集成化管理模式，强调核心企业与相关企业的协作关系。它通过信息共享、技术扩散、资源优化配置和有效的价值链激励机制等方法体现经营一体化。

随着供应链管理和物流一体化战略的兴起，企业开始将管理的注意力转向企业之间的关系。企业物流管理需要超越现有组织结构的界限，将供应商和用户纳入管理范围，作为物流管理的一项中心工作，有利于物流自身条件的建立和与供应商和客户之间的合作关系的发展，形成一种联合力量，以赢得竞争优势。

根据供应链管理的特点，实施战略联盟是一种很有前途的组织形式，也是企业面向供应链的物流组织发展的一个方向。在供应商与客户之间，同行业企业之间，相关行业企业之间，甚至不相关行业的企业之间，都可能在物流领域实现战略联盟。尤其是生产型企业与专业物流企业之间较为容易建立战略联盟，这通常被称为"第三方物流合作"。战略联盟的形式难以归类，无论是信息和技术共享、采购与营销协议还是业务外包、合资经营等，联盟各方的最终目标都是为了保障彼此之间的长期业务合作，建立战略性合作伙伴关系，达到共赢。物流联盟是建立在虚拟物流组织的基础之上，物流联盟与虚拟物流组织有着非常重要的联系，如图9.8所示。

9.3.4 物流组织结构设计

1. 影响物流组织设计的因素

企业物流组织的设计是企业一项经常性的工作，在企业物流重组、改造和供应链变化过程中要不断进行调整，以适应市场变化的需要。做好企业物流组织的设计工作应考虑企业类型、企业战略、企业规模、企业技术和企业环境等相关因素。

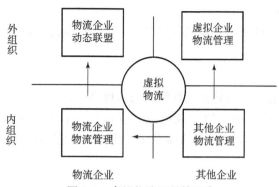

图 9.8　虚拟物流组织的层次

（1）企业所属类型因素

不同类型的企业，物流管理的侧重点不同，物流管理组织的结构设计也相应地各有特点。

（2）企业的战略因素

企业的组织是帮助企业管理者实现管理目标的手段。因为物流管理的目标源于组织的总战略，因此组织的设计应该与企业的战略紧密配合，组织的结构应服从于企业战略。

（3）企业的规模因素

企业规模的大小对企业的组织结构有明显的影响作用。大型企业的组织应倾向于比小型企业的组织具有更高程度的专业化和横向、纵向的分化，规章条例也更多。小型企业的组织结构就显得简单，通常只需两三个纵向层次，形成"扁平"的模式，员工管理相对灵活。

（4）企业的技术因素

进行组织设计时不可忽视技术对组织结构提出的要求。单件生产和连续生产，采用有机式结构最为有效；而大量生产企业若与机械式结构相匹配，则是最为有效的。越是常规的技术，结构就越应标准化，即采用机械式的组织结构；越是非常规的技术，结构就越应该是有机式的。

（5）企业的环境因素

企业环境是组织结构设计的一个主要影响因素。较稳定的企业环境，采用机械式组织更为有效；组织面对动态和不确定的环境时，采用有机式组织更佳。现在由于企业面临的竞争压力增大，企业环境也多是动态的、不确定的，故企业物流组织应该能够对环境的变化做出快速反应，组织设计要充分体现出组织的"柔性"。

总之，企业物流管理组织设计一定要从企业的实际出发，综合考虑企业的规模、产权制度、生产经营特点、企业组织形态及实际管理水平等多种因素，以建立最适宜的组织。物流管理组织的调整，要适应企业经营方式的变革和企业内部管理向集约化转换的需要。

2. 物流组织设计的原则

要保证一个物流管理组织正常有效地运行，物流组织设计必须科学合理。企业物流组织设计必须遵循一般原则，例如系统效益原则、优化原则、标准化原则和服务原则等。除此之外，物流组织设计还应遵循的原则如下。

(1) 目的明确原则

企业物流组织结构设计要为企业的发展服务，各机构的设立应以有效完成企业的战略目标和经营活动为目的。

(2) 统一指挥原则

统一指挥原则实质在于建立物流管理组织的合理纵向分工，设计合理的垂直机构。为了使物流部门内部协调一致，更好地完成物流管理任务，必须遵循统一指挥的原则，实现"头脑与手脚的一体化"、责任与权限的体系化，使物流管理组织成为有指挥权和命令权的组织。

(3) 适度分权原则

企业在进行组织结构设计时，必须考虑权力的分配模式，要适度分权，将集权和分权控制在合理的基准之上，既不影响组织成员的工作效率，又不影响管理层和基层员工的工作积极性，使企业组织结构具有高度的开放性和协作性。

(4) 控制幅度原则

一个上级直接领导与指挥的下属人数应该有一定的限度，并且应该是有效的。法国管理学家格拉丘纳斯的研究表明：当上级的控制幅度超过 6~7 人时，其与下级之向的关系就会越来越复杂，以至于无法驾驭下级。

(5) 职责与职权对等原则

职责与职权的相适应称为权限，即权力限定在责任范围内，权力的授予要受职务和职责的限制。不能有职无权，也不能无职授权。这两种情况都不能调动积极性，只会影响工作责任心，降低工作效率。要贯彻权责对等的原则，就应在分配任务的同时，授予相应的职权，以便有效率、有效益地实现目标。

3. 物流组织设计的内容

对任何企业来说，如何设计一个符合企业目前和未来发展需要的物流组织，需要考虑很多内容，其中物流组织职能分析和职权设计是两个重要的方面。

(1) 物流组织的职能分析

企业物流活动作为各个职能部门的辅助手段分散在各类其他活动之中，其分散程度比其他活动都要高。因此，如果希望企业运用一个简单的组织部门来实现全部的物流活动管理和运作职能往往是不可行的。所以，进行物流组织设计的一个重要任务就是进行物流职能的分析和整理，从而能更好地确定物流组织在整个企业组织中的层次、所需要的部门以及职权设计。

对物流组织职能进行分析需要进行以下工作：

①列出组织的职能清单。这是要先将企业的全部物流作业归并为由若干不同的管理岗位承担的工作项目，再将若干工作项目归并为若干基本职能。一般来说，物流组织职能可以分为采购、运输、生产计划的安排、库存管理、仓储管理、订单处理等。

②关键职能的确定。物流的各项职能是完成企业各项工作所必需的。但是不同的物流职能对于不同的企业来说其重要性是不同的，因此可以将这些物流职能分为关键职能和非关键职能。确定关键职能的目的就是要以关键职能为中心，分配给它更多的人力、物力和财力，以确保关键职能的有效完成。

③职能分解。职能分解就是将所确定的各项职能分解为具体的物流业务活动，从而确定各项业务活动的具体内容和任务，可以为确定各个岗位的职权、确定不同岗位所需配备人员的数量、各个部门之间的关系等提供一定的依据。

④落实各种职能的职责。尽管在开列职能清单的过程中对各种职能的具体职责会有一个深入的考虑，但是，作为规范的职能设计，还必须对不同职能的应尽职责做出详细的规定，进而全部落实。

(2) 物流组织的职权设计

企业的职权一般可以分为决策权、指挥权、监督权和咨询权。在不同的组织结构中其职权是不同的。比如在直线型组织结构形式下，物流组织部门对物流活动具有指挥权和决策权；但是在矩阵型组织形式下，物流部门对物流活动有决策权，而对具体的项目却没有指挥权。因此，在企业组织结构设计时还必须确定物流部门所应该拥有的职权。企业不只是一个部门对物流责任和权限进行体系化的组织，其中的物流部门显然是整个组织的中坚，对分散的物流业务系统拥有指挥权、命令权。

4. 物流组织设计的过程

企业物流组织结构的设计过程如图9.9所示。

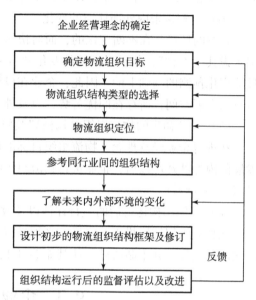

图9.9 企业物流组织结构的设计过程

（资料来源：孔继利. 企业物流管理 [M]. 北京：北京大学出版社，2012）

(1) 企业经营理念的确定

企业在构造自身物流组织结构时，首先必须明确企业的经营理念和目标。所谓经营理念就是管理者追求企业绩效的根据，是顾客、竞争者以及员工的价值观。不同的经营理念在设计组织结构时会存在很大的差异。如果是以追求顾客服务为经营理念，那么企业必定会重视产品送达的准时程度、售后服务以及其他一些物流指标，因此相应的组织结构会比较正式集中以及注意物流活动实行的"柔性"；而如果以员工价值观为经营理念，则在组织设计中将会重视人力资源的发挥。

(2) 确定物流组织目标

在确定了企业的经营理念以后，就要考虑物流组织的目标。而物流组织的目标始终是围绕企业的经营理念而定的，并且物流组织目标的确定是为了实现企业的经营目标并更好地完成物流组织目标。在此过程中还必须考虑物流组织的职能分析和职权设计。

(3) 物流组织结构类型的选择

物流组织结构的选择主要考虑企业物流组织结构应该选择正式的组织（Formal Organization）、非正式的组织（Informal Organization），还是准正式的组织（Semiformal Organization）结构。在这三种形式中，并没有哪一种形式特别优秀，而是完全根据企业内部人员的个人喜好、企业组织的传统以及物流活动在企业中的重要性来确定。

(4) 物流组织的定位

物流组织的定位主要考虑企业物流组织是集中式的还是分散式的，是参谋型还是直线型的。

（5）参考同行业间的组织结构

在企业完成了对企业内部的认识之后，可以考察一下同行业中其他企业对于物流组织的规划与设计，从而为企业的组织设计奠定一定的基础。不仅如此，还可以对不同行业相同企业经营理念的组织进行考察，以丰富企业组织设计的基础。

（6）了解未来内外部环境的变化

企业的环境是在不断变化的，面对快速变化的环境压力，企业在进行组织结构设计时必须考虑其"柔性"，能够对环境的变化做出适当的调整。当然，这个"柔性"也是建立在对环境变化预测的基础上的。因此，企业在设计物流组织结构时，必须了解在未来几年中企业本身的发展空间，所存在的优劣势，以及外部大环境的变化趋势。

（7）设计初步的物流组织结构框架及修订

在进行企业经营理念、物流组织目标的确定，以及了解其他企业的组织结构和未来企业发展的内外部环境以后，企业进行物流组织结构框架的初步确定，并根据其他一些细小因素进行合理的修订。

（8）组织结构运行后的监督评估以及改进

在物流组织结构投入运行后，必须进行及时的监督和评估，考察其实际的运作状况与预测之间的差异，并不断改进，使其能够真正适应企业发展的需要。

9.4 企业物流网络设计

9.4.1 物流网络的内涵

在我国的国家标准《物流术语》中，物流网络被定义为"物流过程中相互联系的组织与设施的集合"。实际上是定义了一个包含运输路径和物流节点所组成的实体物流网络，也就是说，在实体层面上，物流网络是通过特定的物流节点和存在于这些物流节点之间相互连接的运输路径所共同组成的网络状物流系统。从渠道角度，物流网络是由供应商、制造商、批发商、零售商及终端客户等流通主体构成的错综复杂的渠道所组成的抽象网络。

除了实体层面，从信息层面出发，物流网络可以理解为物流信息通过计算机和信息技术的传播与优化而形成的信息共享的网络；从经济学层面出发，物流网络是适应经济社会对物流服务高效化要求而发展起来的综合服务体系，其经济核心体现于对物流、信息流的整合与共享并以网络化的思想解决资源的整合问题。

所有物流活动都是在运输线路和物流节点上进行的，物流系统的空间结构直接关系到物流系统的运行效率。本书着重从实体层面来介绍物流网络设计的相关内容。

9.4.2 物流网络设计的对象和要素

物流网络各要素之间存在着紧密的关系，物流网络各要素之间协调与否关系到物流网络的整体运作效率。物流网络设计中需要考虑的主要研究对象和网络结构要素包括物流节点、物流线路、物流域面和物流流量。

1. 物流节点

物流节点（Logistics Node），又称物流据点或物流结点，是物流网络存在的基础和物流货源、需求产生的源头，也是物流网络中物流服务和行为的发生地。其存在于物流网络中每条物流路线的两端，或是两条或多条物流线路的交汇点。在一个特定的物流网络中，物流节点起到连接线路的中心节点作用，因此又被称为物流中心或枢纽节点。关于物流节点的相关问题，将在本章下一部分9.4.3中做进一步阐述。

2. 物流线路

物流线路（Logistics Line），也被称为物流路径、物流轴线或是物流通道，是依托于物流节点存在的基本空间条件。在物流网络结构中，被纳入物流网络的物流节点至少需要与一条物流线路相连接，从而形成在一定区域范围内吸引、聚集、扩散的物流流动轨迹。物流线路通过物流节点相互连接构成了网络中实物流和信息流传播交互的载体。

将物流线路与实体相结合，就可以得到抽象线路的现实对象。在实体物流网络中，广义的物流路线一般指所有连通的陆上、水上和空中线路，而狭义上则一般表示已经开辟通行的拥有物流能力的线路。此类实体线路包含公路、铁路、水路、海运、航空和管道线路等。

物流线路的设计规划目标主要集中于两个方面：一是在满足基本物流需求的情况下，保证物资的"可达性"；二是实现网络的最大"经济性"，这一经济性可能体现在费用成本上，也可能体现在物流时间上，但始终与所处的环境需求保持一致。

3. 物流域面

物流域面（Logistics Zone）是指物流节点和物流线路所依托和覆盖的地区、地域，即受到物流节点吸引或辐射影响而形成的腹地。物流域面的特征与性质可能直接影响物流网络设计过程中的各个要素，同时也是物流网络所依托的空间基础。

在进行一项物流网络规划项目和网络设计之前，必须清楚了解该网络所处的环境与辐射范围。具体而言，一个物流网络中各个要素间的实质联系、结构特征、层级关系、物流属性与物流行为规则等都受其所处的物流域面影响。因此，必须认清所需设计的物流网络对象处于何种物流域面环境之中，根据该物流域面的特点并结合实际进行设计。否则，所设计的网络成果将很难成功应用于实际。

在一个物流网络之中，物流域面会随着网络中各个物流节点的吸引或辐射范围不同而产生不同的等级。同时，在每一个物流网络中，物流域面间存在明显的层级关系，即物流域面之间存在包含与被包含的关系。例如，在"一带一路"国际物流网络中，亚洲、欧洲节点域面可以覆盖几乎所有贸易区域，处于贯穿整条国际贸易线路的物流域面中。而在亚洲这一节点域面中，又包含有东亚、中亚、西亚、南亚、东南亚等同一等级的节点域面。而在东亚节点域面内显然还包含了中国这一物流节点，该节点既是国际物流域面内的一个物流节点，同样也包含了国内物流域面。因此，继续细化这一物流域面，则可能划分为华东、华南、华中、华北、西北、西南、东北及港澳台等物流域面。

4. 物流流量

物流流量（Logistics Flow）的直观表达即为供应或需求物流服务的数量。在实体物流网络中，对物流量的预测与分析往往通过将货运量作为物流量进行分析和类比来实现。物流流量与物流节点、物流线路紧密联系，其产生于物流节点且流向目标物流节点，同时必须以物流线路为路径依托完成流量变迁的全过程。

物流流量可能在某些特定情形下完成分流、汇合，并产生一定的经济效益，且此类流量属性的变化均必须以物流节点的功能属性和所经物流线路的等级特征为背景，发生在线路与线路的交汇节点处。也正因如此，在现实生产生活中，物流流量通常具有显著的整体趋向性。

9.4.3 物流节点

全部物流活动是在线路和节点进行的。其中，在线路上进行的活动主要是运输，包括集货运输、干线运输、配送运输等。物流功能要素中的其他所有功能要素，如包装、装卸、保管、分货、配货、流通加工等，都是在节点上完成的。所以，从这个意义来讲，物流节点是物流系统中非常重要的部分。实际上，物流线路上的活动也是靠物流节点组织和联系的，如果离开了物流节点，物流线路上的运动必然陷入瘫痪。

现代物流网络中的物流节点对优化整个物流网络起着重要作用，从发展来看，它不仅执行一般的物流职能，而且越来越多地执行指挥调度、信息等神经中枢的职能，是整个物流网络的灵魂所在，因而更加受到人们的重视。

1. 物流节点的概念

物流节点是指物流网络中连接物流线路的结节处。物流节点是以一定的设施形态存在的，在物流系统中发挥着不同的作用。线路与节点相互交织连接构成了物流网络。

运输线上的物流节点，我国称为货站、车站、编组站。另一种物流节点是进行储备的物流设施，包括仓库或仓库团地等；从广义上讲，配送中心、物流中心等也可归纳在节点中。

物流过程按其运动状态来看，有相对运动的状态和相对停顿的状态。货物在节点时处于相对停顿的状态，在线路上处于相对运动的状态。其中，包装、装卸、储存、配货、流通加工等活动都是在节点上完成的。节点和线路结合在一起，构成了物流的网络结构，节点和线路的相互关系和配置形成物流系统的比例关系，这种比例关系就是物流系统的结构。

2. 物流节点的类型

(1) 转运型节点

转运型节点是指处于运输线路上，以连接不同线路和不同运输方式为主要功能的节点。铁道运输线路上的车站、货站、编组站，水运线路上的港口、码头，空运线路上的空港，以及连接不同方式的转运站和中转仓库等节点都处于运输线路上，并且主要通过中转将不同的线路和不同的运输方式连接起来，货物在这类节点上停顿的时间一般都比较短。

(2) 储存型节点

储存型节点是指以保管存放货物为主要功能的节点。包括储备仓库、营业仓库等。由于储备的需要、生产和消费的季节性等原因，一些货物通常需要较长时间的储存，因此，储存型节点主要是带有储备性质的仓库。由于货物储存量较大，周转速度较慢，因此，对仓库的货物保管、养护的要求比较高。

(3) 集散型节点

集散型节点是指以集中货物或分散货物为主要功能的节点，包括集货中心和分货中心。集货中心是将一定范围内来源分散、批量小但总量较大的货物集中起来，以便进行大批量处理或发货。分货中心是对集中到达的数量巨大的货物进行拆分处理，形成新的货体和新的包装形态，以适应大量、集中生产和小批量、分散的要求。

(4) 配送型节点

配送型节点是指连接干线物流与末端物流，以货物配备和组织送货为主要功能的节点。配送中心是配送型节点的典型代表。配送中心是现代物流业发展中出现的新型物流设施，具有集货、分货、分拣、倒装、加工、配货，为客户调节库存，送货服务及收集和传递信息的功能。在现代物流中，配送活动已不再是单纯的物流活动，而是与销售或供应等营销活动结合在一起，成为营销活动的重要内容。

(5) 综合型节点

综合型节点是指在一个节点中将若干功能有机结合在一起，有完善的设备，有效地衔接和协调各个工艺流程的集约型设施。流通中心、物流中心等都属于这一类节点。这种有多功能的节点是为适应物流大量化、复杂化、细致准确的要求而出现的。在一个节点实现多功能的连接和转化，不仅简化了物流系统，而且还大幅度提高了物流效率，是现代物流系统中节点发展的方向之一。

3. 物流节点的功能

(1) 连接功能

物流节点将物流线路连接起来，使各个线路通过节点成为相互贯通的网络系统。节点的配置决定着物流系统的基本框架。物流活动往往需要若干环节，在不同的线路间进行转换，才能够达到终点。在这个过程中，不同线路之间的输送形态、输送装备、输送数量都各不相同。如果没有节点，不同线路之间的连接就非常困难，甚至中断。只有通过节点才能够使不同线路连接起来，成为连续不断畅通无阻的网络。具体而言，物流节点的连接功能包括：通过转换运输方式连接不同运输手段；通过加工、分拣、配货等连接干线物流和末端物流；通过储存保管连接不同时间的供应物流与需求物流；通过集装箱、托盘等集装箱处理使运输一体化。

(2) 信息功能

物流系统中的每一个节点同时又是一个信息点。由于节点是连接线路的枢纽，各方面的信息都在节点流进流出。因此节点成为信息收集、处理、传递的集中地。若干个节点的信息流与物流系统的信息中心连接起来，形成了指挥、管理、调度物流系统的信息网络。如果说设备、设施、线路是物流系统的硬件，那么信息网络就是物流系统的软件。如果软件出现问题，则硬件将无法正常运行。因此，节点的信息功能是物流系统运行必不可少的前提条件。

(3) 管理功能

物流系统的管理机构一般都集中于节点之中，大大小小的节点都是一定范围的指挥、管理、调度中心。物流系统运行的有序化和效率性在很大程度上取决于物流节点管理功能的水平。

(4) 配套功能

物流节点的配套功能具体体现为以下三点：

①车辆停靠及辅助服务：可提供车辆停靠的场地和车辆检修、加油、配件供应等服务。
②金融生活配套服务：可提供餐饮、住宿、购物、提款、保险等服务功能。
③工商、税务、海关的服务。

(5) 延伸功能

除了具备上述基本功能外，现代物流节点还附加以下功能：

①货物调剂中心（库存处理中心）：物流节点一般能够有效处理库存物资与开展新产品展示会。
②系统技术设计：吸引高科技进入节点，从事物流软件的开发设计和物流设备的开发设计。
③咨询培训服务：利用丰富管理经验，为企业或客户提供咨询，提供高附加值服务。

4. 影响物流节点选址的因素

物流节点作为物流诸要素活动的主要场所，为保证物流作业的顺畅进行，必须具有良好的交通运输条件、用地条件以及符合环境保护的要求。

(1) 交通运输条件

1) 物流节点所在区域的货物运输量

该运输量可以从一个侧面表明运输物流市场的供给情况，反映运输业的发展水平。一般包括铁路、公路货运量和港口吞吐量。此指标可用地区货物运输总量加以衡量。

2) 交通通达度

用路网密度能很好地表明物流节点所服务地区的交通通达质量，该因素可以用铁路网及公路网密度加以衡量。

3) 物流节点货物平均运距

物流节点货物平均运距表明一般情况下物流节点可能的覆盖范围。可采用地区货物周转量与地区总货运量之比进行衡量。

4) 交通运输设施的发展水平

交通运输设施发展水平较高的地区，较有利于未来物流节点的集中疏运。可用交通运输设施建设投资的增长率加以衡量。

(2) 用地条件

1) 土地价格

物流节点的建设需要占用大面积的土地，所以土地价格的高低将直接影响物流节点的规模大小。有的区域鼓励物流企业的发展，对在当地建设物流节点予以鼓励支持，土地的获得就相对容易，地价及地价以外的其他土地交易费用也可能比较低。该指标用单位土地的开发成本进行衡量。

2) 大面积土地的可得性

大面积土地的可得性用预留用地规模指标进行衡量。

(3) 环境保护要求

物流节点的设置需要考虑保护自然环境与人文环境等因素，尽可能降低对城市生活的干扰，对于大型的物流节点应尽量设置在远离市区的地方。物流节点对环境的影响程度衡量的取值，可考虑当物流节点建在城市边缘取值为3，建在市区取值为1，建在市中心和城市边缘之间的取值为2。

对物流节点类型的确定，可以明确政府的职能。在硬件建设方面，政府应该按照物流园区、物流中心的不同特性要求，有计划地进行基础设施的投资与建设。在软件方面，政府应该更加明确地加大建设物流园区的补贴力度，且为入驻物流园区的企业提供各种优惠政策。

9.4.4 物流网络结构模型

不同的企业需要不同的物流网络结构。将货物从供应地运送到需求地有两种基本的物流网络形式，一种是直送形式，另一种是经过物流节点的形式。物流网络的具体构成要考虑多方面的因素，既要考虑供应商，又要考虑客户，还要考虑渠道。当然，以成本最低为原则。下面，介绍四种常见的物流网络结构，即一对多的网络模型、多对一的网络模型、多对多的网络模型和多级物流网络结构模型。

1. 一对多的网络模型

如图9.10所示，一对多网络模型是以单个配送中心面向客户为主要表现形式。该模型的特点是货物从一个节点流向多个节点。

2. 多对一的网络模型

如图9.11所示，多对一网络模型在生产企业的供应商群最为常见。多个供应商同时对一个工厂供应原材料或零配件。像通用电气的零配件就是在全球范围开展的采购。再如，在日本，很多小企业生产规模不大，只能给唯一的客户供货。因此对于一些大企业来说，它们会是一个供应商群。

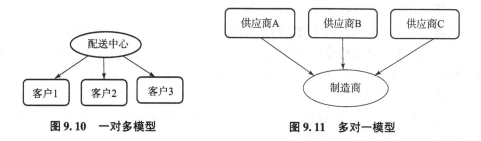

图9.10 一对多模型　　　图9.11 多对一模型

3. 多对多的网络模型

事实上，多对多网络模型在现实中显得更为常见。一个供应商给多个客户提供原材料或产品，而一个企业需要来自不同供应商的原材料或产品。如图9.12所示。

4. 多级网络模型

例如最上层为生产商，中间为配送中心，底层为零售商。这就构成了多级网络模型，如图9.13所示。在生产到销售过程中，利用这种结构可以减少库存，同时当市场的需求与供给发生变化时，各级节点不会受到库存太大的拖累，可以达到缓冲的效果。

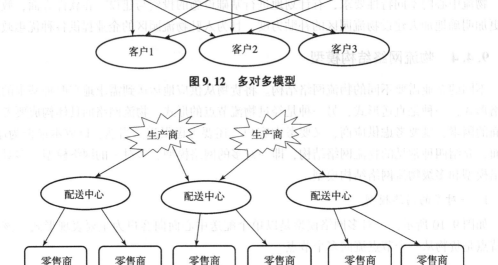

图 9.12 多对多模型

图 9.13 多级网络模型

（资料来源：Ronald H Ballou. 企业物流管理－供应链的规划、组织和控制［M］. 北京：机械工业出版社，2006）

9.4.5 物流网络设计

物流网络设计要建立在物流设施选址的基础之上。物流设施选址是任何组织整体战略规划中的关键部分，是企业物流网络规划的重要内容。随着全球经济一体化以及科学技术的飞速发展，企业竞争的全球化趋势愈演愈烈，对于企业来说，跨地区、跨国家进行生产协作、全球范围内寻找市场已经是必须做的事情，而企业物流网络设计得是否合理，对生产力布局、城镇建设、企业投资、建设速度及建成后的生产经营状况都具有重大意义。因此，企业必须遵循一定的步骤，并充分地调查研究与勘察，具体分析企业的自身情况、产品特点、资源需求状况和市场条件，慎重进行物流网络设计规划。

1. 驱动物流网络设计因素

（1）市场需求改变与消费者的影响

在过去，消费者被认为对供应链的影响只是略有间接。现在，消费者对供应链的影响将显得更加直接。互联网为消费者获取信息提供了更加便利的条件，如今的消费者更加理性和自主。以网络为代表的媒体的发展，促使消费者可以比较商品的价格、质量和服务。因此，更优惠的价格、优良的产品品质、定制生产以及快速响应成为消费者的期望，也成为企业不断追求的目标。

在供应链的末端，以沃尔玛等为代表的大型零售商不断成为强势的一方，消费者对这类零售商所施加的压力顺着供应链逆向流向供应商或生产商。这就要求供应商或生产商必须不断调整生产节奏和配送方式，要么在供应地建立安全仓库，要么本地生产，抑或是建立多级物流节点，以适应客户的位置及需求。

(2) 企业自身的变革

为了适应企业发展以及社会的需要，一些制造型企业可能会将自己的运输部门剥离出去，这些作为子公司的物流企业在为母企业提供服务的同时，还有机会接受来自其他企业的业务。在这过程中，有的会扩充原来的物流网络，而另一些可能会减少或合并物流设施，转而兴建更大的物流中心。

一些企业通过流程改造，彻底变更了原来的生产节奏。20世纪60—70年代以来，信息技术革命使企业的经营环境和运作方式发生了很大的变化。流程改造理论的创始人，原美国麻省理工学院教授迈克·哈默（M. Hammer）与詹姆斯·钱皮（J. Champy）认为"为了飞越性地改善成本、质量、服务、速度等重大的现代企业的运营基准，对工作流程进行根本性重新思考并彻底改革就是流程再造"，也就是说，"从头改变，重新设计"是流程再造的精髓。为了能够适应新的世界竞争环境，企业必须摒弃已成惯例的运营模式和工作方法，以工作流程为中心，重新设计企业的经营、管理及运营方式。

流程再造对于物流企业而言就要进行对应的物流网络设计。"海尔"作为流程再造的一个典范，经过再造，交货时间降低了32%，到货及时率从95%提高到98%，出口创汇增103%，利税增长25.9%，应付账款周转天数降低54.79%，直接效益为3.45亿元。"海尔"建立在青岛的物流中心指挥着企业所有的物流活动。

(3) 宏观经济

税收和汇率的改变使一些利润率较低的企业陷入了困境。随着近年来人民币汇率的上升和居民消费的上涨，一些在中国设厂的外资企业不得不将企业外迁到劳动力成本更低的泰国或马来西亚等国家。但是，企业的迁移并不能改变原来的渠道。这些企业同时也要考虑升级原有的物流网络。

近年来，原材料价格的上升使得一些企业不堪重负。对这些企业来说，当务之急是找出减少关键进程的成本，当中也包括与物流有关的业务。而在运输行业，油价的上涨使得运输费用水涨船高。运输费用的上升带动单位商品成本的上升。运输方式和运输规模随着成本的上升也发生着变化，比如一些货轮会考虑满载减速行驶，这又会造成响应速度的下降。

(4) 竞争环境的改变

大部分制造型企业选址都会考虑靠近物流公司或者车站码头。新建的物流园区或者新入驻的像联邦快递（UPS）、中外运敦豪（DHL）这类企业周边地区肯定会是另一些企业的物流网络设计中首先要考虑的因素。这对于一些对时间较为敏感的商品，能大大提高服务水平。

2. 物流网络设计一般过程

物流网络是物流过程中相互联系的组织与设施的集合。物流网络由各种不同类型的物流节点和它们之间的通路构成，包括供应商、仓库、配送中心、零售商、运输线路以及在各节点之间流动的原材料、在制品库存和产成品。设计物流网络需要考虑很多因素。在开始的时候，设计恰当物流网络的工作与关键的企业战略和总体业务战略的识别与推行保持紧密的一致性非常重要。因为企业物流网络的设计和再设计可能很复杂，对它的讨论是包含在大的企业再造过程中的。

物流网络设计是战略决策的一个重要方面。随着人口变化、市场发展趋势的变化和其他环境因素的变化，物流网络还可能需要不断进行调整，以保证能够应对环境的变化。物流网络设计的全过程如图 9.14 所示。

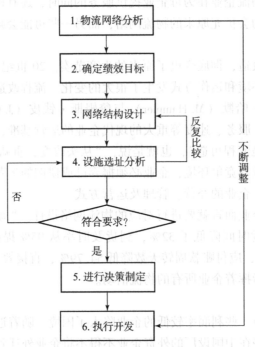

图 9.14　物流网络规划设计的全过程

（资料来源：Ronald H Ballou. 企业物流管理 – 供应链的规划、组织和控制［M］. 北京：机械工业出版社，2006）

（1）物流网络分析

首先要确定公司的发展战略、企业的业务发展需求。为了解决这一问题，必须先组织一个对企业的发展有一定了解并熟悉这一网络设计工作的团队。由团队负责工作的计划与指导。

物流网络规划设计是一个规模相当大的工程。其中包括数据收集与处理、决策模型建立、分析工具组合、敏感度测试等工作，撇开行业差异因素，在一个物流网络中通常需要确定以下问题：

①一定战略下各节点的数目。
②每个节点的地理位置。
③每个节点的库存单元水平。
④每个节点应为哪些下游客户服务。
⑤对每一客户运送一次货物的间隔。
⑥服务质量应为何种水平。
⑦采用何种运输方式。
⑧客户采用何种订货渠道。

（2）确定绩效目标

客户服务水平的因素包括竞争态势、商品类型、客户期望、长期战略等。物流网络的构建成本往往与客户服务水平呈正相关关系，其主要体现在供货频度的增加、物流节点的增多、运送时间的缩短等方面。客户服务水平是一个重要的约束条件，因此在网络构建过程中，必须依据客户服务目标的不同呈现差异，从而在适应不同客户要求的前提下使整体的构建成本降低。

（3）网络结构设计

物流网络的构造涉及零售商、制造厂、仓库的布局和网络中原材料等在制品和产成品之间的流动。它们是供应链网络中的设施规划，既要考虑供应商，又要考虑顾客，还要考虑产品分销。总的原则应该是设施选址使整个供应链的成本最低。对于供应商、制造厂、仓库、销售的物流网络的构造涉及合理的数量、地理位置、规模、能力等。同时，要确定合理的模型去描述以及优化这个结构。网络结构设计还应该与下一步设施选址分析结合起来，因为不可能一次就将结构设计好。具体的设施位置还会由于其他因素的制约而发生着改变。

（4）设施选址分析

古典主义的经济学家往往忽视物流设施的地点位置和整个网络设计的重要性，当经济学家最初在讨论供给与需求的关系时，假定物流设施的地点位置和运输成本的差异是不存在的，或者在竞争对手之间是相等的。

然而，被直接用于进行物流作业的设施的数量、规模，以及地理关系等，实际却影响着向顾客提供服务的能力和成本。既然一个厂商的设施结构是被用来向顾客提供产品和材料的，那么，网络设计便是物流管理部门的一个最基本的责任。典型的物流设施是制造工厂、仓库、码头之间的作业条件以及零售商店。确定每一种设施需要多少数量、其地理位置，以及各自承担的工作等，是网络设计的一个十分重要的组成部分。考虑到一些企业的实际情况，它们将会把物流网络设计工作外包。不管是谁承担实际的工作，都必须把所有的设施看作是厂商的物流网络的一个整体组成部分来进行管理。

（5）决策的制定

设施布局一旦确定，就可以开始具体决策的制定，比如说配送中心的建立，仓库的租赁等。在实施的过程中，可能会遇到一些特殊情况，比如土地已经被征用等，这时就需要设计多套方案，权衡之后再做决定。

（6）执行开发

最后一步是确定总体方向以及工作流程，着手实施各项方案。在这过程中，对项目开发的掌握就显得非常重要。同时，还要提供足够的资源保障，以保证工作得以顺利展开、及时完成。

9.4.6 物流网络设计的分析工具

物流网络设计规划中使用的分析工具大致分为五类：图表技术、模拟模型、最优模型、启发式模型和专家系统模型。

1. 图表技术

图表技术泛指大量的直观方法。这种方法不需要复杂的数学分析，却能够反映各种现实的约束条件，其分析结果质量并不低。支持这种分析的方法有很多，如统计图表、加权评分法、电子表格等。借助这些方法，加上分析人员的经验、洞察力以及对网络设计的良好理解，往往能得到满意的设计方案。这类方法属于综合分析法，它能够考虑主观因素、例外情况、成本和限制条件等许多最复杂的数学模型所不能包括的因素,这使得其分析内容更丰富,并且能得出直接用于实施的设计方案。

2. 模拟模型

模拟技术在物流规划中已经十分重要,并且得到广泛应用。物流网络的模拟将成本、运输方式与运输批量、库存容量与周转等要素以合理的数量关系加以描述,并通过编制计算机程序进行物流网络的模拟运行。通过对模拟结果的评估分析,选出最优的网络设计方案。该方法可被用来处理物流管理中的各种规划问题。如仓库选址、进行网络优化和选择运输策略等。

在选址分析中使用模拟技术,决策者可以测试多套方案对成本和服务水平的影响。模拟不会给出最佳解决方案,它只是简单地评价进入其中的备选方案。有些时候,可以通过模拟模型考察其他模型所制定出的方案。

3. 最优模型

最优模型通过精确的运筹学方法设计出数学模型并求出决策问题的最优解。在给定的假设前提和足够的数据后,最优模型能够保证求出最优解。许多复杂的模型现在借助计算机程序已经可以方便地求解。但其主要不足在于,一个数学模型往往无法包含现实问题所有的约束条件与影响因素,使用者必须在运算能力限制与假设条件个数之间做出权衡。

如今使用的最优模型加入了数学规划(线性、整数、动态和混合整数线性等)、列举、排序技术和微积分的应用。

4. 启发式模型

启发式模型在建模上介于模拟模型与优化模型之间,它能对现实问题进行较为全面的描述,但并不能保证得到最优解。启发式模型追求的是满意解,而不是最优解。在解决物流管理中一些最为困难的决策问题时,该方法具有很好的可操作性。

启发式模型在物流网络规划中常使用以下基本原则:仓库的最佳选址往往在需求最密集的中心点附近;购买量大的顾客(其购买量超过正常的运输批量),应当从产品的供应源头(如工厂)直接向其供货,而不必通过中转仓库二次运输;对需求量及需求提前期波动很小的产品,应当实行准时化(JIT)管理,尽量减少库存。在当前配送体系中增加新的设施(如仓库)的前提条件是,新增加的设施能最大化地节约物流总成本。从配送角度看,那些订货量小而且位于产品配送网络末梢的顾客其代价最高。所谓的经济运输批量,是将配送网络中从运输起点到最偏远的顾客之间的运输线路上的小批量需求累加起来而实现的满载运量。

5. 专家系统模型

专家系统,亦称人工智能系统,是将人们以往在解决问题中积累的经验、方法与专长转化为计算机程序,把专家的知识与解决问题的逻辑思维以程序的方式"传授"给计算机,借助其强大的计算能力来解决实际问题。

与传统的规划系统相比,专家系统有以下几个明显的优点:

①专家系统既能处理定性的信息,也能处理定量的信息,使得某些关键性的主因素(如管理人员的主观判断)更容易地成为决策过程中的组成部分。

②专家系统能够处理不确定的信息，而且利用部分信息也能够对问题求解，这样就能够解决一些更复杂的、未能很好地组织起来的问题。

③专家系统解决问题时使用的信息最少，因此解决问题的速度更快，成本更低。

④专家系统展示的是专家解决问题的逻辑方法，使得物流管理人员能够很快地提高决策能力。

⑤专家系统提供的知识可转移、可复制，且具有文档化特征。

开发专家系统的最大阻碍在于如何识别、获取专家的智慧与知识并将之转化成计算机程序。近来，专家系统模型在解决物流管理一些困难的决策问题中也发挥着越来越重要的作用。

9.4.7 物流网络设计与规划的建模方法

物流网络设计与规划的方法大体分为两类：一类是使用通用的模型和软件；另一类是针对具体问题开发设计专门的模型。第二类方法是更具针对性的，但是需要大量的时间和人力来进行模型的开发。通用模型更易于理解和运用，但是有可能不能完全适应实际问题的需要，需要灵活运用，只能作为决策的参考。

许多定性和定量的因素会影响企业的决策，因此在进行物流节点的综合分析比较时，可根据条件采用定性、定量或定性定量相结合的方法。下面，按照单一网点和多网点两个方面来介绍一些常用的物流网络设计方法和建模。

1. 单一网点布局与建模

单一网点布局，指在制定区域内要设置数目唯一的物流节点布局问题。实际上，单一网点布局问题并不多，大部分都是多网点布局问题。但是，单一网点布局是基础，对于一些多网点布局问题，为了简化模型、减少计算工作量，有时可以转换成单一网点布局问题来处理。

（1）图解法

图解法是早期的一种古典方法，它是韦伯（Weber）提出来的，所以也叫韦伯图解法。该方法利用二维坐标图进行直接分析，先在图上以资源点和需求点为中心画出等成本线，然后由等成本线画出总等成本线。总成本等位线必收敛于总成本最小的点，则此点为网点最佳设置点。如图9.15所示。

由于一元网点布局问题在计划区域内只设置一个网点，则网点规模可根据需求预测确定。因此，网点规模是已知的，与网点规模有关的网点设置成本和仓储费用也是固定不变的，而且与网点位置无关。绘制成本曲线时可不考虑此两项费用，只考虑运杂费。

图解法对费用函数为非线性情况的处理是很方便的，成本线的密度是非均匀的。不仅可以找到最优解，还能给出最优解附近的各种总成本等位线。有时因为某些因素，如土地成本、公共设施等，不得不放弃最优解，选择稍次于最优解的满意解。

（2）因素评分法

因素评分法在常用的选址方法中也许是使用得最广泛的一种。因为它以简单易懂的模式将各种不同因素综合起来，因此也称点数法。这种方法需要预先选定若干因素，并采用一定分值表示某一因素。然后按实现规定的衡量标准，对每个项目的每个指标逐一比较并给出分

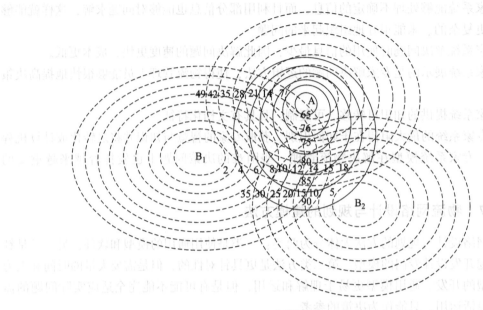

图 9.15 韦伯图解

(资料来源：Ronald H Ballou. 企业物流管理-供应链的规划、组织和控制 [M]. 北京：机械工业出版社，2006)

值，经过加权求和，最后得到每个项目的总分值并进行决策。该方法一开始就要对实施程度提出明确的要求，一旦确定了评价的因素及其加权系数，整个评价过程就比较简单。下面以表 9.3 来说明。

表 9.3 选址的影响因素

影响因素	权重	候选方案 A		候选方案 B		候选方案 C		候选方案 D	
		评分	得分	评分	得分	评分	得分	评分	得分
劳动条件	7								
地理条件	5								
气候条件	6								
资源供应	4								
基础设施	3								
产品销售	2								
生活条件	6								
环境保护	5								
政治文化	3								
扩展条件	1								
总计									

(资料来源：Ronald H Ballou. 企业物流管理-供应链的规划、组织和控制 [M]. 北京：机械工业出版社，2006.)

填表说明：
① 确定一组相关的选址决策因素。
② 对每一因素赋予一个权重，以反映这个因素在所有权重中的重要性。每一因素的分值根据权重来确定，权重则要根据成本的标准差来确定，而不是根据成本来确定。
③ 对所有因素的打分设定一个共同的取值范围，一般是 1~10 或 1~100。
④ 对每一个备选地址，根据所有因素按设定范围打分。
⑤ 用各个因素的得分与相应的权重相乘，并把所有因素的加权后的值相加，得到每一个备选地址的最终得分。
⑥ 选择具有最高总得分的地址作为最佳的选址。

【例 9-1】 某厂有四个候选地址（A，B，C，D），影响因素有 10 个，其权重值如表 9.3 所示，求最优方案。

解：可以用 Excel 求得各方案得分，可以直观地得出方案 C 为最佳方案，如表 9.4 所示。

表 9.4 Excel 的求解

影响因素	权重	候选方案 A		候选方案 B		候选方案 C		候选方案 D	
		评分	得分	评分	得分	评分	得分	评分	得分
劳动条件	7	2	14	3	21	4	28	1	7
地理条件	5	4	20	2	10	2	10	1	5
气候条件	6	3	18	4	24	3	18	2	12
资源供应	4	4	16	4	16	2	8	4	16
基础设施	3	1	3	1	3	3	9	4	12
产品销售	2	4	8	2	4	3	6	4	8
生活条件	6	1	6	1	6	2	12	4	24
环境保护	5	2	10	3	15	4	20	1	5
政治文化	3	3	9	3	9	3	9	3	9
扩展条件	1	4	4	4	4	2	2	1	1
总计			108		112		122		99

（资料来源：Ronald H Ballou. 企业物流管理 - 供应链的规划、组织和控制 [M]. 北京：机械工业出版社，2006.）

（3）层次分析法

物流网络布局问题不仅仅是总运输费用最小的优化问题，它还涉及经济、社会、环境、货运通道网等多个层面，需进行综合分析和评估。当筛选出若干个备选方案后，可采用层次分析法来选择最优方案。

层次分析法的基本步骤可分为：提出总目标、建立层次结构、求同层权系数、求组合权系数、评价、一致性检验。

层次分析结构一般可分为三层，即目标层、准则层和方案层。对于物流网点详细选址问题,目标层就是选择最优的园区位置,方案层就是已被筛选出的若干备选方案,因此层次分析法的核心是设计准则层的结构。

评估一个选址方案的优劣有许多质量指标,主要可分成三大类,即经济效益指标、社会效益指标和环境条件指标。

(4) 重心法

设施选址时,如果生产费用是相当重要的因素,而且多种原材料由多个现有设施供应,则可根据重心法确定场址位置。

重心法是一种布置单个设施的方法,这种方法考虑现有设施之间的距离和运输的货物量。它经常用于中间仓库或分销仓库的选择。在最简单的情况下,这种方法假设运入和运出成本是相等的,它并未考虑在不满载的情况下增加的特殊运输费用。

重心法的思想是在确定的坐标中,各个原材料供应点坐标位置与其相应供应量、运输费率之积的总和等于场所位置坐标与各供应点供应量、运输费率之积的总和。重心法中的坐标系可以随便建立,国际上经常采用经度和纬度建立坐标。

假设 $P_0(x_0, y_0)$ 表示所求设施的位置,$P_i(x_i, y_i)$ 表示现有设施(或各供应点)的位置($i = 1, 2, \cdots, n$),重心法中的坐标如图9.16所示。

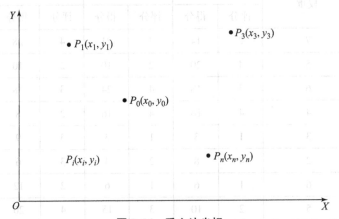

图 9.16 重心法坐标

(资料来源:Ronald H Ballou. 企业物流管理 – 供应链的规划、组织和控制 [M]. 北京:机械工业出版社,2006.)

用 w_i 表示第 i 个供应点的运量,C_i 表示各供应点的运输费率,C_0 表示场址的运输费率,根据重心法有:

$$\sum_{i=1}^{n} x_i w_i C_i = x_0 \sum_{i=1}^{n} w_i C_0 \quad \sum_{i=1}^{n} y_i w_i C_i = y_0 \sum_{i=1}^{n} w_i C_0 \quad (9-1)$$

重心坐标为:

$$x_0 = \frac{\sum_{i=1}^{n} x_i w_i C_i}{\sum_{i=1}^{n} w_i C_0} \quad y_0 = \frac{\sum_{i=1}^{n} y_i w_i C_i}{\sum_{i=1}^{n} w_i C_0} \quad (9-2)$$

若各供应点和场址的运输费率相等,即 $C_i = C_0$,则有:

$$x_0 = \frac{\sum_{i=1}^{n} x_i w_i}{\sum_{i=1}^{n} w_i} \qquad y_0 = \frac{\sum_{i=1}^{n} y_i w_i}{\sum_{i=1}^{n} w_i} \qquad (9-3)$$

【例 9-2】 某企业计划在海外投资建厂,在区域范围内资源分布情况和运费率如表 9.5 所示。求在该地区地址的最佳位置 P。

表 9.5 资源分布情况和运输费率

供应地	供应量	至各网点的运费	坐标位置	
			x	y
A	5 000	0.3	10	15
B	3 000	0.5	15	50
C	1 800	0.9	30	40
D	3 200	0.6	40	40
E	4 500	0.3	30	20

解:

$$x_0 = \frac{5000 \times 0.3 \times 10 + 3000 \times 0.5 \times 15 + 1800 \times 0.9 \times 30 + 3200 \times 0.6 \times 40 + 4500 \times 0.3 \times 30}{5000 \times 0.3 + 3000 \times 0.5 + 1800 \times 0.6 + 3200 \times 0.6 + 4500 \times 0.3}$$

$= 25.78$

$$y_0 = \frac{5000 \times 0.3 \times 15 + 3000 \times 0.5 \times 50 + 1800 \times 0.9 \times 40 + 3200 \times 0.6 \times 40 + 4500 \times 0.3 \times 20}{5000 \times 0.3 + 3000 \times 0.5 + 1800 \times 0.6 + 3200 \times 0.6 + 4500 \times 0.3}$$

$= 33.73$

则可得结论:该地区选址的最佳位置 P 点的坐标为 (25.78, 33.73)。

2. 多网点布局与建模

在现实的物流系统中,大量存在的布局问题是多个物流节点,即某计划区域内需要设置多个物流节点设施。

多网点选址是指在存在 m 个现有网点的情况下,为多于一个的新网点进行选址,同时新网点(如 n 个新网点)需服务于现有网点的问题。当 $m=n$ 时,只需在每个现有网点旁建一个新网点即可;当 $m>n$ 时,问题就很困难了,这需要考虑开放连续解空间和运输费用。为现有工厂和市场服务的新仓库选址、为拼车装货网络建立撤装站、在一生产设施上建保管设施、在一个城市里建消防站都是多设施选址的例子。这些多网点或设施选址问题多采用以中线、重心法为基础解决最近距离和欧几里得距离的选址方法。下面介绍两种常见的解决多网点布局的方法,即基于聚类的方法和穷举法。

(1) 基于聚类的方法

m 代表顾客区域的数量,n 代表新的配送中心数量。聚类模型分为两步:第一步,将 m 个顾客区域按他们距离接近程度分成 n 组。第二步,将每一组中新设施的最佳位置通过使用中线或重心法确定。当新设施数量没有预先制定时,可用合适的聚类方法确定分组的数量,这个数量等于所需的新设施的数量。

【例9-3】 某公司拟建两个配送中心以满足市场需求,顾客位置分为4个区域,如表9.6所示,给出了地区位置及需求量。

表9.6 地区位置及需求量

顾客区域	位置坐标	需求量	运输费率
1	(3, 8)	5 000	0.04
2	(8, 2)	7 000	0.04
3	(2, 5)	3 500	0.065
4	(0, 4)	3 000	0.065

(资料来源:耿会君,董维忠. 物流系统规划与设计 [M]. 北京:电子工业出版社,2017)

解:在这个例子中,$m=4$,$n=2$。把现有设施通过最近距离聚类方法聚类成两组,用距离作为相似系数。这里用直角矩阵来形成如表9.7所示的距离相似矩阵。

表9.7 距离相似矩阵

	1	2	3	4
1	0	11	4	7
2	11	0	6	4
3	4	6	0	5
4	7	4	5	0

(资料来源:耿会君,董维忠. 物流系统规划与设计 [M]. 北京:电子工业出版社,2017)

应用最近距离聚类方法可产生下面两组。

第1组:顾客区域1和3;

第2组:顾客区域2和4。

这样,本例就有两个单一设施选址问题。第一个是在顾客区域1和3中选址,第二个是在顾客区域2和4中选址。服务于第一组的新设施的最佳位置在区域3,因为这样可最大限度地节省运输费用。同样,服务于第二组的新设施的最佳位置在区域4。因此,两个配送中心分别为顾客区域3和4。

(2) 穷举法

上面这个例子,一种可能的分配是将顾客区域1给新设施1,顾客区域2、3、4给新设施2。在这种分配下,新设施1的位置和顾客区域1的位置相同。新设施2的位置可用中线和重心法确定。另一种可能是把顾客区域2分给新设施1,现有设施1、4分给新设施2,在这种情况下,新设施1的位置和顾客区域2的位置相同,新设施2的位置则用中线法或重心法确定,不同分配方案如表9.8所示。

表9.8 新设施分配方案

分配	新设施1	新设施2	分配	新设施1	新设施2
1	区域1	区域2、3、4	3	区域3	区域1、2、4
2	区域2	区域1、3、4	4	区域4	区域1、2、4

(资料来源：耿会君，董维忠．物流系统规划与设计[M]．北京：电子工业出版社，2017)

因为配送中心1和2是相同、无差别的，所以只存在四种可能的分配，第二个配送中心则根据重心法确定。如表9.9所示，列出了设施的最优位置及其运输费用。

表9.9 设施的最优位置及其运输费用

分配	第二个设施位置	总运输费用	分配	第二个设施位置	总运输费用
1	(6, 2)	3 457.50	3	(6, 4)	2 550.00
2	(3, 5)	2 072.50（最优位置）	4	(3, 2)	3 630.00

(资料来源：耿会君，董维忠．物流系统规划与设计[M]．北京：电子工业出版社，2017：136)

最优位置是运输费用最小的位置，两个配送中心的位置分别是(6, 2)和(3, 5)，区域2由第一个配送中心(6, 2)服务，区域1、3、4由第二个配送中心(3, 5)服务。

3. 德尔菲法

德尔菲法是20世纪60年代初美国兰德公司的专家们为避免集体讨论存在的屈从于权威或盲目服从多数的缺陷提出的一种定性预测方法。为消除成员间相互影响，参加的专家可以互不了解，它运用匿名方式反复多次征询意见和进行"背靠背"的交流，以充分发挥专家们的智慧、知识和经验，最后总汇得出一个比较能反映群体意志的预测结果。

我们考虑的是在对企业选址的过程中，目标有供需之间的运输时间或距离极小化、成本的极小化、平均反应时间的极小化等多种情况。但是，这些选址分析涉及多个设施和多个目标，其决策目标相对模糊，甚至带有感情色彩。解决这类选址问题的一个方法是使用德尔菲分析法，这种方法在决策过程中考虑了各种影响因素，具有一定科学性和实用性。

使用德尔菲法分析涉及三个小组，即协调小组、预测小组和战略小组。每个小组在决策中发挥不同的作用。首先，由内外部的人员组成顾问团，充当协调者，负责设计问卷和指导德尔菲调查。其次，在顾问团中选出一部分人成立两个小组：预测小组负责预测社会的发展趋势和影响组织的外部环境；而战略小组的成员从组织中各部门的高层经理人员中挑选，确定组织的战略目标及其有限次序。在实施的过程中，协调小组将预测小组的调查结果反馈给战略小组，战略小组利用这些信息来确定组织的战略方向与战略目标；一旦战略小组确定了长期目标，就应集中精力提出各种备选方案，然后对这些备选方案进行优化。

这种分析法的优点主要是简便易行，可以避免回忆讨论时产生的由于害怕权威的随声附和，或固执己见，或因顾虑情面不愿与他人意见冲突等弊病，被作为一种典型的综合性群体决策方法；同时也可使大家发表的意见较快收敛；参加者也易于接受结论，具有一定程度综合意见的客观性。缺点是由于专家一般时间较紧，回答问题总是比较草率，同时由于预测主要依靠专家，因此归根到底仍属专家们的集体主观判断。此外，在选择合适的专家方面也较困难，征询意见的时间较长，不适用于需要快速判断的预测等。尽管如此，本方法因简便可靠，仍不失为一种人们常用的定性预测方法。

本章小结

企业物流战略是企业为实现其经营目标，通过对企业外部环境和内部资源的分析，针对企业物流目标而制定的长远性、全局性物流规划与谋略，是企业指导物流活动更为具体、可操作性更强的行动指南。企业物流战略的层次分为公司物流战略、物流经营战略、物流职能支持战略和物流运营战略。

企业物流战略规划是指企业高层管理机构根据企业长期经营和发展的总目标，结合企业内部条件和所处的外部环境制定出能够使企业达到总目标所需要遵循的管理方针和管理政策，做出现有资源优化配置的决策，提出实现总目标的经营途径和手段。企业物流战略规划需要解决四个方面的主要问题，包括顾客服务战略、设施选址战略规划、库存决策战略规划和运输战略规划。企业物流战略规划涉及三个层次：战略层次、战术层次和运作层次。

物流客户服务战略是指物流企业为了寻求和维持持久竞争优势，取得对最终客户价值最大化，以为客户提供竞争优势、增加供应链利益为手段，通过分析企业内外环境而制定的总体性和长远性的谋划。物流顾客服务的要素划分为交易前要素、交易要素和交易后要素。

顾客服务战略从总体战略角度分为紧缩战略、稳固战略、竞争战略和扩张战略，从企业战略定位角度分为成本领先战略、差异化战略和集中战略。

顾客服务战略分析是指根据客户的特征和物流企业内部条件，充分考虑客户服务活动的外部环境，确定客户服务目标，了解客户服务所处的环境和相对竞争地位，选择适合企业的客户服务战略类型的过程。物流顾客服务战略分析的内容主要包括顾客服务战略分析、客户服务目标分析、内部条件分析和外部环境分析。在顾客服务战略分析的基础上，物流顾客服务战略的制定需要遵循一定的步骤，依次是确定物流服务的要素，收集相关物流服务的信息，整理物流服务信息，划分客户群，制定物流服务组合和进行物流服务组合管理。

企业物流组织结构有很多不同的类型，主要有直线型、参谋型、直线参谋型、事业部型、矩阵型、物流子公司型、流程型、学习型、虚拟型和面向供应链的物流组织结构。物流组织结构的设计包括物流组织的职能分析和职权设计。物流组织结构设计要遵循一般的设计过程，依次是确定企业经营理念、确定物流组织目标、确定组织类型、物流组织定位、参考同行业间的组织结构、了解未来内外部环境的变化、设计初步的物流组织结构框架及修订、组织结构运行后的监督评估以及改进。

物流网络是物流过程中相互联系的组织与设施的集合。物流网络设计要素主要包括物流节点、物流线路、物流域面和物流流量。

物流网络结构模型常见的有四种：一对多网络结构模型、多对一网络结构模型、多对多网络结构模型和多级物流网络结构模型。

物流网络设计规划分析中使用的分析工具大致分为五类：图表技术、模拟模型、最优模型、启发式模型和专家系统模型。

复习思考题

1. 简述企业物流战略、企业物流战略规划的含义。
2. 阐述企业物流战略管理的层次和框架。
3. 阐述企业物流战略规划的指导思想。
4. 阐述企业物流战略规划的内容和层次。
5. 简述顾客服务战略的含义。你认为顾客服务战略与企业物流战略规划有什么关系？
6. 阐述顾客服务的要素。
7. 阐述顾客服务战略分析和制定的步骤。
8. 阐述常见的物流组织结构的类型，并进一步说明不同物流组织结构的特点。
9. 阐述物流组织结构设计的内容和过程。
10. 简述物流节点的概念和类型。
11. 阐述物流网络设计的过程。
12. 分情况讨论常见的物流网络设计与规划的建模方法。

第十章 物流系统控制

主要内容

本章主要内容有物流系统控制的概念、原则、目标和基本内容，物流系统控制的基本框架，包括基本结构、基本模型和模式，物流系统控制的分类，物流绩效评价的概念、目标和作用，物流绩效指标体系的构成和结构，物流绩效指标体系的构建方法和衡量方法，物流绩效修正的方法。

教学目标

1. 理解物流系统控制的原则和目标；
2. 理解物流系统控制的类型；
3. 理解物流绩效修正的方法；
4. 熟悉企业内部和外部物流绩效指标体系；
5. 掌握物流系统控制的基本结构、基本模式和常用模型；
6. 掌握物流绩效指标体系的构成和结构。

案例导读

亚马逊如何借助大数据给物流"降本增效"

2017年，电商巨头亚马逊宣布了一项重要举措：要求所有三方卖家从8月31日开始，将其包裹的投递速度提高40%。那么，亚马逊究竟是如何在保证销量的同时，提高整个平台物流效率的？

其实，亚马逊不仅仅是电商平台，还是一家科技公司，其在业内率先使用了大数据，利用人工智能和云技术进行仓储物流的管理，创新推出了预测性调拨、跨区域配送、跨国境配送等服务，并由此建立了全球跨境云仓。可以说，大数据应用技术是亚马逊提升物流效率、应对供应链挑战的关键。

一、仓储控制

亚马逊物流运营体系的强大之处在于,它已把仓储中心打造成了全世界最灵活的商品运输网络,通过强大的智能系统和云技术,将全球所有仓库联系在一起,以此做到快速响应,并能确保精细化的运营。

1. 智能入库

智能预约系统通过供应商预约送货,能提前获知供应商送货的物品,并相应调配好到货时间、人员支持及存储空间。收货区将按照预约窗口进行有序作业,货物也将根据先进先出的原则,按类别存放到不同区域。

入库收货是亚马逊大数据采集的第一步,为之后的存储管理、库存调拨、拣货、包装、发货等每一步操作提供了数据支持。这些数据可在全国范围内共享,系统将基于这些数据在商品上架、存储区域规划、包装推荐等方面提供指引,提高整个流程的运营效率和质量。

2. 智能存储

亚马逊开拓性地采用了"随机存储"的方式,打破了品类之间的界限,按照一定的规则和商品尺寸,将不同品类的商品随机存放到同一个货位上,不仅提高了货物上架的效率,还最大限度地利用存储空间。

此外,在亚马逊运营中心,货架的设计会根据商品品类有所不同,所有存储货位的设计都是基于后台数据系统的收集和分析得来的。比如,系统会基于大数据的信息,将爆款商品存储在距离发货区比较近的地方,从而减少员工的负重行走路程。

3. 智能拣货与订单处理

在亚马逊的运营中心,员工拣货路径通过后台大数据的分析进行优化,系统会为其推荐下一个要拣的货在哪里,确保员工永远不走回头路,而且其所走的路径是最少的。

此外,大数据驱动的仓储订单运营非常高效,在中国亚马逊运营中心最快可以在30分钟之内完成整个订单处理,订单处理、快速拣选、快速包装、分拣等一切都由大数据驱动。由于亚马逊后台的系统运算和分析能力非常强大,因此能够实现快速分解和处理订单。

4. 预测式调拨

亚马逊智能物流系统的先进性还体现在其可以根据消费者的购买行为,后台系统会记录客户的浏览历史,提前对库存进行优化配置,将顾客感兴趣的商品提前调拨到离消费者最近的运营中心,即"客未下单,货已在途",这便是亚马逊智能分仓的魅力。

5. 精准库存

同时,亚马逊高效物流系统还会通过自动持续校准来提升速度和精确度,通过实现连续动态盘点,让企业客户实时了解库存状态。据了解,亚马逊系统全年365天、每天24小时连续盘点能力可以降低库存丢失风险,确保库存精准、安全。

6. 全程可视

做过物流的想必都知道,实现精细化物流管理的精髓是运营管理过程中的可视性。全程可视的难点在于确保产品在任何时间、任何状态下,包括在途中都是可视的。

二、供应链控制

探讨电商物流能力的强弱,就不得不说其应对高峰的策略。电商物流的开创者亚马逊是多年美国"黑色星期五"购物节中的主力,不仅在全球物流体系布局上早有建树,而且在物流供应链的准备方面也早已领先一步。

1. "超强大脑"的神机妙算

亚马逊智能系统就像一个超强大脑,可以洞察到每小时、每一个品类,甚至每一件商品的单量变化,让单量预测的数据细分到全国各个运营中心、每一条运输线路和每一个配送站点,提前进行合理的人力、车辆和产能的安排。

同时,系统预测还可以随时更新,并对备货方案进行实时调整。在国内多数电商刚刚开始利用大数据备货的阶段,亚马逊早已实现了供应链采购和库存分配高度自动化、智能化。在一定程度上讲,供应链前端的备货是保证高峰期后端物流高效、平稳的基础。

2. 从仓储到末端配送,每一步都精打细算

在物流的计划和准备方面,亚马逊供应链系统基于历史销售数据进行运算和分析,从管理、系统等方面严谨地分析仓储物流的每一个环节,让单量预测的数据细分到全国各个运营中心、每一条运输线路和每一个配送站点,提前进行合理的人力、车辆和产能的安排。

在亚马逊运营中心内部,系统还会基于大数据的信息,结合近期促销、客户浏览和下单情况对库内存储区域进行及时优化,将热卖商品存储在距离发货区附近的地方,加速从收货到发货的效率,客户下单时可以直接进行包装出库,缩短了库内操作时间,这些对高峰期的运营效率都至关重要。

针对"最后一公里"末端配送的难点,亚马逊基于对高峰期单量的分布情况进行分析,并据此优化了配送路径,更科学合理地安排每个配送员的派单工作。通过智能系统的辅助,提升了快递员的配送效率,使送达时间较之前有所缩短。

3. 精准才是核心生产力

亚马逊智能系统具备全年365天、每天24小时连续自动盘点的能力。这意味着,从上架、拣货、分拣、包装到出库,系统在运营操作的每一步都可以及时发现错误,并能及时纠错,这是国内大多数仓储运营尚无法具备的核心能力。

可以说,亚马逊标准化的运营体系会基于大数据运算提供拣货、包装、分拣指引,即使是刚刚上岗的操作人员也只需简单培训即可根据系统指引操作,让员工不用花太多精力就能迅速学习和上手,系统的纠错和学习能力减少了人工犯错的可能,从而大幅度提高了生产力。

三、跨境物流方面的控制

谁在跨境物流方面具备优势,谁将会获得未来的最大商机。而在搭建跨境物流网络方面,亚马逊早已抢先一步。

2014年,随着亚马逊海外购商店的推出,亚马逊成功打通了中美跨境物流网络,实现了系统和网络的对接。随着业务的扩张和出货量的增加,亚马逊每年都在不断提升仓储能力。近年来,亚马逊一直在致力于提升发货配送速度的同时降低运输成本。

为了将物流速度提到最快,减少中转环节,保障商品安全,亚马逊跨境物流主要在于六大核心优势:四通八达的境外运营网络、1小时订单处理发货、优先发运不等待、24小时入境清关、国内网络无缝对接、跨境全程可追踪。

1. 四通八达的境外运营网络,减少长途运输

目前,亚马逊在美国有超过70个运营中心,并已构建了非常密集的运营中心网络,联

结各大机场或港口，避免了远距离的长途运输，缩短运输时间。

此外，对于Prime包裹，在跨境运输前，亚马逊智能分拣系统将其进行更进一步的分拣，从而可以根据Prime包裹的目的地提供最佳的跨境运输线路，将其直接发往国内距离目的地最近的口岸，节省转运时间。

2. "海外购"订单发货仅需一小时

亚马逊运营中心采用先进的智能机器人技术和大数据仓储管理，可以加速订单的处理效率，商品的存储和处理能力较之前显著提高50%以上。

此外，该系统还能自动根据Prime会员下单时的预计送达时间优先安排Prime订单的拣货、包装、分拣和出库，确保加速处理，更快速地发货。而在货品完成包装后，由Slam一体化操作设备在包裹经过的一瞬间就能完成一系列称重、贴标签、扫描等工作，平时用人力费时费力的分拣在这里只要几秒钟就能完成。更重要的是，它还能自动纠错，通过高精度的称重能力快速识别并将错误的包裹剔除出来。

3. 优先发运不等待

大量来自亚马逊美国各地仓库发往中国的商品，被专门放在机场的空港仓库集中进行装箱，这样做的好处是：一方面通过集约化配置资源，集中发货，减少等待时间；另一方面可以降低空仓率，最大程度地节省物流成本。

此外，由于货量大，亚马逊在欧美日等主要线路可以实现常态化包机和固定航班，提供稳定的7×24小时不间断的运力保障。无论是高峰期还是平时，都可以实现任何时段的优先发运，减少等待时间。同时，为了让Prime会员尽早拿到包裹，亚马逊也会安排Prime包裹的优先装载发货，减少等待时间。

4. 国内物流网络无缝对接，快速出货和配送

包裹完成清关后，直接进入亚马逊中国的物流体系，在运营中心只需要30分钟加贴中文面单后就能直接出货。

截至目前，亚马逊已在中国建立了13个运营中心，其中"海外购"直邮的订单主要通过亚马逊天津、上海、广州的运营中心入境，之后通过亚马逊全国300多条干线网络快速运往全国各地，为近3 000个城市区县的消费者提供优质的配送服务，其中在1 400多个区县提供当日达、次日达配送服务。

对于亚马逊Prime会员的跨境包裹，亚马逊北京、天津、上海和广州四地的运营中心为其设立了单独交接区域和快速处理通道，将其优先发往各地的亚马逊配送站点，送达消费者手中。

5. 跨境物流全程可追踪

对消费者而言，跨境物流链条长，流程透明和商品安全是他们最关心的。亚马逊国际物流与国内物流体系可以直接对接，减少中间转手环节，也意味着更低的商品破损和遗失风险。

而亚马逊智能系统记录着每一辆载满包裹的卡车应该在几点几分到达，几点几分取货离开，如果卡车在某个区域不该停顿的位置停了十分钟，系统会立刻发出警报提示，并了解发生了什么问题。

（资料来源：http://www.56885.net/news/2017830/386476.html，编者改编）

10.1 物流系统控制概述

10.1.1 物流系统控制的内涵

物流系统控制是将研究的物流系统作为被控对象,而后研究它的输入和输出的关系,以通过反馈使被控对象(系统)达到人们所期望的较好的物流效益。

物流系统控制是系统控制理论在物流中的具体应用,它不仅具有系统控制的共性特征,而且具有自己特有的个性特征。物流系统控制结构、功能和行为分析描述的目的,就在于刻画物流系统控制的特性和特征。

由于物流系统的复杂性、动态性和多样性,在物流系统控制目标的驱动下,物流系统运用具有复杂性、动态性和多样性的控制方法,保障着物流系统不受内外部环境变化的干扰,及时有效地调节运营过程中出现的偏差,以提高物流系统控制能力。

在物流系统控制过程中,开环控制和反馈控制也是两类常用的控制方法,遵循着动态监测物流系统实际运营状态与预期目标、动态目标之间的偏差,做出是否采取控制措施的决策,以及实施有效控制的技术路径。

10.1.2 物流系统控制的原则

物流系统控制在于保持物流系统的运营状态,一旦系统出现偏差,将采取有效的控制措施,使系统不偏离预期目标。因此,物流系统控制在遵循目的性、综合性、开放性等基本原则的基础上,还应遵循一些特有的原则。

1. 基于偏差预期的控制原则

从物流系统控制的目的出发,在监测物流系统运营状态的过程中,如果发现系统即将出现偏差,为了预防偏差的出现而采取的控制措施就是基于偏差预期的控制。基于偏差预期的控制,主要是基于监测结果、预测结果出现偏差的可能性而采取控制的方法。由于偏差尚未出现,是否采取控制措施的决策就变得非常重要。

在物流系统控制决策中,应预先考虑偏差是否会真实出现的风险,如果不出现而采取措施或者出现了而没有采取措施,都有可能会由于增加了无效的控制成本或偏差带来运营损失,从而影响物流系统的运营效率和效益。因此,在基于偏差预期的控制原则中,应综合考虑尚未出现的偏差带来的潜在影响,综合考虑物流系统将会面临的潜在风险。

2. 基于偏差的控制原则

在物流系统运营过程中一旦出现偏差,就应该进行决策,判断是否应该采取相应的控制措施,以纠正出现的偏差。基于偏差的控制,可以直接对已经出现的偏差进行分析、决策,并可以进一步预测可能产生的影响和损失,以更好地跨越时间和空间的限制,从全局分析的角度支持决策。

在基于偏差的控制原则中,应综合考虑物流系统的运营状态、潜在趋势、偏差影响、可能损失等综合因素,从而更加准确地做出是否采取控制措施的决策,以避免由于决策失误造成的损失。

3. 基于系统优化的控制原则

基于偏差预期的控制和基于偏差的控制，都是围绕预期的目标，以使物流系统的运营状态保持不变。但是在动态变化的环境中，为了提高物流系统的运营效率和服务绩效水平，需要进行物流系统优化控制。以提升系统输出和绩效水平为目标的物流系统优化控制，有可能改变系统的预期目标。

相对于基于偏差预期的控制和基于偏差的控制，基于系统优化的控制具有更高的优先权，需要遵循优先控制原则。随着社会的进步和发展，一旦物流系统无法满足经济、社会和环境协调发展的要求，就应该优先启动物流系统优化控制，从更高层次上改善物流系统的结构、功能和行为。

10.1.3 物流系统控制的目标

物流系统控制是在一定的目标下完成的，在物流系统控制目标的驱动下维持或优化系统的运营状态。由于物流系统控制的层次性，物流系统控制的目标也具有层次性，通常可以分为物流系统控制的微观目标和物流系统控制的宏观目标。

1. 物流系统控制的微观目标

无论是企业物流系统还是社会物流系统，都具有在特定的微观环境下的控制目标，即维持或优化物流系统运营状态。可以认为：物流系统控制的微观目标就是物流管理所追求的目标，通常可以概括为"7R"，即在正确的时间、正确的地点和正确的状态下，将正确的产品，以正确的数量、正确的质量和正确的成本交付给客户，其中常用的主要有时间、数量、质量的正确性。

（1）时间的正确性

时间的正确性指物流过程中物品流动的实际时间与要求时间的符合程度，常见指标有送货及时率、按时到达率等，主要通过提前期管理、交货期管理、物流效率管理等时间管理方式实现。

（2）数量的正确性

数量的正确性用以反映物流过程中物品的实际数量与要求数量的符合程度，常见指标包括储存物品盈亏率、错发率等，主要通过制定和执行标准操作流程（Standard Operation Procedure，SOP）、业务流程重组（Business Process Reengineering，BPR）等服务优化管理方式实现，通过提高物流服务质量保证数量的正确性。

（3）质量的正确性

质量的正确性指物流过程中物品的实际质量与要求质量的符合程度，常见指标有运输物品完好率、储存物品完好率、进货质量合格率等，主要通过全面质量管理、过程可视化管理、追溯管理等质量管理方式实现。

2. 物流系统控制的宏观目标

物流系统控制除了要维持或优化物流系统运营状态之外，还需要通过控制协调物流系统之间，以及物流系统与经济、社会、环境系统之间的关系，以维持或优化整个社会经济系统的运营状态。由于物流系统在整个社会经济系统中承担着连接生产、流通和消费领域的重要使命,所以物流系统控制的作用力有助于调节经济、社会、环境系统之间的关系,有助于维持经济、社会和环境的协调发展。面向不同的系统,物流系统控制具有不同的目标。

(1) 经济系统物流控制的目标

从经济系统的视角来看,物流系统控制的主要对象是物流综合成本。物流综合成本不仅是衡量物流系统运营状态的一项重要指标,而且也是影响整个社会经济系统运营状态的一项重要指标。一方面,物流系统综合成本控制就是采取有效的控制措施,在满足一定的客户服务水平的前提下降低物流总成本,从全局的角度,明确关键控制点,解决关键的瓶颈问题,以突出经济效益的方法提高整个物流系统的绩效水平;另一方面,社会经济系统的综合成本控制就是通过物流系统与相关系统之间的联系,借助物流成本与效益之间的均衡控制,有效地调节整个社会经济系统的综合成本,从而改善整个社会经济系统的运营状态。

(2) 社会系统物流控制的目标

从社会系统的视角来看,物流系统控制的主要对象是物流系统不良影响。物流系统不良影响诸如不健康、不安全、不及时等不协调因素,如食品物流中的质量问题、危险品物流中的不安全事故等,直接影响着物流系统的服务水平和绩效水平,也间接影响着整个社会经济系统的运营状态。物流系统不良影响控制反映在对物流系统安全性和时效性等因素的控制,以保障物流系统的效率和安全,特别是保障整个社会经济系统的效率和安全。由于物流系统不良影响来源广泛、影响深远,甚至直接关系着国计民生,影响着参与者的身心健康,所以增添了有效控制的难度。物流系统不良影响控制是一类综合的、全方位的控制,尽管难以获得一个有效的综合指标,但是保障物流系统或社会经济系统健康可持续运营已经成为一个综合的控制目标。

(3) 环境系统物流控制的目标

从环境系统的视角来看,物流系统控制的主要对象是碳排放量。在可持续发展理念指导下,通过技术创新、制度创新、产业转型、新能源开发等多种手段,尽可能减少物流系统运营过程中的碳排放量,实现经济社会发展与生态环境保护双赢的目标。可见,以低碳(low - carbon)为目标的物流系统碳排放量控制追求的是整个社会经济系统的可持续发展。

10.1.4 物流系统控制的基本内容

1. 企业物流运作流程角度

从企业物流运作流程角度,物流系统控制的基本内容包括采购过程控制,保管过程控制和产出过程控制。

(1) 采购过程控制

采购是企业物资供应部门按已确定的物资供应计划,通过市场采购、加工定制等各种渠道,取得企业生产经营所需要的各种物资的经济活动。采购过程控制是对企业供应环节员工行为与物流的控制,其目的是保证生产原料的质量、数量和时效,降低采购成本。采购过程控制是物流控制的第一环节,对企业的经营发展至关重要。

①建立严格的采购制度,规范采购基础工作。建立严格、完善的采购制度,不仅能规范企业的采购活动,提高效率,防止部门之间的矛盾,还能预防采购人员的不良行为。采购制

度应当明确规定物资采购的流程、采购合同的签订评审、各有关部门的责任和关系、物资采购的申请及审批权限等，强化对请购、审批、采购、验收付款等环节的控制。可通过各需要部门制定"请购单"进行控制，会计部门依据"请购单"核对库存、有关合同及预算，无误后付款，以控制盲目采购。

②加强采购数量的控制。管理不善的采购作业所导致的生产缺料或物料过剩会给企业造成一定的损失。因此，企业应根据生产状况按计划用量和库存量的变化来控制采购量，科学合理地制定采购间隔时间和采购量。

③严格控制采购价格。可以用原材料价格，即产品售价 − 目标利润 − （生产阶段加工成本 + 各项负担费用）这一公式控制采购价格。采购时要比质比价，即同等材料比价格、同等价格比质量、同等质量比服务，考虑质量、价格、服务、交货期、付款条件等综合因素，做到货比三家，综合分析。采购员经过比较分析后，将购货名称、价格、数量及其他条件填入"订货单"，一份送给供应单位按时送货，一份留存备查。

④对企业大宗材料必须公开招标采购。应制定适合本企业的物资采购和招标管理办法，成立公开采购管理小组，实施透明工程。这种直达方式杜绝了采购中的不正之风及暗箱操作的弊端，既可缩短物流时间，减少流通费用，又可让供应商直接了解企业的需求。

（2）保管过程控制

物资的保管过程即物资的验收、储存、发放过程，简而言之，就是库房管理过程。保管过程控制是对仓库管理过程的控制，这是物流控制的中间环节。加强这一环节的控制，对减少物资积压、浪费，压缩资金占用，降低发出物资差错损失，减少费用支出尤为重要。

①所有材料购进后必须按规定验收入库，入库单必须得到采购人员、检验人员、保管人员和财务人员签字才能办理。他们之间的职能既严格区分，又相互约束。采购部门根据订货单、入库单和供应单位的发票，经相互核对无误后，送交会计部门入账。供应部门和财务部门则要相互配合，根据企业的实际情况合理地界定库存量和库存类别，既保证使用不间断，又尽量压缩资金占用。

②仓库保管人员对入库物资必须分清批号、进库日期，分门别类地摆放整齐，并定期检查，及时整理，这样可以避免库房物资储存管理混乱，杜绝原料变质、偷盗丢失、私自挪用等不良现象的发生。同时要建立健全有关规章制度，如采用货品库存卡、货品标签、保安、防火、卫生制度，设置防盗报警器等进行控制。

③要建立定期库存盘点制度，全面清点库房的库存物资。定期进行实物盘点和控制账存制度是为财产物资的安全完整而采取的控制措施，定期盘点制度包括确定各账户余额下的财产数量和金额，将财产物资的结存数量与实物保管部门的保管账、卡及实存数量进行核对，以确保账账相符，账实相符，如不一致，则说明物资管理上可能出现了错误、浪费、损失或其他不正常现象。为了防止差异再次发生，可以加强保护控制措施，及时发现问题，以便实施有效的控制。

④严格执行凭单发料制度。领料单上应准确记录仓库向各部门发放物资的数量、金额及经办人员姓名。领料单是库房发出材料的原始凭证，仓库管理员应认真仔细按照领料单上的材料进行发放。发料时要注意领料单必须有部门领导核准签字，以及发料人、领料人签字，财务部门应随时钩稽账面余额与实存数量是否相符，以杜绝无单领料、少报多领、监守自

盗，控制仓库的库存短缺。这样有利于核算各领料部门的生产成本，控制材料的种类和数量，减少各部门车间的积压，降低消耗。

（3）产出过程控制

产出过程控制是指产出半成品（在制品）在各车间、各工序间流转，最后形成产品，实现销售过程控制，这是企业物流控制的最后环节。加强这一环节的控制，有利于减少因管理不善造成的半成品或产成品短缺、丢失、损坏等，保证提供客户所需的产品，确保标准的投入产出率。

①建立半成品仓库。对外购半成品可按照物资采购方法进行控制；对自制半成品则要严格按照企业内部制定的流转程序，上一个车间完工的半成品要填制入库单办理入库手续。下一个车间生产领用需填制领料单，办理出库手续。车间、仓库、财务三方必须协同做好库存数与账上数的核对工作，保证半成品能完好无损，保质保量地进入下一道工序。

②强化产成品入库制度。这是保证企业生产的产品都能产生收入，防止企业资产流失的重要一关。企业必须加强对成品的管理，产成品在经检验员检验合格后，必须及时入库，仓管员应按车间交给仓库的实际产品名称、规格、数量、批量开具成品入库单，办理入库手续。

③强化成品库管理。所有产品销售出库均采用统一发票，发票由会计部门统一管理，并定期复核。仓管员一定要认真核对发票与调拨单的品种、规格、数量，使之完全相符。提货单一定要有提货人签字，并及时登记库存减少账，发现核对不符者，不予发货；白条、欠条一律不予发货，违者将予以重罚。同时成品库还应经常与财务对账，做到账账相符、账实相符，如发现问题，应及时查找原因并予以解决。

2. 企业物流运作效果角度

物流系统综合控制体系，主要涉及环境控制、过程控制、协调与协同控制和复杂控制等。尽管物流系统控制的内容一般会随着系统的大小而发生相应的变化，但从企业物流运作效果角度出发，基本上都会涉及时间控制、成本控制和质量控制三个方面。

（1）时间控制

一个完整的物流系统涉及从原材料采购、产品生产到产品配送的整个企业运营过程。正是由于物流系统运营过程在时间和空间上都有很大的跨度，所以在特定空间范围内的时间控制就变得非常重要。

例如，以实现准时制生产为目标的物流系统控制，就是尽可能缩小运营流程的时间跨度和空间跨度，使物流系统与生产系统实现在特定时间上的空间衔接或者在特定空间上的时间衔接，以及特定时间、空间上的有效衔接与协同。如果流程的时间跨度和空间跨度很大，一方面会导致物流成本过高，另一方面也会导致物流服务水平的下降。因此，在某种程度上物流时间控制为实现成本控制和质量控制提供了必要的前提条件。

（2）成本控制

物流成本控制主要是对物流系统运营过程中所发生费用的控制，它强调在整个物流系统运营过程中应尽可能降低成本、减少成本消耗。物流成本控制基于每一项基本功能活动的成本控制，贯穿于整个物流系统的运输、储存、包装、装卸搬运、配送、流通加工、信息处理等基本功能活动，以及柔性、鲁棒性和弹性等扩展功能活动，只有将成本控制在最低限度，才能实现低成本、高效率、高效益的物流系统运营目标。

物流成本控制应站在整个社会经济系统的高度,从全局出发综合考虑物流系统每一个成员、每一个环节、每一个活动的成本,并综合考虑不同系统之间、不同子系统之间的合理优化、相互衔接、相互适应,从而形成最佳的物流系统结构、功能和行为。只有这样才能从整体上进行物流系统优化,既能充分发挥各系统、各子系统的功能,又能使系统的整体效率得以充分体现,最终达到降低物流费用、提高经济效益的目的。

(3) 质量控制

物流质量控制主要针对物流系统所能达到的服务质量和服务水平而言,主要目的在于提高物流系统的服务质量和服务水平,满足客户需求。尽管物流质量控制不同于产品质量控制,但是两者在保障产品质量、提高客户满意度上的目标是一致的;可以认为,物流质量控制是产品质量控制向流通渠道和客户端的延伸,它应该成为全面质量管理体系中的一部分。

物流质量控制的目标,在于以规范化、标准化的物流服务确保产品质量和服务质量满足客户的适用性、可靠性、安全性等质量要求,提高客户满意度。质量控制的范围贯穿于整个物流系统的运输、储存、包装、装卸搬运、配送、流通加工、信息处理等基本功能活动,涉及每一个成员、每一个环节、每一个活动的质量控制。因此,物流系统应根据物品特性遵循相关标准,如食品需要遵循《食品良好流通规范》、药品需要遵循《药品经营质量管理规范》,从而可持续地保证物流服务质量。

10.2 物流系统控制的基本框架

10.2.1 物流系统控制的基本结构

根据结构决定功能和行为的系统科学的基本观点,物流系统控制结构决定着物流系统控制的功能和行为,因此,有必要科学地分析和描述物流系统控制的基本结构。

参照美国哈佛大学产业经济学权威学者 Bain、Scherer 等建立的结构、行为、绩效(Structure Conduct Performance,SCP)模型,可以建立一个科学有效的物流系统控制结构、功能和行为(Structure Function Behavior,SFB)模型。SCP 模型提供了一个既能深入刻画具体环节,又能系统描述市场结构(Structure)、市场行为(Conduct)、市场绩效(Performance)逻辑体系的产业分析框架,如图 10.1 所示。

图 10.1 SCP 模型

(资料来源:赵林度. 物流系统控制论 [M]. 北京:科学出版社,2014.)

物流系统控制的 SFB 模型用于刻画物流系统控制的基本结构,描述在内外部环境变化和系统控制绩效提高的双重动驱动下的物流系统控制状况。在物流系统遭受冲击使内外部环境发生变化的影响下,物流系统借助自身的 SFB 模型,采取有效的措施控制这种变化,并产生提高物流系统绩效的驱动力，从而形成物流系统控制的基本结构，如图 10.2 所示。物流系统控制的 SFB 模型具有保障系统运营状态、调节系统运营参数等基本功能，以更好地实现物流系统控制的整体目标。

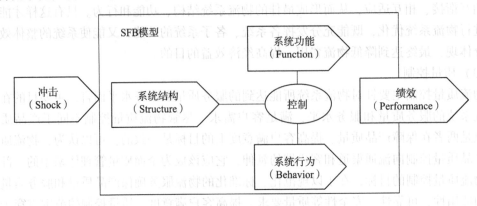

图 10.2　物流系统控制的基本结构

(资料来源：赵林度．物流系统控制论［M］．北京：科学出版社，2014．)

由物流系统控制 SFB 模型构成的物流系统控制基本结构，通过对物流系统结构、功能和行为的监测、调节，使物流系统在受到外部冲击的情况下能够不受影响，即能够保持预期的运营状态、保持预期的绩效水平。

10.2.2　物流系统控制基本模型

在物流系统正常运营过程中，主要依据物流系统的预期目标、运营标准或系统设置的计划等监控物流系统运营状态，监测物流系统运营环境的变化因素，以及这些因素对运输、储存、包装、装卸搬运、配送、流通加工、信息处理等物流系统基本功能的影响，一旦发现运营偏差将采取有效的纠正措施，调整物流系统输入的物流资源，从而产生更为理想的物流服务输出。物流系统控制基本模型如图 10.3 所示。随着物流服务的输出，来自客户反馈的信息都将输入绩效报告，并作为是否采取纠正措施的重要依据。

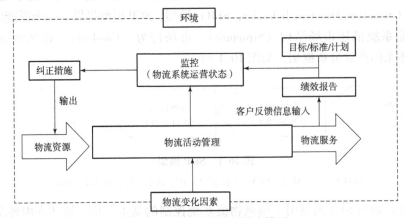

图 10.3　物流系统控制基本模型

(资料来源：赵林度．物流系统控制论［M］．北京：科学出版社，2014．)

在物流系统控制基本模型中，主要包括输入和输出信息、预期目标、运营标准或系统设置的计划、物流系统运营状态监控等关键因素，通过控制因素来调整物流系统的运营状态。

1. 输入和输出信息

物流资源作为物流系统的输入保障着物流活动的进行，以提供优质的物流服务。物流系统控制的输入主要来自反映系统运营状态的绩效报告，以及用于对比分析的预期目标、运营标准或系统设置的计划。由于不同的物流系统具有不同的运营目标，需要参照不同的运营标准或系统设置的计划，在时间、数量和质量等方面具有不同的要求，所以就会产生不同的输入，如到货及时率、安全库存量、货物完好率等。

在物流系统控制输入因素中，来自监测环节的环境变化因素具有重要作用，它综合反映了物流系统运营状态中的不确定性，如客户需求变化、供应商产能变化、市场价格变化等，这些不确定性因素影响着物流系统的运营状态，而且这些环境变化因素能否被及时准确地输入到物流系统控制体系中非常重要。因此，物流系统控制对物流系统的监测能力提出了更高的要求。

物流系统控制的输出主要是面对偏差的纠正措施，以更加有效地保障物流系统能够始终维持在正常状态。输出的纠正措施会直接影响输入物流系统的物流资源，也会从整体上改变预期目标、系统设置的计划，甚至有可能调整运营标准。

2. 预期目标、运营标准或系统设置的计划

在微观环境的物流系统控制过程中，需要一个能够发现是否存在偏差的参照系，它涵盖了预期目标、运营标准或系统设置的计划，如客户满意度水平、物流系统的绩效指标等，作为一个标准衡量物流系统运营状态。

在宏观环境的物流系统控制过程中，还需要在参照系中综合考虑用于维持经济、社会和环境协调发展的指标，如健康、安全和环保标准。特别是随着环保意识的增强和绿色物流、低碳物流的发展，低能耗、低损耗、低污染成为一项新标准，在每一个环节都要监测物流系统运营过程中的碳排放量，从而保障物流系统的可持续健康发展。

3. 物流系统运营状态监控

物流系统控制的基础来自对运营环境和物流活动的监测，以及以此为基础的控制。物流系统管理决策者，根据物流系统的输入信息和预期目标、运营标准或系统设置的计划，能够及时准确地监测物流运营状态，并针对发现的偏差采取有效的纠正措施控制物流系统的运营状态。

物流系统监测主要来自定期的物流系统运营绩效报告，如客户满意度、碳排放量、综合管理成本等，管理决策者将物流系统运营绩效与目标值进行比较，从而判断物流系统的运营状态是否出现了偏差、偏差是否超出了可接受的水平，如果出现的偏差超出了可接受的水平，将会采取适当的纠正措施控制运营状态。例如，如果绩效报告显示物流系统的碳排放量已经连续15天超过了预期的碳排放量，管理决策者会要求物流系统采取有效的措施降低碳排放量。

物流系统运营绩效报告用以反映物流系统的运营状态，是否采取有效的纠正措施控制物

流系统的运营状态,取决于物流系统管理决策者对偏差的理解和认识,以及对控制成本和收益的判断。如果他们认为偏差是由偶然事件引起的临时性状态变化,就不会采取纠正措施,但是如果他们认为偏差会影响系统运营绩效和预期目标的实现,就有可能采取纠正措施;除此之外,对控制成本的判断也会影响决策(Ballou 2006),即综合分析纠正偏差需要付出的成本与获得的预期收益之间的关系,如果经测算收益远远大于投入的成本,那么管理决策者就会毫不犹豫地采取纠正措施。

尽管物流系统控制论中的控制是一类软控制,但是也需要一个完善的物流系统控制结构,以更好地支持物流系统功能和行为目标的实现。物流系统控制结构从不同的层面反映了物流资源、人力资源受客户需求驱动所形成的物流系统控制网络结构和组织结构,并集中体现在一个有助于承载和提升客户满意度的物流系统控制基本模型中。

10.2.3 物流系统控制的几种模式

随着企业内部物流一体化趋向完善,企业外部物流一体化正成为企业供应链管理中需要着重解决的问题。如何控制物流的整体成本也已成为外部物流一体化的关键,特别是供应链中由谁来控制物流及采用什么样的控制手段,将直接关系到供应链的竞争能力。从物流运作的主体及其服务的内容来看,供应链中通常存在以下四种主要的物流运作模式。

1. 传统自营物流控制模式

传统自营物流控制模式(第一、二方物流模式),是指企业自身拥有物流的运输、仓储、配送等功能,在进销存业务过程中只存在供方和需方的物流活动,且供需双方按照交易协商、合同规则,各自进行运输配送及安排货物的存放保管等物流活动,如图10.4所示。其主要包括两种模式:第一方物流是需求方为采购而进行的仓储、货运物流,如赴产地采购、自行运回商品;第二方物流是供应方为了提供商品而进行的仓储、货运物流,如供应商送货上门。

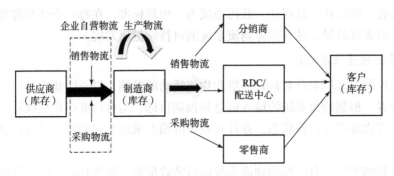

图 10.4 传统自营物流控制模式

2. 功能性外包物流控制模式

功能性外包物流控制模式是基于传统运输、仓储等功能的企业或部门分别承包供需双方一系列的物流工作、任务或功能的一种外包型物流运作模式,如图10.5所示。它介于自营物流与现代第三方物流之间,通常以生产商或经销商为中心,物流部门或企业几乎不需专门添置设备和业务训练,只完成承包服务,不介入企业的生产和销售计划,管理过程相对简单。目前,我国大多数物流业务就采用这种模式。实际上,这种方式比传统的运输、仓储业并没有走出多远。

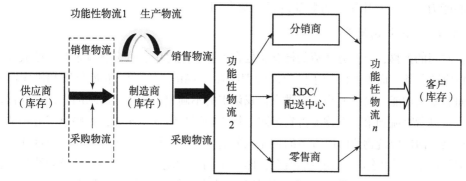

图 10.5　功能性外包物流控制模式

(资料来源:耿会君,董维忠. 物流系统规划与设计 [M]. 北京:电子工业出版社,2017)

3. 第三方物流控制模式

现代第三方物流控制模式是指由物流的供方、需方之外的专业化或综合化的物流企业,以契约合同的形式经由第一方物流网络向供需双方提供全部或部分物流服务的业务模式,如图 10.6 所示。

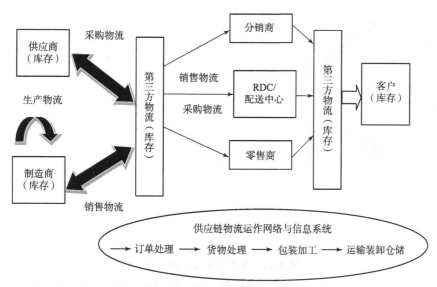

图 10.6　第三方物流控制模式

(资料来源:耿会君,董维忠. 物流系统规划与设计 [M]. 北京:电子工业出版社,2017.)

现代第三方物流企业通常是一种综合的物流集团企业,能够集成物流的多种功能,如仓储、运输、配送、信息处理和其他一些物流的辅助功能(包装、装卸、流通加工等)。第三方物流大大扩展了物流服务的范围,为上游厂商提供产品代理、管理服务和原材料供应,全权代理下游经销商配货送货业务等。综合的第三方物流项目必须进行整体网络设计,包括信息中心的系统功能设计及配送中心的选址流程设计等。例如,在实施供应链最基本功能的层次上,第三方物流可以通过确定和安排一批货物的最佳运输方式来增加其价值;在最复杂的层次上,第三方物流则可以与整个制造企业的供应链完全集成在一起。在此情况下,第三方物流为制造企业设计、协调和实施供应链策略,通过提供增值信息服务来帮助客户更好地管理其核心能力,并能利用第三方物流降低物流费用。

4. 第四方物流控制模式

随着时间的推移,第三方物流的概念正处在不断变化之中,许多物流企业开始放弃物质意义上的供应链业务,而更加依赖于供应商管理库存(VMI)、延期、仓库监管和供应商关系管理等方面的复杂功能。第三方物流提供商自我认识的不确定性及客户需求的多样化,促使物流服务发生从自营物流到第三方物流再到第四方物流的逐步转变。比如,有些第三方物流分化成为能够提供全面供应链物流解决方案的物流服务商,通常被称为第四方物流。1998年,美国埃森哲咨询公司率先给出第四方物流的概念,即"第四方物流是一个供应链的整合协调者,协调管理组织本身与其他互补性服务商所有的资源、能力和技术,提供综合的供应链解决方案"。从概念上看,第四方物流和第三方物流是截然不同的。第四方物流是有领导力量的侧重于业务流程外包的中立物流服务商。它通过对整个供应链的影响力,解决物流信息共享、社会物流资源充分利用等问题,能够向客户提供可评价、持续不断的客户价值。如图10.7所示。

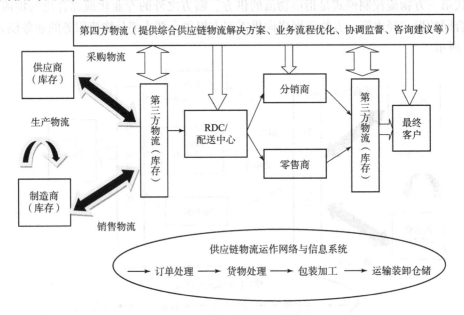

图10.7 第四方物流控制模式

(资料来源:耿会君,董维忠. 物流系统规划与设计[M]. 北京:电子工业出版社,2017.)

相比第三方物流来说,第四方物流解决的主要内容包括以下几个方面:

①准确把握复杂的客户需求,提供全面而完善的整体供应链物流解决方案。

②根据客户特殊的需求,整合和改善供应链流程,这种设计是一个基于产出的结果,而不仅仅是成本减少的问题。

③承接供应链多个职能和流程的运作责任,包括制造、采购、库存管理、供应链信息技术、需求预测、网络管理、客户服务管理和行政管理等。

④协调与监控供应链节点企业之间的合作关系,保证供应链上各个环节计划和运作的协

调一致及紧密集成。

⑤围绕供应链整合和同步问题，提供多个行业供应链解决方案的开发与咨询。

⑥充分利用信息技术、战略思维、精细分析、流程再造和卓越的组织变革管理等手段，为客户提供增值服务。

运用第四方物流，供应链中各节点企业能更好地关注自身的核心能力，充分利用企业的物流资产和资源，进而实现全程供应链管理。尽管企业可以把所有的供应链活动外包给第四方物流，但第四方物流通常只是从事供应链功能和流程中的某些关键部分。

虽然上述四个模式分别代表了物流发展的四个阶段，但在现代供应链物流的实际业务中仍然共同存在。因此，通过对这几种模式进行比较分析，可以为那些正在寻求最佳物流运作模式的企业提供参考。明确了这些模式，将有助于企业做出更好的选择。供应链中物流运作的四种模式的比较分析如表10.1所示。

表10.1 供应链中物流运作的四种模式的比较分析

	传统自营物流控制模式	功能性外包物流控制模式	第三方物流控制模式	第四方物流控制模式
管理实体	供需双方自身	功能性外包第三方	独立的第三方物流	分化的第三方服务商
适应范围	物流经营能力强的企业	缺乏能力的中小型制造企业或需要跨地区的远程运输、仓储、加工等企业	物流能力较弱的制造商或分销商	供应链模式
重点功能	供需双方为销售、采购而利用自身物流能力进行物流活动；侧重于事务处理	物流服务商仅完成企业物流过程中的运输、仓储、包装等业务操作；侧重于事务处理	负责从供应商开始的运输、仓储、库存等一系列个性化、专业化的物流活动，提供综合的物流服务；侧重于策划优化与供应链的无缝衔接	提供综合的供应链解决方案，整合、调配、优化供应链资源，各种物流规划咨询及各层次物流人才培训等增值服务；侧重于分布协调，决策/优化
主要优点	风险小，可以获取物流环节利润；有效控制物流，可以降低运费	提供低价的一般性增值服务，利用专用的运输仓储等工具，维护货物的畅通流动，通常提供的工具功能性较强，便于远程物流运作	降低物流成本，提高客户满意度，回避物流风险，减低物流管理难度，提升竞争力价值；提供信息交流平台，实现知识与信息共享，改善价值链；实现物流运作的规模效应	优化流程和运作，重视信息技术的应用；解决物流信息共享、社会物流资源充分利用等问题，充分利用自身与其他服务提供商、客户等的能力，提供使客户价值最大化的增值服务

续表

	传统自营物流控制模式	功能性外包物流控制模式	第三方物流控制模式	第四方物流控制模式
主要缺点	增加资源占用与投入，物流运作成本高，物流运作风险较大	缺少沟通的信息平台，没有实现资源更大范围的优化，难以形成规模效应；易造成生产盲目和运力浪费或不足，库存结构不合理	难以实现资源更大范围的优化与批次协调利益；无法解决新的物流瓶颈，不能充分利用社会资源	
发展方向	将物流资产重组，由成本费用中心转为利润中心	向专业化的第三方物流发展，解决某特殊领域内的物流运作活动	通过扩张改造、兼并联合等方式，建造综合、集中、高效的物流服务体系	

（资料来源：耿会君，董维忠. 物流系统规划与设计 [M]. 北京：电子工业出版社，2017.）

10.2.4 物流系统控制的分类

物流系统控制的分类与管理学中控制的分类相似，一般也包括三类，即事前控制、事中控制和事后控制。同时，由于物流系统是一个较复杂的系统，因此物流系统控制中还包括复合控制。这些都是预算内控制，在某种条件下，系统还可能出现意外情况，也就是所谓的非预算控制。

1. 事前控制

事前控制又称前馈控制，是一种更加复杂的控制，其特点是通过对运行过程输入的监视，以确定它是否符合标准要求。不符合时，为了实现输出预期目标就要改变其运行过程。前馈控制由于是在输出结果受到影响前就做出纠正，因此这种反馈更为有效。这种控制克服了反馈控制的迟滞性，便于物流决策人员及时采取相应措施，纠正偏差，从而达到预定的目标。如图10.8所示。

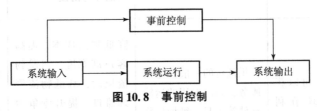

图10.8 事前控制

事前控制在物流系统中的应用较为广泛。生产经营活动要达到超前控制的目标，通常可以采取以下几种措施：

①用人的事前控制：按岗位已定的职务要求选拔合格的人才。

②存储事前控制：根据存储规律，按照建立的存储模型实现超前仓储存储工作。

③投资事前控制：采用投资回收期法或投资效率数学模型，对扩大企业再生产能力及更

新设备实行事前控制。

④财政预算事前控制。

2. 事中控制

事中控制又称为实时控制,是指在物流系统运行过程中,参照现有理论或比较实用的经验而现场采用的一种控制方法,一般随物流系统运行状态的变化而变化。事中控制有很大的时效性,贯穿整个运行过程,随时发现系统中不合理的地方,并采取措施给予纠正。所以事中控制是一种不可缺少的控制方法。如图10.9所示。

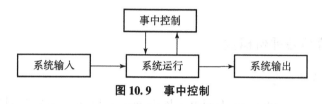

图 10.9　事中控制

3. 事后控制

事后控制又叫反馈控制,是一种常见的管理控制,其特征是通过运行过程的输出检测,将检测结果送回运行过程中去,再将纠正措施输入该运行过程中,以获得预期的输出。因此,这种反馈控制表现为时间的滞后。如成本分析、质量检查、财务分析等。如图10.10所示。

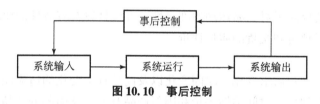

图 10.10　事后控制

4. 复合控制

复合控制是集前馈控制、实时控制和反馈控制为一体的多维控制,是最常见最实用的一种控制类型。它鉴于被控物流系统的复杂性和动态性,相关人员无法辨别一些随机的误差,而复合控制则给企业提供了一个全方位的控制框架,使那些随机误差不至于影响系统运行。如图10.11所示。

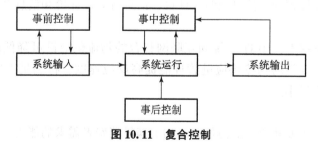

图 10.11　复合控制

(资料来源:吴承健. 物流系统规划与设计 [M]. 北京:中国物资出版社,2011.)

5. 非预算控制

非预算性控制是指在生产经营活动中，预算外的临时矫正行为。主要有以下几种方式：

①物流批量控法：利用库存费和订购费的边际点对仓库管理进行优化控制。

②盈亏平衡控法：利用盈亏平衡点分析对企业行为进行控制的方法。

③专家控制：依靠有经验的专业人员、专家对企业行为提建议，并进行控制。

10.3 物流绩效评价与修正

10.3.1 物流绩效评价概述

1. 物流绩效评价的概念

企业物流绩效评价（Enterprise Logistics Performance Evaluation）是对物流业绩和效率的一种事前控制与指导以及事后评估与度量，从而判断任务是否完成、完成的水平、取得的效益和所付出的代价。依托现代信息技术，信息的传递和反馈及时、准确，绩效评价是一个不断控制和修正的动态过程。

2. 物流绩效评价的目标

（1）交货可靠性

交货可靠性主要反映了对商品运动的准时性、准确性以及有效性的要求，包括交货的时间评价、交货的数量评价和交货的质量评价。

（2）柔性

柔性主要反映对客户需求变化、时间变化以及商品种类变化的适应能力，包括客户需求变化引起的数量柔性评价、时间柔性评价和因新产品开发变化引起的产品柔性评价。

（3）服务质量

服务质量主要反映了客户对物流服务的评价，包括客户抱怨比率评价、客户抱怨解决时间评价和客户满意度评价。

（4）信息服务

信息服务主要反映了整个服务过程中信息服务的正确性、及时性、有效性和信息系统先进性，包括信息正确性评价、信息及时性评价、信息有效性评价和信息系统先进性评价。

（5）交易成本

在信息技术的支撑下，用IT系统和互联网整合的物流供应链可降低内部环节的交易成本，缩短交易时间。高效的物流供应链管理能提高反应速度，将满足需求的商品准时地送达，将缺货成本降至最小。

（6）创新价值

通过组织边界的延伸和紧密的协作，增加了满足消费者需求的能力，提升了竞争的核心优势，创造了新的经营价值。

3. 物流绩效评价的作用

（1）进行物流绩效评价能够使企业及时地了解和判断自身经营水平

绩效评价的过程就是对企业经营过程和结果进行价值判断的过程，通过对各种指标的测算，可以反映企业经营管理的状况，并将测算的指标值与历史状况、战略规划管理目标、同行业发展水平进行全方位比较，从而客观、全面、公正地判断自身的盈利能力、发展潜力和综合竞争能力，并据此制定或修改今后的市场战略。

（2）通过物流绩效评价能够对企业物流活动进行监督

物流绩效评价可以追踪物流活动任务目标的达到度，并做出不同层次的度量，从而对已发生的物流活动的过程及其结果进行评价。其主要作用是为管理者提供关于物流工作效果的真实信息。如果评价结果显示标准与现实之间只有很小的偏差，说明物流工作的目的达到了；反之，管理者就应该利用这一信息，修订物流工作计划。此外，物流评价可以增强员工的积极性，因为人们希望获得评价他们的绩效信息，而监督正好提供了这样的信息。

（3）通过物流绩效评价能够对进行中的物流活动进行控制

对物流活动过程加以控制，管理者就可以在发生重大损失之前纠正错误，改进物流程序，使其进入正常状态。例如，在运输过程中，当发现某种商品有损坏时，物流管理人员就应该查明原因，并根据需要及时采取应对措施。

（4）进行物流绩效评价有利于正确引导企业的经营行为

绩效评价包括企业获利能力、基础管理、资本运营、债务状况、经营风险、长期发展能力等多方面的评价内容，可以全面系统地剖析影响企业目前经营和长远发展的诸多因素，促使企业避免短期行为，并注重将企业的近期利益与长远目标结合起来。

（5）进行物流绩效评价可以对企业管理者和员工进行激励

依据绩效评价结果，对企业经营管理者和员工业绩进行全面、正确的评价，为组织部门、人事部门进行绩效考核、选拔、奖惩和任免提供更多的依据，有利于管理阶层的优胜劣汰，促使其采取有效措施，缩小差距，争创先进。

总之，开展绩效评价有利于企业物流强化管理，提高企业的经营管理能力和综合竞争力。企业只有把绩效评价工作与强化经营管理有机地结合起来，才能把绩效评价的结果转化为企业发展的压力和动力，才能更好地迎接未来的挑战，使企业保持长久的竞争优势。

4. 物流绩效评价程序

企业物流绩效评价程序依次为确立评价目标、设计评价指标、获取评价信息、选择评价标准、确定评价方法、单项评价、综合评价、形成评价结论。如图10.12所示。

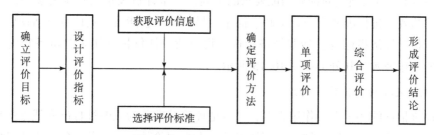

图 10.12　企业物流绩效评价程序

（资料来源：孔继利. 企业物流管理 [M]. 北京：北京大学出版社，2012.）

10.3.2 物流绩效指标评价体系

1. 物流绩效指标体系的构成

确定评价指标体系是企业绩效评价中的一项非常重要的工作。企业物流绩效评价体系属于企业管理控制系统的一部分，它与企业的行为控制系统、人事控制系统共同构成企业控制系统。合理有效的绩效评价体系主要由以下几个基本要素构成。

（1）评价主体

评价主体决定着企业经营绩效评价的目的、内容和方法，对评价指标体系的设计产生了深刻的影响。随着知识经济时代的到来，企业经营环境发生了变化，越来越多的个人和群体的利益受到企业经营绩效的影响。企业的兴衰不仅与出资人的利益息息相关，而且直接影响到经营者、职员、债权人、政府等的利益，从而使这些利益相关人对企业的经营绩效极为关注，并与出资人一起构成了企业绩效评价的主体。

（2）评价客体

评价客体也就是实施评价的对象。客体是相对于主体而言的，由主体的需要决定。作为评价主体的经营者、企业领导，有时候也是评价的对象。企业物流绩效评价的评价对象包括仓库作业、运输作业、信息化水平和客户服务质量等。

（3）评价目标

企业绩效评价的目标是整个企业运行的指南和目的，它服从和服务于企业整体战略规划目标。

（4）评价指标

评价指标是指根据评价目标和评价主体的需要而设计的、以指标形式体现的、能反映评价对象特征的因素。对企业物流绩效进行综合评价时，必须设置若干具体的指标，这些指标就是评价的依据和标准。评价指标的设定是否全面、科学，以及指标值测定的准确度均影响着企业物流绩效评价的结果。因此，如何将反映企业物流经营状况的因素准确地体现在各项具体指标上，是企业物流绩效评价体系设计的重要问题。

（5）评价标准

它是判断评价对象绩效优劣的基准，建立一套合理的评价标准是任何组织成功的关键。物流绩效评价标准随系统定义范围的不同（各种功能领域如生产、分配、运输、保管和供货商的选择等）、不同领域的物流功能要求的不同、定量评价及定义系统的能力的不同而不同。合理的绩效评价标准通常非常清晰、简单、易理解，它能反映具体业务活动中重要的工作状况，既包括经济指标也包括非经济指标。物流绩效评价标准用来测试各物流功能组织内、外部的工作绩效，其分类如图10.13所示。

2. 物流绩效指标评价体系的结构

根据评价指标的侧重点及作用程度，可以把评价标准分为战略性标准和战术性标准。战略性标准主要评价整个系统的绩效，而战术性标准则评价某一具体单元的水平或具体机构的绩效。所有的绩效衡量都可分为财务上和非财务上的评价标准。财务衡量标准主要有成本收益和利润两个方面，而非财务衡量标准与服务水平、生产率及利用率有关。典型的非财务衡

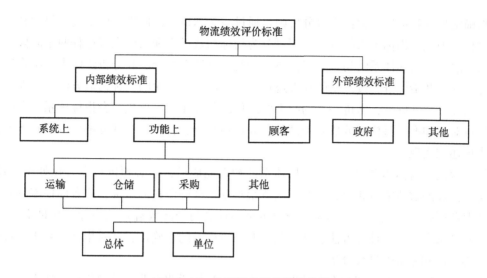

图 10.13　物流绩效评价标准分类

（资料来源：孔继利．企业物流管理［M］．北京：北京大学出版社，2012.）

量标准有机械设备利用率、货柜（货物）拒收比例和到货率等。

上述基本要素相互联系，相互影响，共同构成了一个完整的企业物流绩效评价体系。企业物流绩效评价体系的逻辑结构如图 10.14 所示。

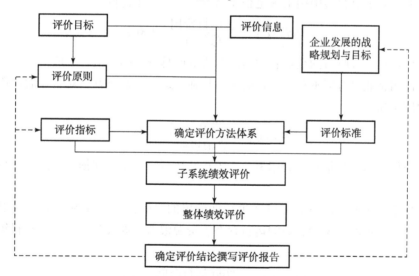

图 10.14　企业物流绩效评价体系的逻辑结构

（资料来源：孔继利．企业物流管理［M］．北京：北京大学出版社，2012）

3. 企业物流绩效评价指标体系构建思路和方法

指标体系的建立主要包括指标的选取和指标之间结构关系的确定两个方面。企业物流绩效评价指标体系（Enterprise Logistics Performance Evaluation Index System）的建立过程应该贯彻定性分析与定量分析相互结合的原则。定性分析主要是从评价的目的和原则出发，考察评价指标的科学性、针对性、完备性、稳定性、独立性，以及指标与评价方法的协调性等因素，以确定指标和指标结构；定量分析则是通过一系列检验，使指标体系更加科学和合理可行的过程。因此，指标体系的构建过程可分为指标初选过程和指标完善过程两个阶段。

第一阶段是指标体系的初选。指标体系的初选方法有综合法和分析法两类。综合法是指对已存在的一些指标群，按一定的标准进行分类，使之体系化的一种构造方法。如在一些已拟定的指标体系基础上，做进一步的归类整理使之条理化后，形成一套指标体系。分析法是指将度量对象和度量目标划分成若干部分，并逐步细分，直到每个部分都可以用具体的统计指标来描述和实现。

第二阶段是指标体系的完善。指标体系的初选完成后，还必须进行完善化处理。首先，测试每个指标的数值能否获得，那些无法或很难获得准确资料的指标，或者即使能够获得准确资料但费用很高（高于指标体系本身所带来的社会与经济效益）的指标，都是不可取的。然后，测试每个指标的计算方法、计算范围及计算内容的正确性，并对指标体系中指标的重要性、必要性和完备性进行分析。

下面，分别从企业内部和企业外部两个方面来具体说明企业绩效评价指标体系的构建。

(1) 企业内部评价指标体系

1) 内部绩效评价宏观指标体系

内部综合评价宏观指标包括财务评价指标和非财务评价指标。

①财务评价指标包括运营效率和净收益率。

运营效率：表示总收益中用来满足企业运营成本的费用比例。

$$运营效率 = \frac{总运行费用}{总收益} \times 100\%$$

净收益率：除去税收后的企业利润与总销售额或总资产的比值。一般情况下，企业净收益率越高，说明企业自有资本获取收益的能力越强，运营效益越好，对企业的投资者及债权人的保证程度越高。

$$净收益率 = \frac{净利润}{总销售额} \times 100\%$$

②非财务评价指标包括资产利用率、系统正常运行时间率、缺损率、需求满足率及安全状况。

资产利用率：企业资产有效运行产生预期输出的时间比例。显然，资产利用率越高越好。当资产利用率低时，说明企业的运行存在着资源浪费，如设备不可靠、材料短缺、暂时停电等。

$$资产利用率 = \frac{实际运行时间}{总时间} \times 100\%$$

系统正常运行时间率：系统能正常提供需要的输出或服务的时间比例。

$$系统正常运行时间率 = \frac{系统正常运行时间}{总时间} \times 100\%$$

缺损率：反映企业经营过程的质量状况，可以用发送缺损产品的数量和发送产品的总数量之比来表示。

$$缺损率 = \frac{发送缺损产品数量}{发送产品总数量} \times 100\%$$

需求满足率：它表示一个企业的运营能力。不能满足需求可能有很多原因，如供应能力不足、库存水平低、营销系统不可靠等。

$$需求满足率 = \frac{完成订单数量}{总需求数量} \times 100\%$$

安全状况：通常根据上报的事故、死亡或因此造成的时间损失来衡量。不安全的因素会造成人员伤亡、产品损坏、财产损失，也会带来人员、设备闲置，从而使企业生产率降低，成本增高。事故频率反映了每百万人每小时中由于伤亡等事故造成浪费的时间比率。

2）内部绩效评价微观指标体系

①运输绩效评价指标：可分为运输经济性、可靠性、运输能力、可达性、安全性和中转时间等类别。

单位运输费用：运输单位物品的费用。该指标可用来对运输作业效益的高低以及综合管理进行评价。运输费用主要包括燃料费、各种配件费、养路费、工资、修理费及其他费用支出。货物周转量是运输作业的工作量，是车辆完成的各种货物的货运量与其相应运输距离乘积之和。

$$单位运输费用 = \frac{运输费用}{货物周转量} \times 100\%$$

运输费用效益：经营盈利额与运输费用支出额的比值。

$$运输费用效益 = \frac{经营盈利额}{运输费用支出额}$$

里程利用率：减少车辆空载，可加快物资流转，节省运力，节约能源，降低运输费用，是运输管理的目标之一，里程利用率反映了车辆的实载和空载程度，可以评价运输调度组织管理水平。

$$里程利用率 = \frac{载重行驶里程}{车辆行驶里程} \times 100\%$$

燃料消耗定额比：该指标反映运输车辆的燃料消耗是否合理，用于燃料消耗的管理。

$$燃料消耗定额比 = \frac{百吨公里燃料实际耗量}{百吨公里燃料定额耗量} \times 100\%$$

安全间隔里程：平均每两次行车安全事故之间车辆安全行驶的里程数。该指标是事故频率的倒数。

$$安全间隔里程 = \frac{评价期总里程}{行车安全事故次数} \times 100\%$$

运输可达性（方便性）指标：由于有的运输方式如铁路、航空等，不能实现门到门运输，所以要利用可达性这个标准来评价企业提供多式联运服务的能力。尤其是当货物在机场、火车站、港口之间运输时，可达性指标就显得尤为重要。

$$货物可达率 = \frac{直达票号数}{同期票号数} \times 100\%$$

无缺损运输率：这项指标是运输服务质量的反映，显然，降低损坏程度，顾客和服务提供商均能受益。

$$无缺损运输率 = \frac{无缺损运输次数}{运输总次数} \times 100\%$$

正点运输率：准时运送物资是物资流转通畅的保证，正点运输率就是对此管理工作的评价，可以反映运输工作的质量，促进企业做好运输调度管理。采用先进的看板运输管理技术，可以保证物资流转的及时性。

$$正点运输率 = \frac{正点运输次数}{运营总次数} \times 100\%$$

满意率：企业对货主进行满意率调查，凡在被调查过程中，对运输服务感到满意及以上档次的货主，称为满意货主。该指标是对运输服务质量的总体评价。

$$满意率 = \frac{满意货主数}{被调查货主数} \times 100\%$$

②仓储评价指标体系。

以下主要从库存控制和仓储两方面来衡量仓储绩效。

库存控制主要考虑与费用和服务有关的一些指标。费用指标可以反映库存控制功能的经济表现，服务指标主要反映对顾客的服务水平。

单位库存费用：包括单位库存持有费用和保管费用。保管费用包括租金、税收和其他（如照明、保险、安全）费用，还包括货物废弃费用。

合计库存价值：反映了库存的全部价值，它是一个衡量库存投资量的指标，据此可衡量是否超过所规定的投资量上限。这条指标易于使用，但是不能反映库存动态变化。

存货周转率：是评价企业购入存货、入库保管、销售发货等环节的管理状况的综合性指标，表示为一定时期内销售成本与平均库存的比率。

$$存货周转率 = \frac{销售成本}{平均库存} \times 100\%$$

式中：销售成本指企业销售产品、商品或提供服务等经营业务的实际成本；

平均库存指年初库存量与年末库存量的平均值。

设立该指标的目的在于，针对库存控制中存在的问题，促使企业在保证经营连续性的同时，提高资金使用率，增加企业短期偿债能力。存货周转率在反映库存周转速度及库存占用水平的同时，也反映企业的运营状况。

一般情况下，该指标值越高表示企业运营状况越好，流动性越高，库存转换为现金或应收账款的速度越快，库存占用水平越低，企业的变现能力越高。

未满足的需求比率：未满足的需求从顾客角度来说反映的是库存控制的绩效，从企业角度来说反映的是对顾客需求的服务水平。需求得不到满足就会引起顾客的不满，市场份额也会受到影响。

$$未满足的需求比率 = \frac{没有满足的需求}{总需求} \times 100\%$$

仓储管理方面的评价指标主要从费用、利用率、时间和质量四个方面来考虑。

从保管处出库、理货时间直接说明了对客户的服务水平，订单分拣时间衡量的是将顾客订单上所列的物品全部分拣出来所需要的时间。

订单分拣时间 = 订单处理时间 + 到第一个地点的时间 + 到中间某点的时间 + 到最后地点的时间 + 集货时间 + 阻碍或等待时间

订单处理时间包括确定物品地点、规划分拣路线次序的时间；阻碍或等待时间包括等待物料搬运设备的时间、由于阻塞引起的移动货物过程中暂停时间等。

仓库资金利用率：仓库面积利用率、仓容利用率指标反映了仓库能力的利用情况以及仓库规划水平的高低，它们随着物资的接收量、保管量、发放量，物资的性质，保管的设备、物资的放置方法，通路的布置方法，库存管理方法的不同而不同。

$$仓库面积利用率 = \frac{库房、货棚、货场占地面积之和}{仓库总占地面积} \times 100\%$$

$$仓容利用率 = \frac{一定时期内仓库平均库存量}{最大库存量} \times 100\%$$

$$设备利用率 = \frac{期内设备作业总台时}{同期设备应作业总台时} \times 100\%$$

仓库吞吐量：在保管系统中每小时入库或保管和出库物的平均数量。订单分拣时间和物料搬运系统的利用率影响着仓库的吞吐量。

仓库单位运营费用：仓库单位运营费用是对仓库运营的有效费用进行衡量的指标，可分为单位固定费用和单位变动费用。固定费用包括建设费用、设备费用、人员固定工资等，变动费用主要包括工人工资、燃料费用等。

仓储质量是指物资经过仓库存储阶段，其使用价值满足社会生产要求的程度和仓储服务工作满足货主和用户需要的程度。反映仓储质量的指标主要是进/发货准确率、物品完好率、收发差错率、自然损耗率等。

$$进/发货准确率 = \frac{期内吞吐量 - 出现差错总量}{同期吞吐量} \times 100\%$$

出现差错总量包括因验收不严、责任不明确造成的错收、错发的物资总量，不包括丢失、被盗等因素造成的物资损失量。

$$物品完好率 = \frac{期内平均库存量 - 期内丢失、损坏、变质的物品总量}{同期平均库存量} \times 100\%$$

丢失、损坏、变质的物资总量，包括由于保管条件不好、保管方法不恰当、没有进行维护保养或保养不善及其他失职原因造成的物资损失量。

由于各企业仓库的管理水平不同，技术水平不等，因此，国家有关部门并没有对仓储质量指标进行统一的规定。可由各级、各部门、各单位的仓库根据同行业的水平和本仓库的历史经验，在计划期初确定一个目标，并在期末据此考核作业质量，评价仓储经济效果。

③信息化评价指标体系。信息化评价应注重科学性、实用性、可比性、可操作性和通用性的原则。此处从企业信息化的基础水平、信息管理水平和信息活动主体水平三个方面来设计企业物流信息化水平的评价指标体系。

企业信息化的基础水平主要涉及信息技术投入与固定资产的比重、每百人计算机拥有台数、网络规模、网络性能等评价指标。

信息技术投入占固定资产的比重，指当年信息技术的投入费用（含软硬件、网络建设等）占当年固定资产投资的比重。

每百人计算机拥有台数，指企业各种型号计算机、服务器、工作站累计拥有总量与企业员工总数的比值。

网络规模，可以按照企业局域网联网计算机台数等进行评价。

网络性能，按照局域网带宽、数据流量、服务器容量、速度及安全性进行评价。

企业物流信息管理水平可以从信息技术应用与管理水平、企业数据库建设水平和企业重大决策取得信息支持程度来评价，根据实际情况，每项指标相应地分为四个等级，如表10.2所示。

表10.2 企业物流信息系统管理水平指标等级

	四级	三级	二级	一级
信息技术应用与管理水平	没有采用信息技术	初步建成企业办公自动化系统和财务管理系统	基本实现企业人、财、物计算机信息管理系统，初步采用TQM、JIT	在实现ERP的基础上，全面实现供应链管理和客户关系管理，并进行智能化管理
企业数据库建设水平	没有建立任何数据库	建立企业的人、财、物等基本数据库	建立企业的经营、管理决策所需的各种数据库，具有初步评价、优化、决策等功能的软件	在二级水平的基础上，建立人工智能/专家系统所需的各种知识库、规划库，并能够利用社会上的数据库资源为企业决策服务
企业重大决策取得信息支持程度	企业重大决策没有取得信息支持	通过信息资源的开发利用，能为领导科学决策提供初步支持	能开展数据分析处理，对各种决策方案进行优选，提供有力的辅助决策支持	采用人工智能专家系统，使管理决策智能化

（资料来源：孔继利．企业物流管理［M］．北京：北京大学出版社，2012.）

信息活动主体水平包括员工受教育水平、员工培训比例、信息技术普及率等。

员工受教育水平：企业中接受过大专以上文化教育的人员比例，反映企业实现信息化的总体人力资源。

员工培训比例：经过信息技术培训的员工占总员工数的比例。

信息技术普及率：掌握信息技术的员工占员工总数的比例。

④除了以上运输、仓储、信息化指标之外，反映企业物流绩效的还有包装绩效评价指标、市场实力、企业聚合力等。

包装是物流系统的构成要素之一，与运输、保管、搬运、流通加工均有十分密切的关系。它是生产的终点，同时也是物流的起点。包装的绩效可以从保护性（避免物品腐败、破裂、丢失、污染）、流动性（运输、储存、包装、销售等环节及路线）、市场适销性（产品定位、信息广告、单位包装件的搬运性）、经济性等方面进行评价。

保护性指标：该指标综合反映了包装材料、包装技法及包装设计是否合理，同时也在一定程度上反映了产品包装是否便于运输，因此，它是评价产品包装作业质量管理水平的综合指标。

$$客户到货物资包装破损率 = \frac{某产品包装破损量}{某产品用户到货总量} \times 100\%$$

流动性指标：产品包装作业实行三化（标准化、通用化、系列化）管理，是改善包装物流特性，即加强包装的保护功能与方便功能的有效途径。因此，该指标可以作为强化包装作业管理的评价与控制指标。

$$产品包装三化率 = \frac{实行三化项目}{全部作业} \times 100\%$$

市场适应性指标：该指标反映市场对包装的容纳性，包括包装是否符合产品的特性、是否具有促销功能等。

经济性指标：包括单位产品包装费和产品包装价值工程系数。单位产品包装费可以评价企业对包装作业耗费的管理状况，当指标数值低时，说明包装作业各环节管理控制能力强，包装作业的整体耗费低，但并不是越低越好，而是要适度，即产品包装费用与产品本身价值应相适应。

$$单位产品包装费 = \frac{某产品包装费用总额}{该产品包装总量} \times 100\%$$

计算产品包装价值工程系数可以对包装费用与其功能之间是否协调做出评价，并且通过价值分析达到以尽可能低的包装作业成本，实现其必要的功能，从而降低并控制包装作业的消耗。

$$产品包装价值工程系数 = \frac{包装作业功能}{包装作业成本} \times 100\%$$

决定企业物流市场实力大小的因素有许多，其中最能反映出企业物流市场实力的主要指标有市场占有率、市场增长率、市场应变能力和新客户开发成功率。

市场占有率是指企业在某时期内的销售量或销售额与市场上其他企业在该时期的全部销售量或销售额之比，反映了企业在市场竞争中的地位；市场增长率是指企业本期销售量或销售额与前期销售量或销售额之比，反映了企业在市场中的发展速度；市场应变能力是指企业能够随时根据市场情况的变化、消费倾向的改变和技术革新进展，及时调整库存结构和配送路线的能力，是企业在复杂的市场竞争中生存的关键；新客户开发成功率是指一定时期内，企业物流吸引或赢得新客户的比例，反映了企业物流拓展市场的绩效。

企业聚合力是指企业通过培养企业文化，使企业群体建立共同的价值标准、道德标准和精神信念，从而形成企业内聚力。其主要包括领导班子的团结进取力、职工群众的凝聚力等指标。

（2）企业外部评价指标体系

企业外部绩效评价一般从顾客服务方面来进行。不少企业把顾客誉为"上帝"，反映了企业对顾客服务的重视程度。企业作为服务业的一员，其顾客服务占有至关重要的地位，顾客服务水平直接影响着顾客满意度，影响着企业所占有的市场份额和总的物流成本，并最终影响其盈利能力。

1) 影响顾客服务评价的因素

从物流角度分析,顾客服务有四个传统要素:时间、可靠性、沟通与灵活性。

时间因素可以用订单周期、备货时间或补货时间来表示。影响时间因素的基本变量包括订单传送、订单处理、订单准备、货物发送,通过对这些活动的有效管理,保证合适的订单周期及一致性。

可靠性是指企业能够按照一致的备货时间,高质量、可靠地为顾客提供服务。它包括以下三个方面:

①备货时间。备货时间的可靠性直接影响客户存货水平和缺货成本,提供可靠的备货时间可以减少顾客面临的不确定性,从而优化生产计划。

②安全交货。它是所有物流系统的最终目的,如果货物到达时受到损失或丢失,顾客就不能按期使用,从而加重顾客方面的成本负担。

③订单的正确性。不正确的订单使顾客不得不重新订货。

与顾客的沟通对于监控顾客服务水平非常重要。因为企业必须了解顾客对服务的要求、客户订购信息等,而客户则要求得到货物的物流状态信息,如发送时间、承运人、线路等。

顾客需求越来越个性化,因此,对于不同顾客,企业应给予不同的服务水平。灵活性包括对特殊的以及不能预料的顾客需求的反应能力,如加快供货和替代能力等。

2) 顾客服务绩效评价指标

根据对顾客服务绩效评价内容和影响顾客服务因素的分析,顾客服务绩效评价指标应包括以下几个方面。

①客户满意率。

客户满意率是指客户对企业所提供的物流服务的满意程度。影响客户满意率的因素有很多,如物流服务的及时性、质量、客户需求的响应程度等,很难用具体指标一一衡量。不过在买方市场下,客户如果对企业的物流服务有抱怨或投诉,便可以用客户满意率来间接反映客户的满意程度。

$$客户满意率 = \frac{企业物流服务总次数 - 客户抱怨(投诉)次数}{企业物流服务总次数} \times 100\%$$

②客户保持率。

客户保持率反映了企业的市场保持状况,它是指一定时期内保留或维持同老客户关系的比例。

$$客户保持率 = \frac{企业当期客户或业务量 - 企业当期新增客户或业务量}{企业上期客户或业务量} \times 100\%$$

企业经营物流的绩效如何与客户满意水平有着直接的关系,客户满意水平越高,则客户保持率就越高,企业物流的绩效就越好。

③客户获得率。

客户获得率反映了企业拓展市场的绩效,它是指一定时期内企业吸引或赢得新客户或业务量的比例。

$$客户获得率 = \frac{当期新增客户或业务量}{上期客户或业务量} \times 100\%$$

④客户利润率。

客户利润率也称客户盈利率或客户获利率,是指企业从客户处获得利润的水平。企业成功地留住客户、获取新客户和使客户满意,并不能保证企业从客户处获得利润,这是因为客户的满意度与客户的利润率两项指标,从本质上看存在着冲突和矛盾。客户满意的是低价格、高质量的服务,而企业则希望获得有利可图的客户。"80/20"管理原则认为"企业80%的利润来自20%的客户",即少量的客户创造大量的利润。由此可见,企业不可能也没有必要满足每一个客户的需要。企业不可能对客户有求必应,都以盈利的方式满足需求,因而,企业应充分关注重要客户,将有限的营销资源用在能为企业创造80%利润的关键客户上。

$$客户利润率 = \sum 某一客户利润率 \times \frac{客户利润额}{企业总利润额} \times 100\%$$

$$某一客户利润率 = \frac{该客户的净利润}{为争取该客户投资的成本} \times 100\%$$

此处的净利润是指扣除为争取某一客户投资的成本后的净利润。为争取客户投资的成本是指运用成本作业法,分配客户承担的研发、营销等成本费用。

以上指标主要是从客户的角度出发,通过这些指标可间接反映企业物流的外部绩效,基本上能够满足评价的需求。当然,也可以从企业物流业务的角度出发,建立指标进行评价。譬如,可以从与顾客交易的前、中、后期分要素进行评价。交易前的考核指标有存货可得性、递送频率、顾客询问响应时间等;交易中的考核指标有供应比率、准时配送、退货比率、配送延误等;交易后的考核指标有顾客投诉率、发票错误率、配件可得性等。

4. 企业物流绩效衡量方法

(1) 标杆管理法

标杆(Benchmarking)管理按行业最佳时间和最佳流程来计划和建立,以获得极具竞争力的绩效。应用标杆管理有一系列的目标,其中包括评估组织绩效、设定流程改进的优先次序以及寻求某个特定商业领域的改善,如客户服务、订货管理、需求预测等。

标杆管理的显著特征是向业内或业外的最优企业学习。学习是手段,超越才是目的。通过学习,企业重新思考、定位、改善经营实践,不断完善自己,创造自己的最佳业绩,这实际上就是模仿创新的过程。

1) 常见的标杆管理方法

常见的标杆管理方法有四种,即竞争标杆管理、财务标杆、客户标杆、过程标杆管理。

①竞争标杆管理(Competitor Benchmarking Management)是指以竞争对象为基准的标杆管理。竞争标杆管理的目标是与有着相同市场的企业在产品、服务和工作流程等方面的绩效与实践进行比较,直接面对竞争者。这类标杆管理的实施较难,原因在于除了公共领域的信息容易接近外,其他关于竞争企业的信息不易获得。

②财务标杆(Financial Benchmarking)是以标准财务比率(可从公开账目上得知)测评的杰出组织的绩效为标杆。每个企业应仔细评价自己的各个方面,确定是为财务需要还是为满足顾客的需要,从而使企业受益。

③客户标杆(Customer Benchmarking)就是客户的期望值。

④过程标杆管理（Process Benchmarking Management），也称为流程标杆管理，是以最佳工作流程为基准进行的标杆管理。流程标杆管理是类似的工作流程，而不是某项业务与操作职能或实践。由承担可比较业务流程（如采购或销售）的组织设立标杆，他们通常属不同行业。这类标杆管理可以跨越不同类型的组织进行，它一般要求企业对整个工作流程和操作有很详细的了解。虽然流程标杆管理被认为有效，但也很难进行。

2）标杆管理流程

标杆管理的规划实施大体可分为以下四个阶段：

第一阶段，需要标杆管理的过程。

第二阶段，选定标杆学习伙伴。

第三阶段，搜集及分析信息。

第四阶段，评价与提高。

（2）平衡记分卡法

平衡记分卡打破了传统的绩效评估体系，建立了一个全新的绩效评估体系，为管理人员提供了一个全面的框架，用以把企业的战略目标转化为一套系统的绩效测评指标。平衡记分卡法应用于物流绩效评估与控制，可以克服传统的物流绩效评估的不足之处，将财务测评指标和业务测评指标结合在一起使用，从而能够同时从几个角度对物流绩效进行快速而全面的考察。

平衡记分卡的基本思想是：存在着一些关键绩效指标（KPI），其中大多数指标是非财务的，与传统的财务导向的指标相比，它们为管理者提供了实现战略目标更好的方法。如果能够识别与物流战略目标的实现相关的关键绩效指标，以这些指标为基础，就可以建立相应的物流绩效衡量的平衡记分卡系统。

1）关键物流活动的选取

物流绩效评估经常遇到的一个很实际的问题，就是很难确定客观、量化的绩效指标。其实，对所有的绩效指标进行量化并不现实，也没有必要。通过行为性的指标体系，同样可以衡量物流绩效。物流关键绩效指标（Logistics Key Performance Indication, LKPI）是通过对整个物流流程的关键参数进行设置、取样、计算、分析，衡量流程绩效的一种目标式量化管理指标，是把物流战略目标分解为可操作的工作目标的工具，是物流绩效管理的基础。KPI可以使部门主管明确部门的主要责任，并以此为基础，明确部门人员的业绩衡量指标。建立明确的切实可行的体系，是做好物流绩效管理的关键。

①KPI选取原则。确定关键绩效指标有一个重要的SMART原则。SMART是五个英文单词首字母的缩与：S代表具体（Specific），是指绩效考核要切中特定的工作指标，不能笼统；M代表可度量（Measurable），是指绩效指标是数量化或者行为化的，验证这些绩效指标的数据或者信息是可以获得的；A代表可实现（Attainable），是指绩效指标在付出努力的情况下可以实现，避免设立过高或过低的目标；R代表现实性（Realistic），是指绩效指标是实实在在的，可以证明和观察；T代表有时限（Time - bound），注重完成绩效指标的特定期限。

②LKPI要素。一个典型的物流系统的组成要素包括客户服务、需求预测、分拨系统管理、库存控制、物料搬运、订单处理、零配件和服务支持、工厂和仓库选址、区位分析、采

购、包装、退货处理、废弃物处理、运输管理、仓库管理。这些活动进一步又可细分为关键性物流活动（图10.15）和支持性物流活动。其中关键性物流活动包括客户服务、运输、库存管理、信息活动和订单处理。

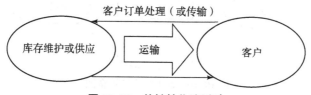

图10.15 关键性物流活动

（资料来源：孔继利. 企业物流管理［M］. 北京：北京大学出版社，2012.）

将关键性物流活动和支持性物流活动分开是因为某些物流活动在每一个物流渠道都会发生，而另一些则视各企业的具体情况而定。关键性物流活动或者是在总物流成本占有很大的比重，或者是有效协调、完成物流工作的关键环节。

2）平衡记分卡系统的建立

平衡记分卡法从以下四个重要的方面来观察物流运作。

①客户满意度：如何更好地满足客户要求。
②内部运营：如何提升自身的服务能力。
③创新和学习：持续的提升与价值创造。
④财务状况：反映盈利要求。

管理者可以通过以下五个步骤建立一个平衡记分卡系统。

①为重要的财务绩效变量设置目标和衡量变量。
②为客户服务绩效变量设置目标和衡量指标。
③为重要的内部业务绩效变量设置目标和衡量指标。
④为重要的创新与学习绩效变量设置目标和衡量指标。
⑤使用平衡记分卡来传达物流战略。

使用平衡记分卡，物流管理者可以衡量物流流程在创造现有和未来客户，建立和增强物流能力，对人员、物流系统、物流运作程序、未来绩效的投资方面是否有效。平衡记分抓住了隐藏在传统的收益表和资产负债表之后的关键的价值创造活动，揭示了长期财务业绩与竞争能力的价值驱动。

平衡记分卡衡量指标来源于组织的物流战略目标和竞争需要，它把物流战略和远景而非控制置于中心地位。它确定了目标，并假定人们会采取一切必要的行动来努力实现这些目标。这与企业所推出的许多物流新举措是一致的，如供应链物流一体化、客户与供应商之间的合作伙伴关系、持续发展等。

(3) 360度评价

传统的绩效评价方法仅仅从一个角度对各项工作进行评价，这就导致过去的考核往往不够全面，在一定程度上失去了绩效评价原有的意义。360度评价法就是全方位、全面地对物流工作进行评价。360度评价示意图如图10.16所示。

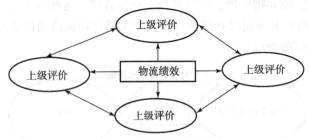

图10.16 360度评价示意图

（4）目标管理评价

目标管理（Management By Objective，MBO）是通过一种专门设计的过程使目标具有可操作性，这种过程一级接一级地将目标分解到组织的各个单位。组织的整体目标被转换为每一级组织的具体目标，即从整体组织目标到经营单位目标，再到部门目标，最后到个人目标；从年度目标到季度目标，最后分解到月度目标。

目标管理通过每环节成果的贡献，衡量各部门目标能得以实现的程度，那么组织整体目标的实现也将得到衡量和评价。因此，物流公司或部门不但要对所有物流工作业绩进行考核，同时也要对公司的各级组织和部门进行目标实现的评价。对团队和部门的考核将主要以目标管理为主，具体包括以下步骤：

①制定组织的整体目标和战略。
②在物流经营单位和部门之间分解主要的目标。
③各单位的管理者和他们的上级一起设定本部门的具体目标。
④部门的所有成员参与设定自己的具体目标。
⑤管理者与下级共同商定如何实现目标和行动计划。
⑥实施行动计划。
⑦定期检查实现目标的进展情况，并向有关单位和个人反馈。
⑧基于绩效的奖励将促进目标的成功实现。

为保证目标管理的成功，应该做到：确立目标的程序必须准确严格，以实现目标管理项目的成功推行和完成。目标管理还应当与部门的年度和月度预算计划、工资等财务性指标相结合，同时还将对各个部门的非财务性指标进行严格的考核。

10.3.3 物流绩效修正

控制职能的最后一个要素是修正措施。如果我们无法容忍系统目标和实际绩效的差异，就要采取修正措施。减少差异的措施取决于失控状况的性质和失控程度。在这一部分我们将介绍三种类型的修正措施：微调、主体再规划和应急方案。

1. 微调（Minor Adjustments）

不论是管理整个物流部门还是管理物流中的某项活动，都会出现实际绩效与期望绩效的偏离，这种偏离也是可以预见到的。由于物流活动的商业环境在不断变化且无法确定，所以经营绩效也处于不断变化之中。例如，一段时间后运输费率、可选择的路线、可获得的设备、灭失损坏以及类似条件的变化都会造成运输成本的变化，而运输服务的选择、路线和时间安排则随运输成本的变化而改变。这类动态变化通常并不要求在物流活动的进行过程做重大改变。对物流活动水平的组合、决策准则,甚至是系统目标做微调一般足以保证管理人员对系统的充分控制。大多数修正措施都属于这种类型。

2. 主体再规划(Major Replanning)

对物流系统重新进行全面评估,物流部门的目标发生重大变化、物流环境的重大改变、推出新产品、放弃现有产品时都需要对物流绩效水平做出主体再规划。主体再规划需要再次经过设计新措施,确定新的绩效水平、控制系统的参照标准、容错度这一管理规划周期。这种重新规划过程可能带来仓库的新布局,导致订单处理流程改变,库存管理程序的修正和仓库、工厂内产品流动系统的改造。

以微调方式和主体再规划方式进行绩效修正的区别是前者不需对控制机制进行重大改变。事实上,修正措施常常是日常性的,如库存管理,当库存消耗降到预定水平时,就可以发出订单,启动修正措施。利用决策准则也可以自动进行控制调整。相反地,主体再规划包括以新计划或是对原计划进行重新规划的形式对流程输入进行重大改变。至于何时进行调整,何时进行主体再规划,目前还没有明确说法。从理论上说,如果继续使用微调法在系统内保持对流程控制的相关边际成本恰好等于主体再规划带来的边际收益,就达到了最优转折点。寻找这个点更多的是管理判断的问题,而不仅仅是精确的数学计算问题。

3. 应急方案(Contingency Plan)

某种情况下,绩效水平可能急剧变化,此时要采取第三种修正措施。仓库因失火而关闭,计算机失灵导致计算机化的库存控制系统无法运转,工人罢工导致可选择的运输服务突然变化,或原材料资源突然枯竭这些情况发生时,绩效水平都会出现剧烈变化。由于经营条件急剧变化,公司的客户服务水平将受到严重威胁,或实现一定客户服务水平的物流成本水平会突然上升。对流程输入进行微调的作用往往太小,因而当系统遭遇类似事件的冲击时不能恢复对系统的控制。维持物流运作的压力又使得主体再规划这种修正措施很不适合,因而好的计划需要时间。

许多公司发现,事先按需要制定应急方案是解决问题的好办法,可以应对系统突变的问题。应急方案就是在预先假设的事件发生时,企业采取的事先确定的行动计划。

本章小结

物流系统控制是系统控制理论在物流中的具体应用,物流系统控制是将研究的物流系统作为被控对象,而后研究它的输入和输出的关系,以通过反馈使被控对象(系统)达到人们所期望的较好的物流效益。

从企业物流运作流程角度,物流系统控制的基本内容包括采购过程控制、保管过程控制和产出过程控制;从企业物流运作效果角度,物流系统控制的基本内容包括时间控制、成本控制和质量控制。

物流系统控制基本模型主要包括输入和输出信息、预期目标、运营标准或系统设置的计划、物流系统运营状态监控等关键因素,通过控制因素来调整物流系统的运营状态。

物流系统控制分为事前控制、事中控制、事后控制、复合控制和非预算控制。

企业物流绩效评价是对物流业绩和效率的一种事前控制与指导以及事后评估与度量，从而判断任务是否完成、完成的水平、取得的效益和所付出的代价。

物流绩效指标体系包括评价主体、评价客体、评价目标、评价指标和评价标准。

企业物流绩效衡量方法主要有标杆管理法、平衡计分卡法、360度评价法和目标管理评价法。

物流绩效修正措施主要有微调、主体再规划和应急方案三种。

复习思考题

1. 简述物流系统控制的内涵。
2. 阐述物流系统控制的目标。
3. 阐述物流系统控制的基本内容。
4. 阐述物流系统控制的基本结构和基本模型。
5. 阐述物流系统控制的常见模式。
6. 阐述物流系统控制的类型。
7. 阐述物流绩效评价的程序。
8. 阐述物流绩效指标评价体系的结构。
9. 对比并讨论企业内部和外部评价指标体系。
10. 阐述物流绩效修正的措施。

参 考 文 献

[1] 叶怀珍．现代物流学［M］．第3版．北京：高等教育出版社，2014．
[2] 张昭俊．电子商务物流管理［M］．北京：清华大学出版社，2013．
[3] 阎子刚．物流运输管理实务［M］．第2版．北京：高等教育出版社，2011．
[4] 韩杨，刘娜．物流运输管理实务［M］．第2版．北京：清华大学出版社，2014．
[5] 陈德良．物流系统规划与设计［M］．北京：机械工业出版社，2016．
[6] 方路．物流与企业竞争优势［J］．物流工程与管理，2017，39（6）．
[7] 季敏．仓储与配送管理实务［M］．北京：清华大学出版社，2018．
[8] 百世珍．现代仓储管理［M］．第2版．北京：科学出版社，2016．
[9] 汤齐．现代物流装备［M］．北京：电子工业出版社，2015．
[10] 于英．物流技术装备［M］．第2版．北京：北京大学出版社，2016．
[11] 约翰 J 柯依尔．供应链管理物流视角［M］．第9版．北京：电子工业出版社，2016．
[12] 王杰．A 自动化立体仓库空间布局规划［D］．河北：河北科技大学，2018．
[13] 陈丽．X 公司仓储管理优化研究［D］．广西：广西大学，2018．
[14] 郭颖．HB 通讯公司仓储管理研究［D］．河北：河北大学，2018．
[15] 邓明荣．现代物流管理［M］．第3版．北京：高等教育出版社，2015．
[16] 耿富德．仓储管理与库存控制［M］．北京：中国财富出版社，2016．
[17] 李刚．基于 CPFR 理论的 K 公司生产计划体系研究［D］．山东：山东大学，2018．
[18] 王玉静．S 公司与分销商产成品联合库存管理研究［D］．北京：北京交通大学大学，2018．
[19] 杨春燕．基于 MRPⅡ/JIT 方式下纺织原料的生产计划和控制［D］．吉林：吉林大学，2017．
[20] 崔恒进．基于 MRPⅡ和 JIT 的生产物流计划与控制研究［D］．上海：华东理工大学，2016．
[21] 薛晓蔚．HLD 服饰有限公司仓储业务流程改进研究［D］．江苏：南京理工大学，2015．
[22] 王贵峰．库存管理理论问题探究［J］．广东化工，2018，(13)．
[23] 王霄．基于服务型制造模式公司供应链库存管理优化研究［D］．河北：河北科技大学，2018．
[24] 张壹宁．江苏省水产品冷链物流需求预测研究［D］．云南：昆明理工大学，2017．

[25] 李松庆. 现代物流学 [M]. 北京：清华大学出版社，2018.

[27] 王欣兰. 现代物流管理概论 [M]. 北京：北京交通大学出版社，2018.

[28] 鲁馨蔓. 配送管理 [M]. 北京：北京大学出版社，2017.

[29] 汝宜红. 配送管理 [M]. 第3版. 北京：机械工业出版社，2016.

[30] 李松庆. 物流学 [M]. 北京：清华大学出版社，2008.

[31] 徐春雨，钟桂娟，等. 物流学基础 [M]. 上海：上海财经大学出版社，2014.

[32] 王道平，李志隆. 现代物流管理 [M]. 北京：北京大学出版社，2014.

[33] 孙艳艳，王瑞亮，等. 物流信息系统 [M]. 北京：北京理工大学出版社，2012.

[34] 杜彦华，吴秀丽. 物流管理信息系统 [M]. 北京：北京大学出版社，2010.

[35] 祖巧红. 物流信息系统 [M]. 武汉：武汉大学出版社，2011.

[36] 黄有方. 物流信息系统 [M]. 北京：高等教育出版社，2010.

[37] 高明波，等. 物理管理信息系统 [M]. 北京：对外经济贸易大学出版社，2008.

[38] 路军，王立颖. 物流信息系统 [M]. 北京：国防工业出版社，2010.

[39] 王微怡，王晓平. 物流信息系统规划与建设 [M]. 北京：北京大学出版社，2007.

[40] 吴彪，陈宁，等. 第三方物流管理 [M]. 北京：中国财富出版社，2014.

[41] 张理，等. 物流管理导论 [M]. 背景：清华大学出版社，北京交通大学出版社，2009.

[42] 林勇. 物流管理基础 [M]. 武汉：华中科技大学出版社，2008.

[43] 王晓博，马翔. 物流管理学 [M]. 哈尔滨：哈尔滨工业大学出版社，2010.

[44] 李创，王丽萍. 物流管理 [M]. 北京：清华大学出版社，2008.

[45] 海峰，胡娟. 物流管理学 [M]. 武汉：武汉大学出版社，2007.

[46] 蒋长兵，王珊珊. 企业物流战略、规划与运营 [M]. 北京：中国物资出版社，2009.

[47] 刘浩华，李振福. 物流战略管理 [M]. 北京：中国物资出版社，2010.

[48] 耿会君，董维忠. 物流系统规划与设计 [M]. 北京：电子工业出版社，2017.

[49] 孔继利. 企业物流管理 [M]. 北京：北京大学出版社，2012.

[50] 张杰，徐雷. 企业客户服务 [M]. 大连：大连出版社，2006.

[51] 华蕊，马常红. 物流服务学 [M]. 北京：中国物资出版社，2006.

[52] 赵一萍. 物流客户服务 [M]. 北京：中国财富出版社，2014.

[53] Ronald H Ballou. 企业物流管理–供应链的规划、组织和控制 [M]. 北京：机械工业出版社，2006.

[54] 陈翔. 多枢纽通道轴辐式物流网络设计研究 [D]. 长安大学，2017.

[55] 张柳煜. 物流企业组织结构对其营销能力的影响研究 [D]. 北京交通大学，2011.

[56] 吴承健. 物流系统规划与设计 [M]. 北京：中国物资出版社，2011.

[57] 谢如鹤，罗荣斌，张德志. 物流系统规划原理与方法 [M]. 北京：中国物资出版社，2004.

[58] 赵林度. 物流系统控制论 [M]. 北京：科学出版社，2014.